Umarmung

FINDER

12

Ayano Yamane

TOKYOPOP

Inhaltsverzeichnis

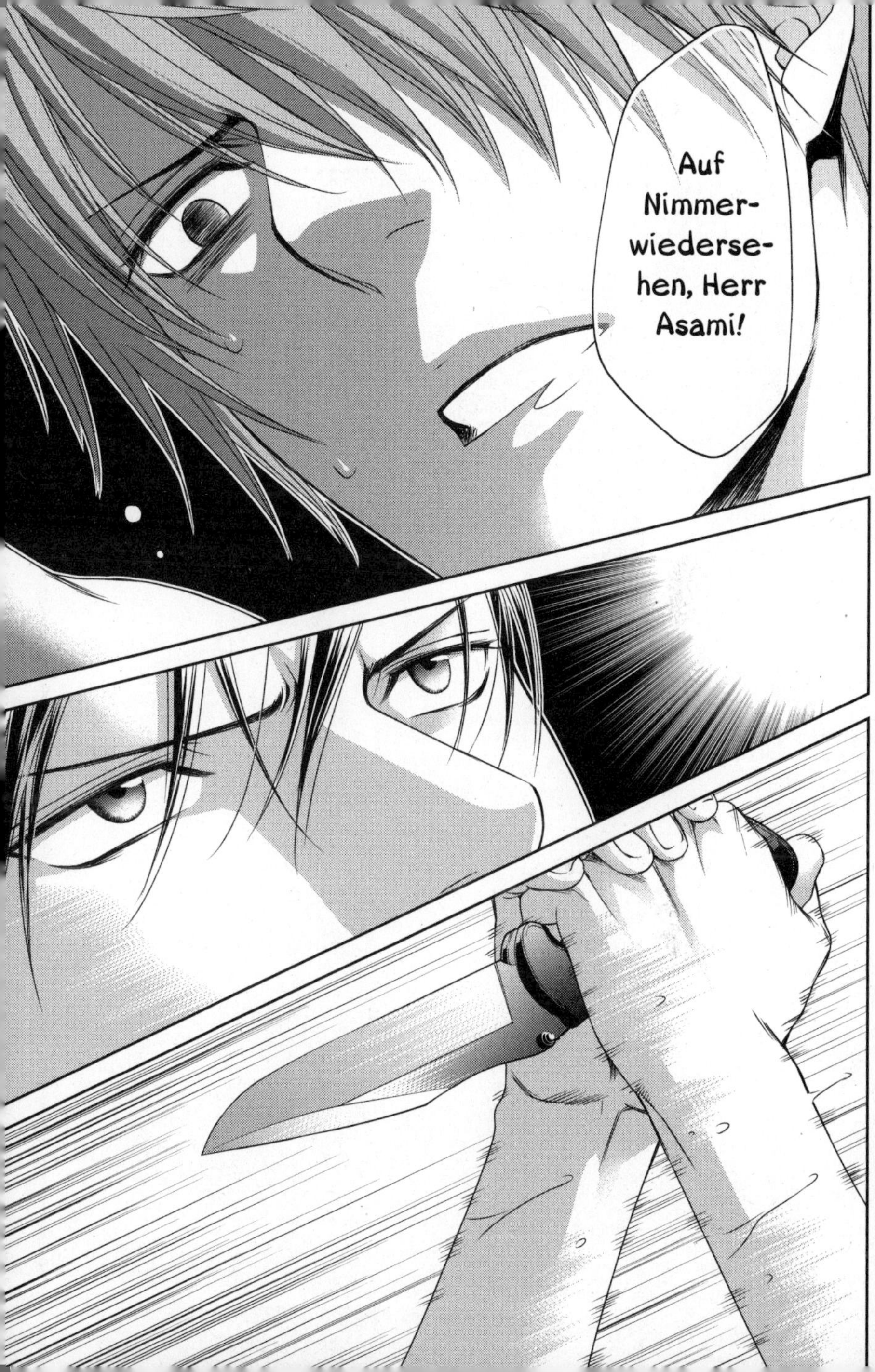
Auf Nimmer-wiedersehen, Herr Asami!

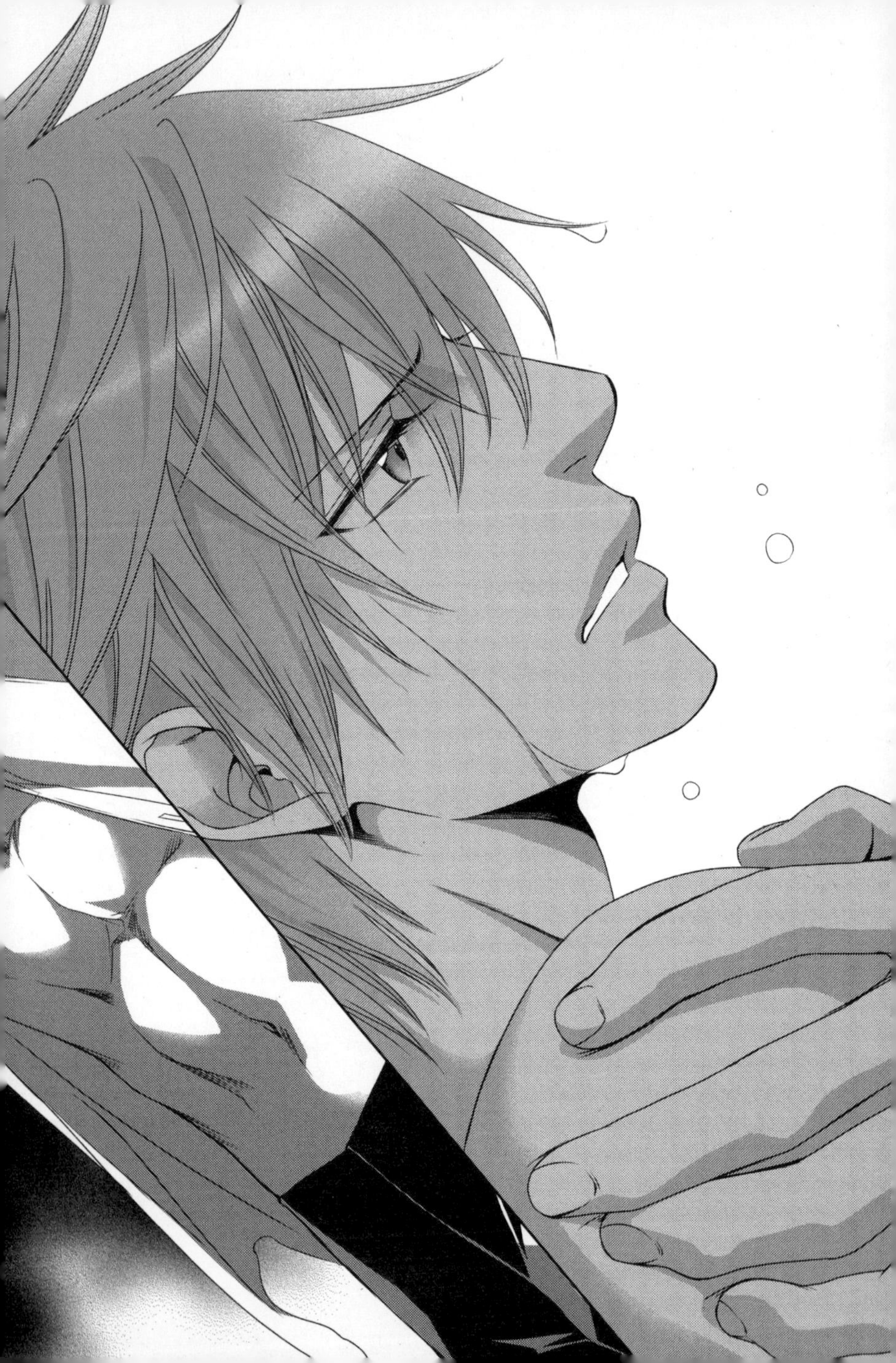

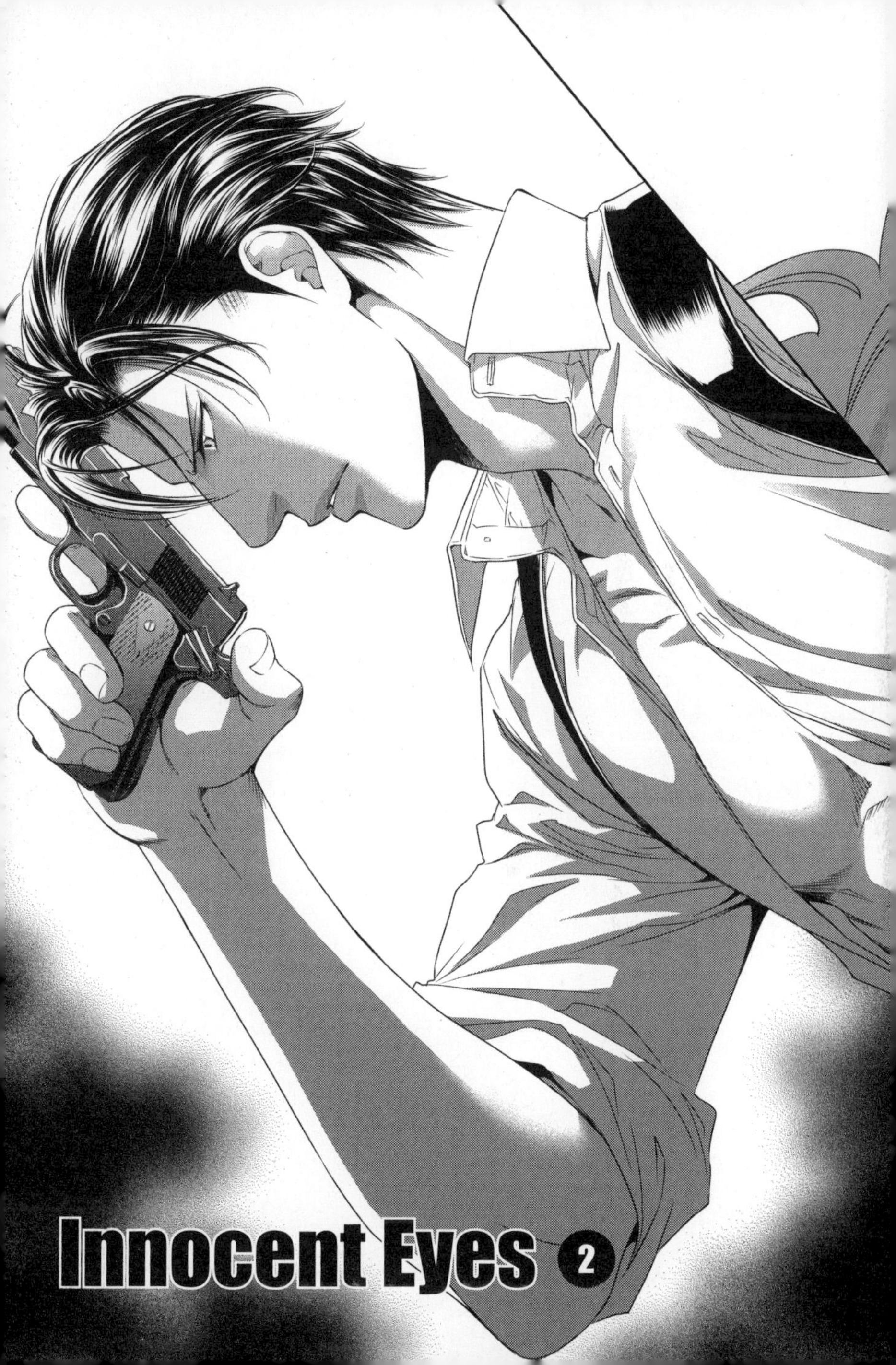
Innocent Eyes 2

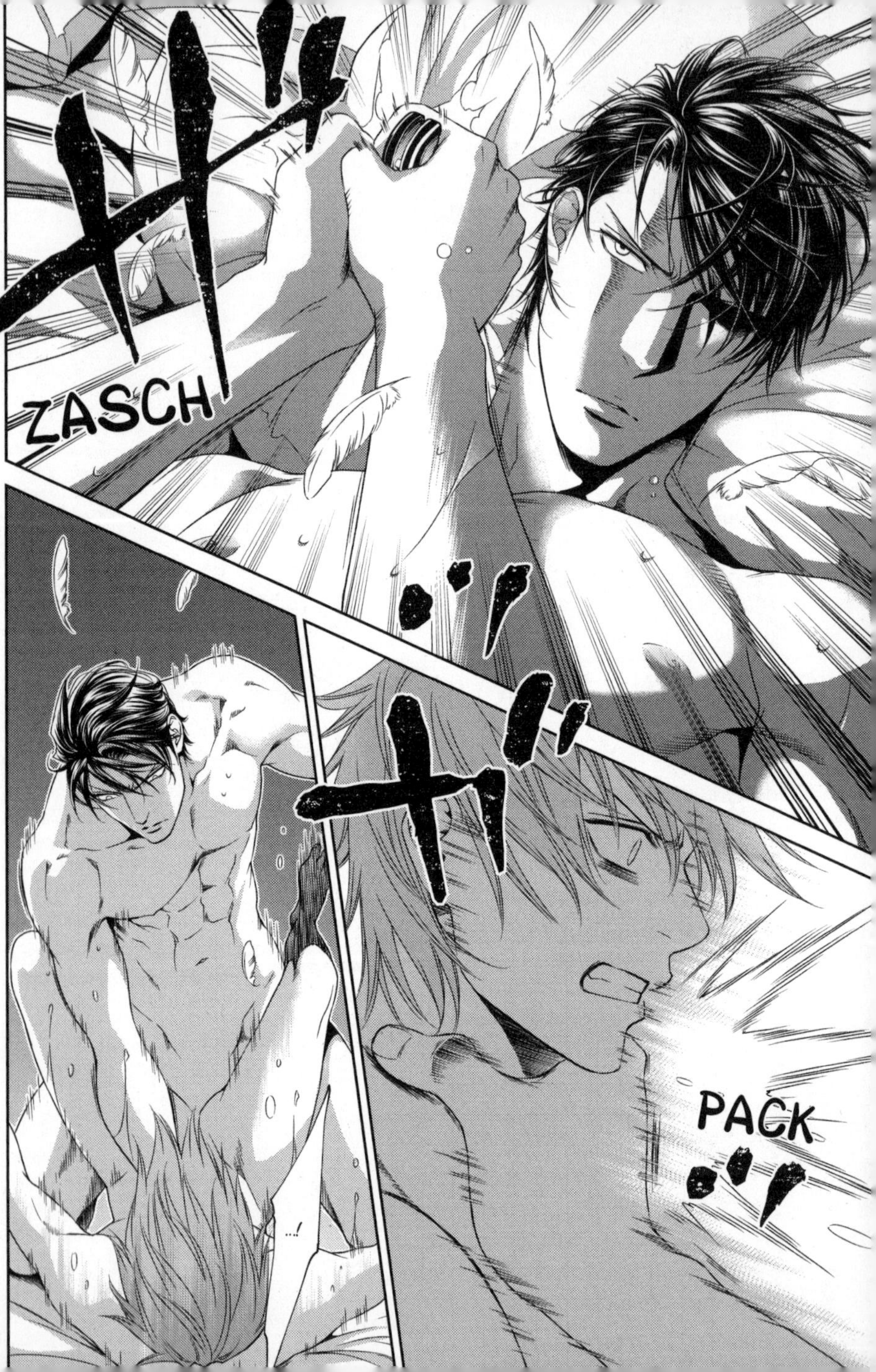
ZASCH
PACK
...!

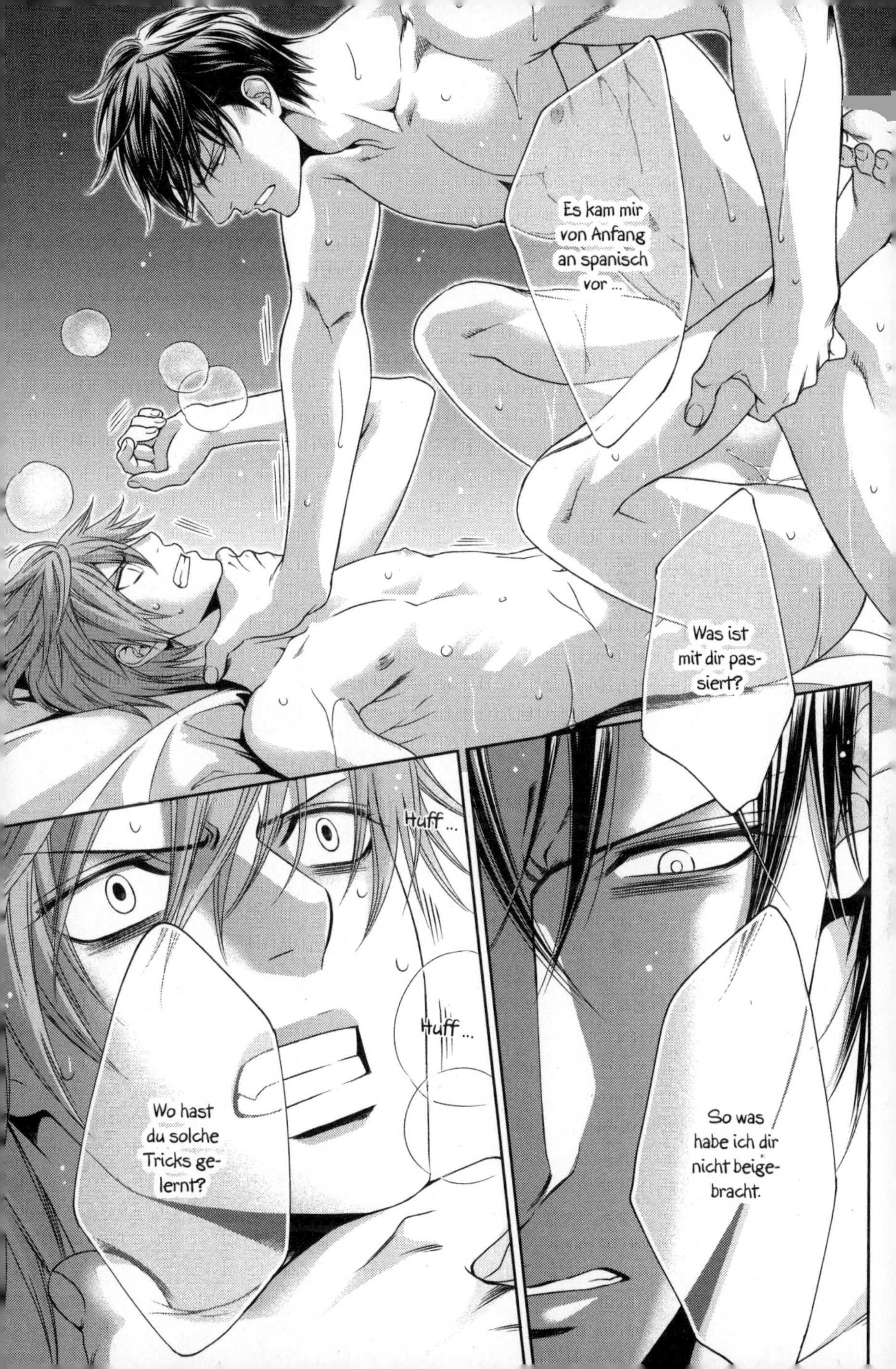
Es kam mir von Anfang an spanisch vor ...
Was ist mit dir passiert?
Huff ...
Huff ...
So was habe ich dir nicht beigebracht.
Wo hast du solche Tricks gelernt?

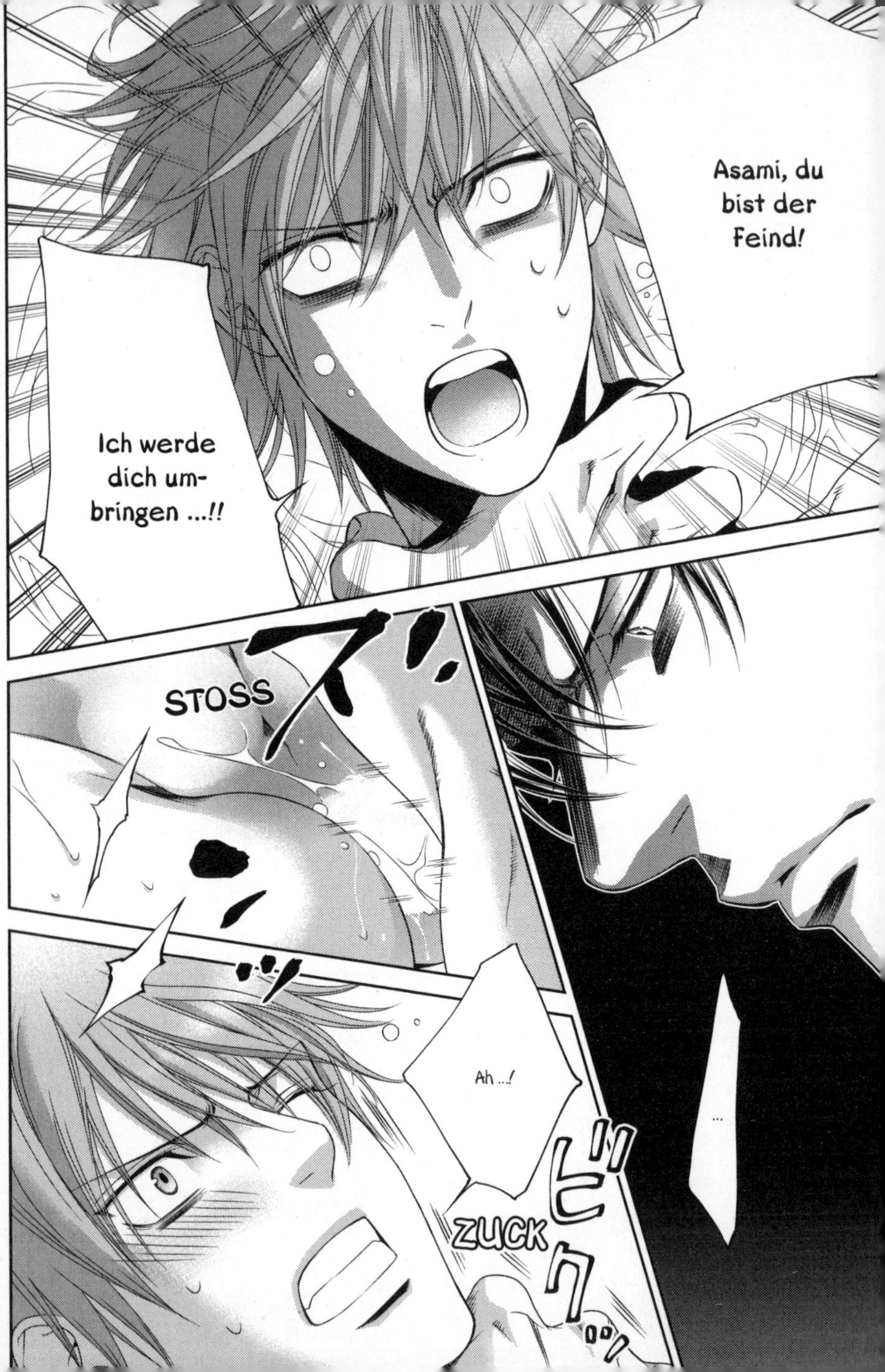
Asami, du bist der Feind!
Ich werde dich umbringen ...!!
STOSS
...
Ah ...!
ZUCK

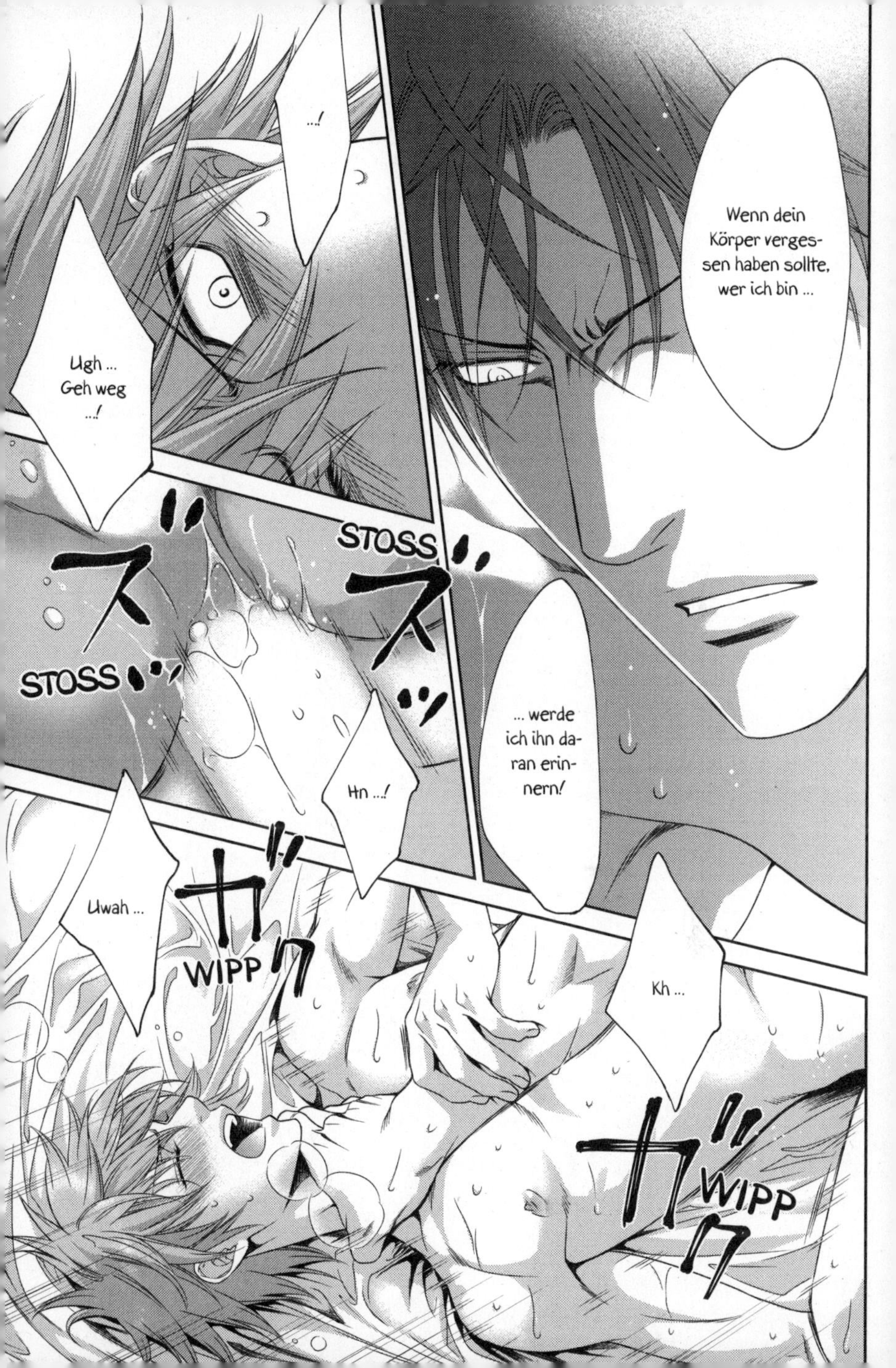

Wenn dein Körper verges- sen haben sollte, wer ich bin ...
...!
Ugh ... Geh weg ...!
STOSS
STOSS
... werde ich ihn da- ran erin- nern!
Hn ...!
Kh ...
WIPP
WIPP
Uwah ...

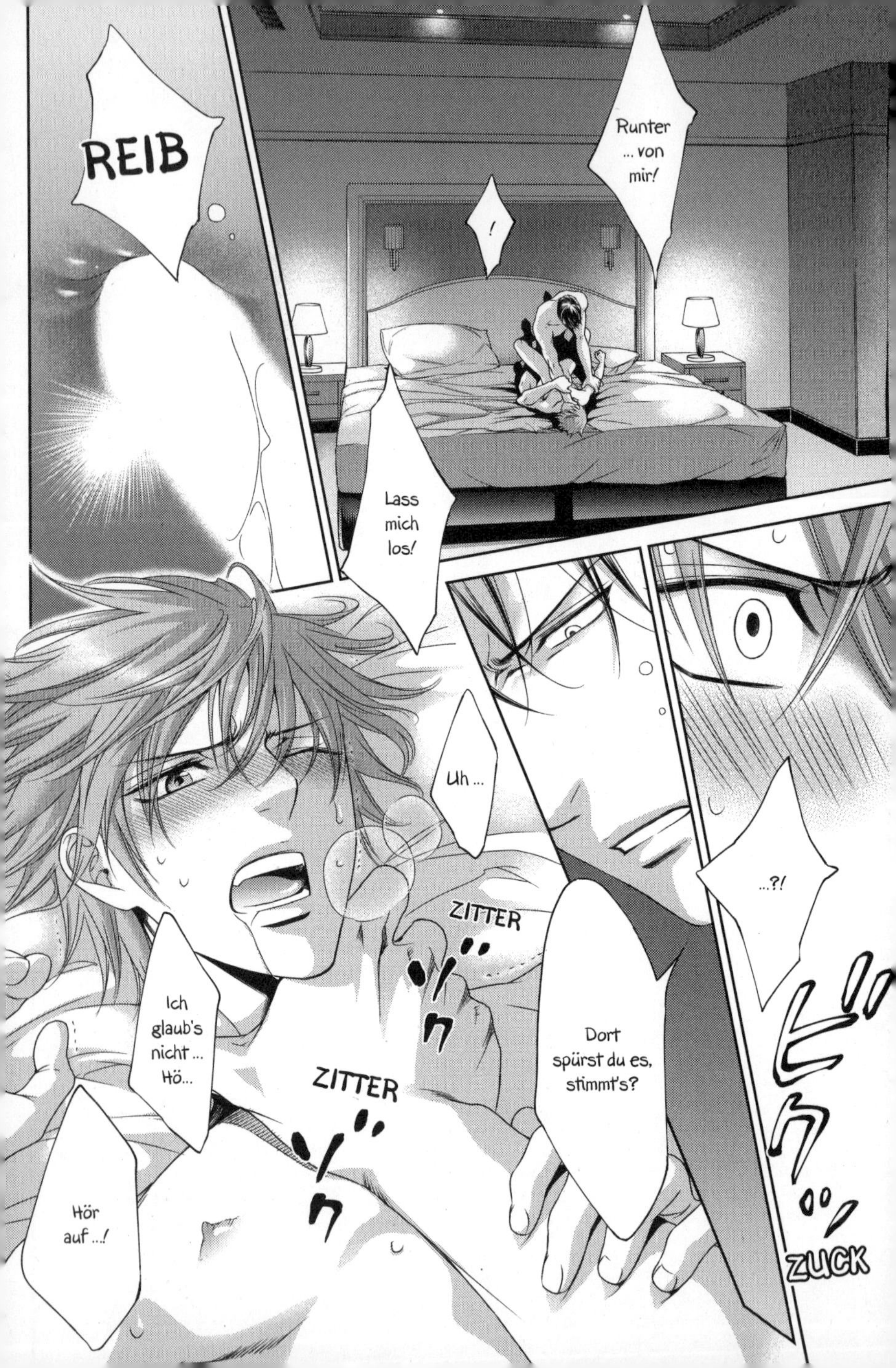
Runter ... von mir!
!
Lass mich los!
REIB
...?!
ZUCK
Dort spürst du es, stimmt's?
Uh ...
ZITTER
ZITTER
Ich glaub's nicht ... Hö...
Hör auf ...!

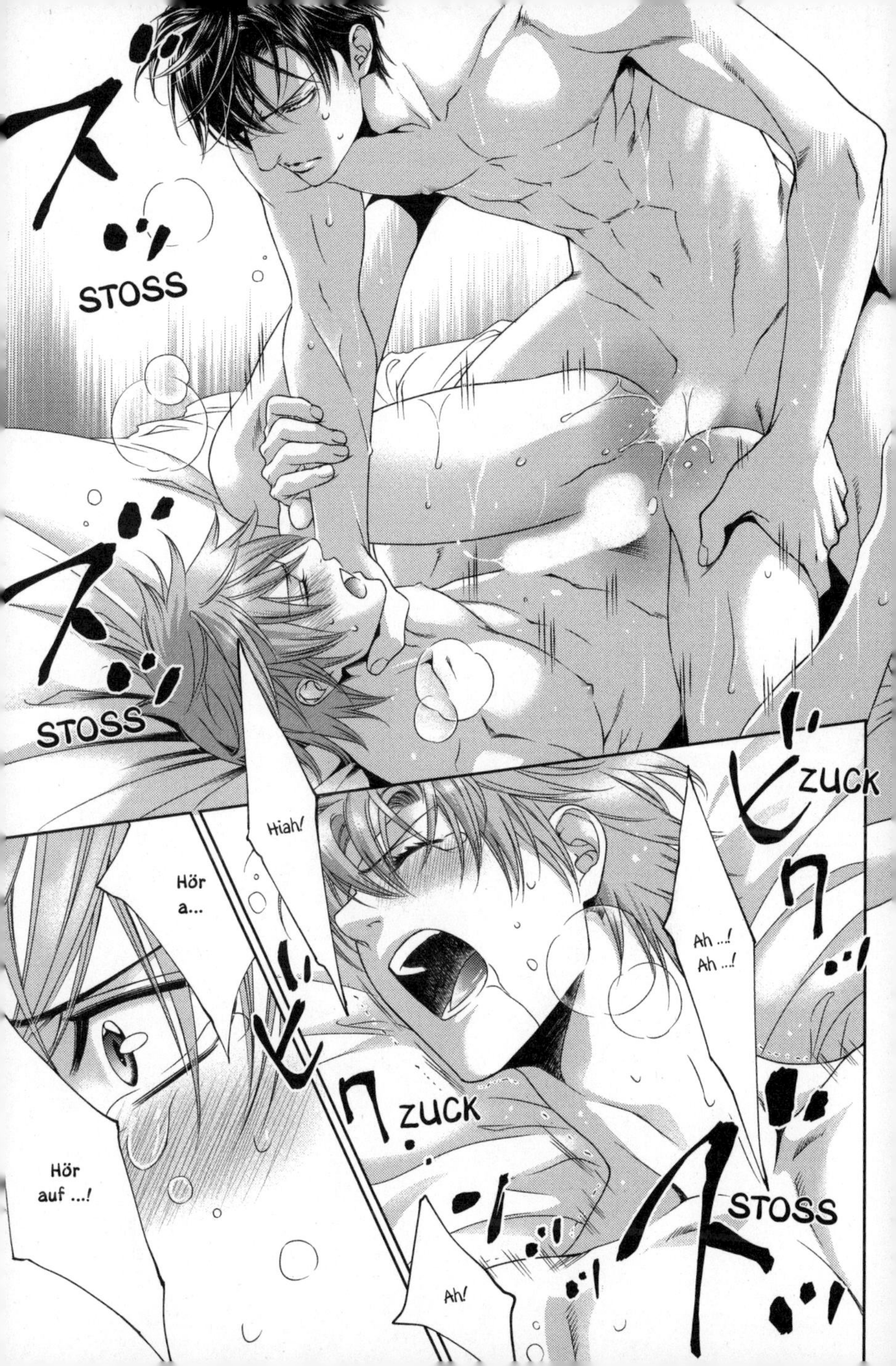
STOSS
STOSS
ZUCK
Ah ...!
Ah ...!
Hiah!
Hör
a...
STOSS
ZUCK
Ah!
Hör
auf ...!

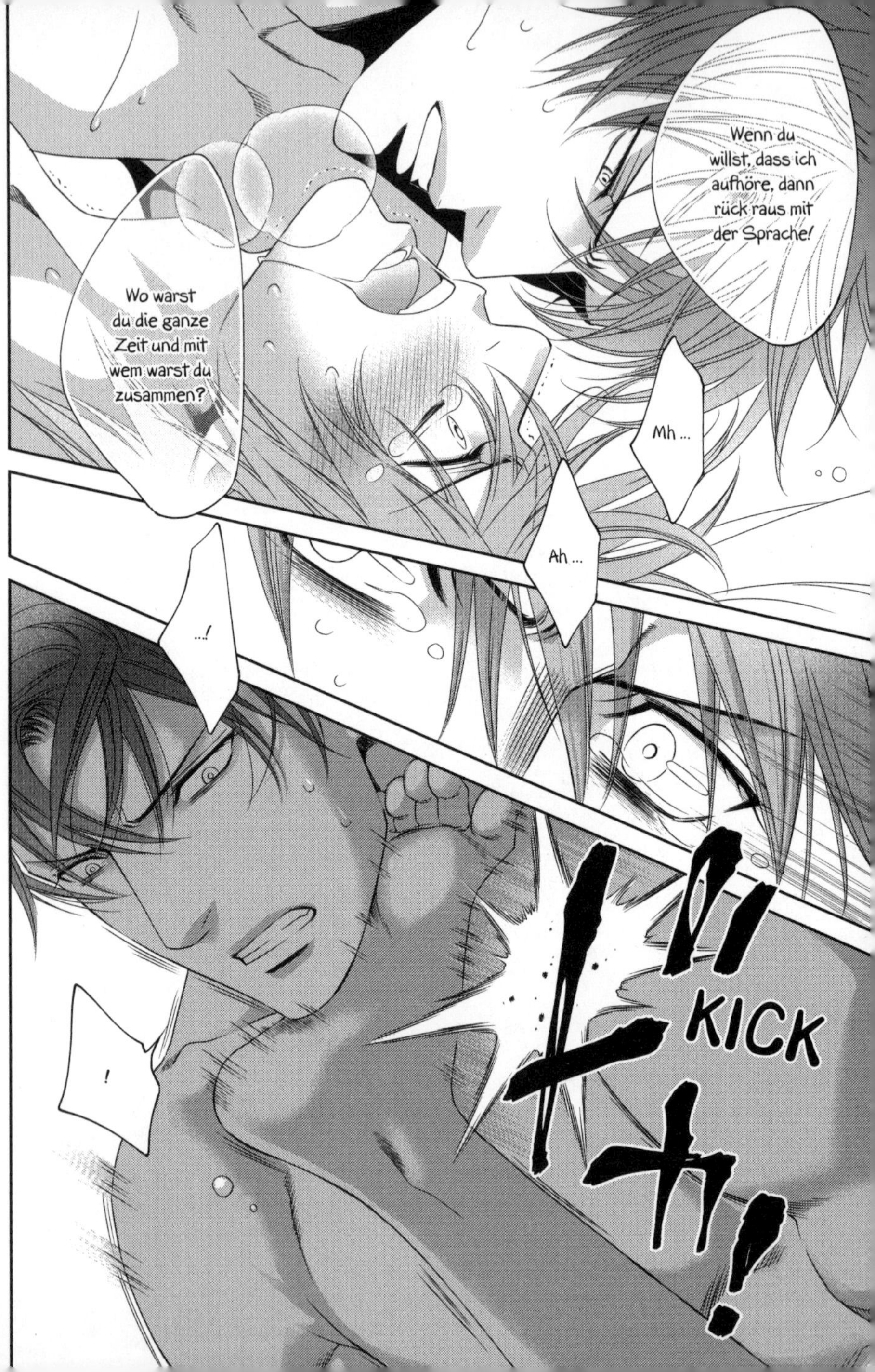

Wenn du willst, dass ich aufhöre, dann rück raus mit der Sprache!
Wo warst du die ganze Zeit und mit wem warst du zusammen?
Mh ...
Ah ...
...!
!
KICK

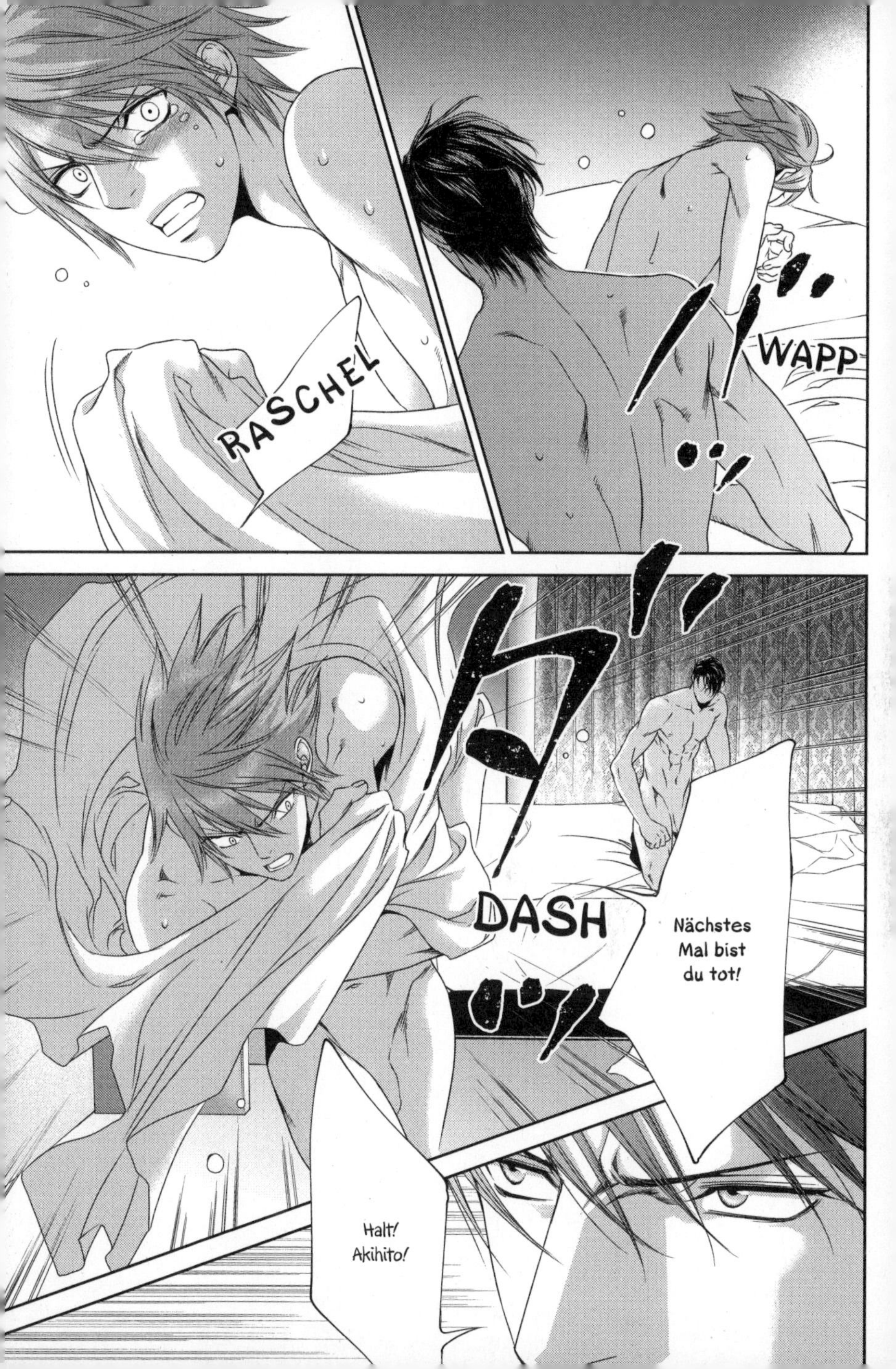
WAPP
RASCHEL
DASH
Nächstes Mal bist du tot!
Halt! Akihito!

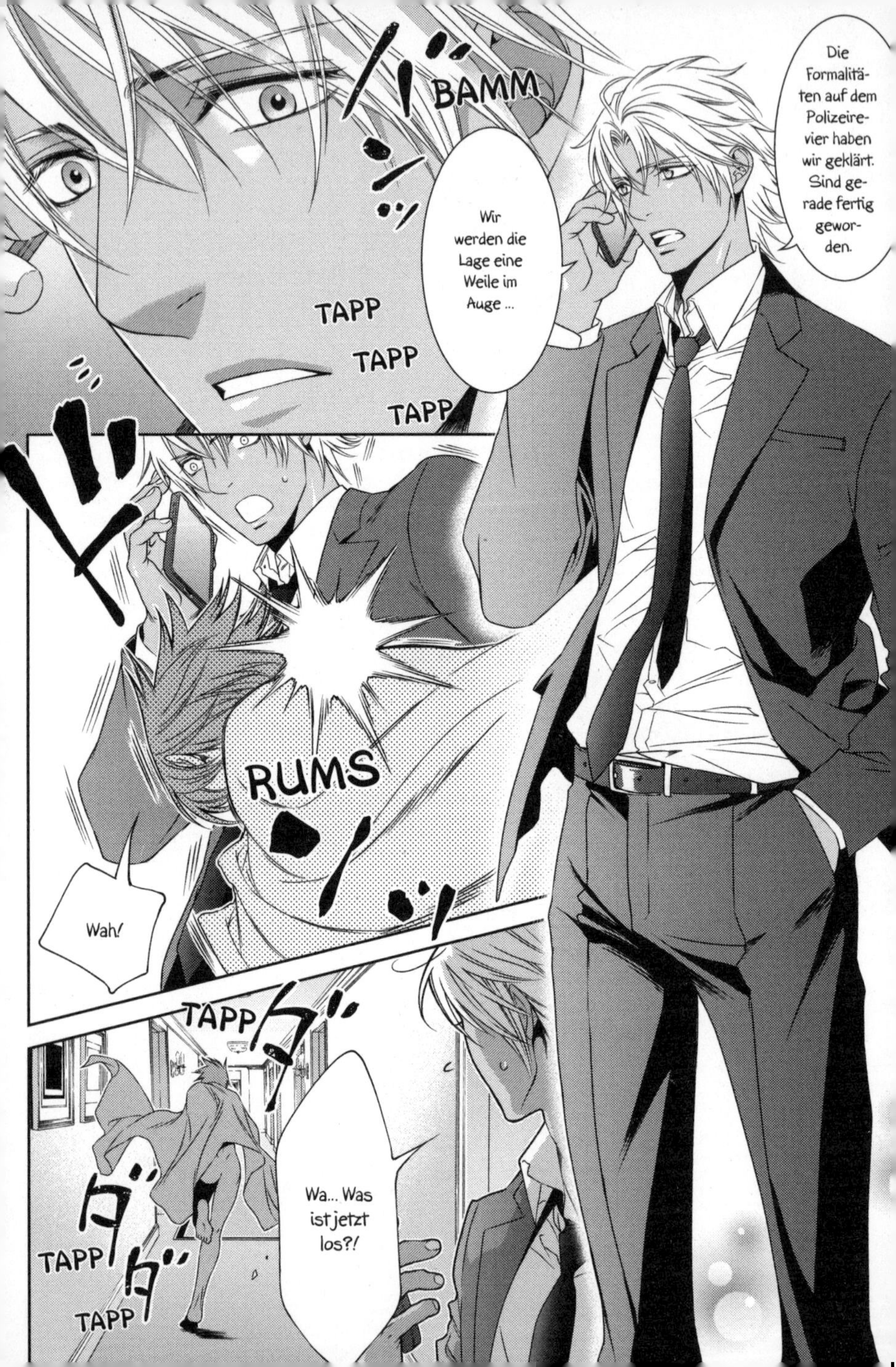
Die Formalitäten auf dem Polizeirevier haben wir geklärt. Sind gerade fertig geworden.
Wir werden die Lage eine Weile im Auge ...
BAMM
TAPP
TAPP
TAPP
RUMS
Wah!
TAPP
Wa... Was ist jetzt los?!
TAPP
TAPP

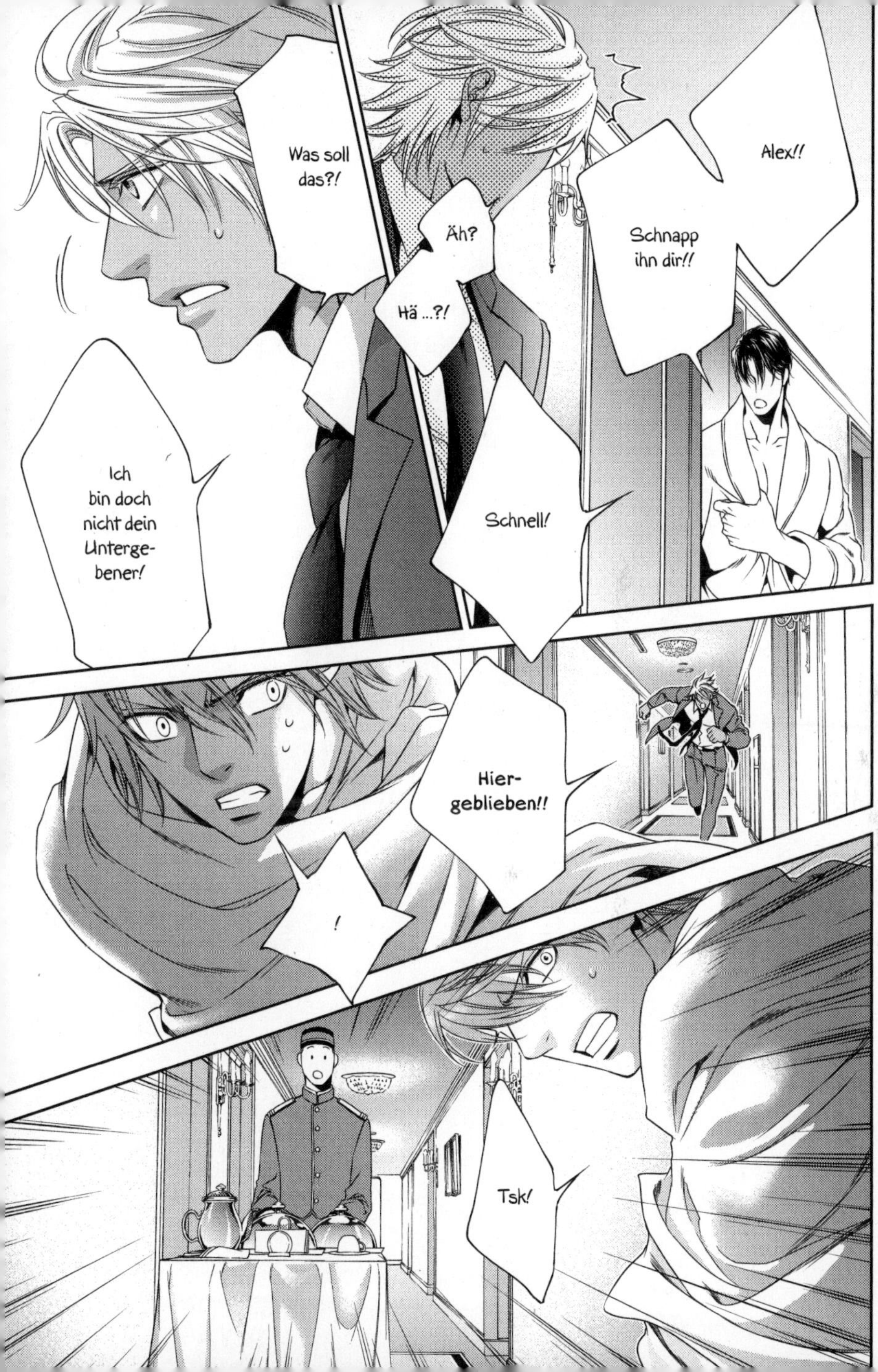
Alex!!
Schnapp ihn dir!!
Äh?
Was soll das?!
Hä ...?!
Schnell!
Ich bin doch nicht dein Untergebener!
Hier-geblieben!!
!
Tsk!

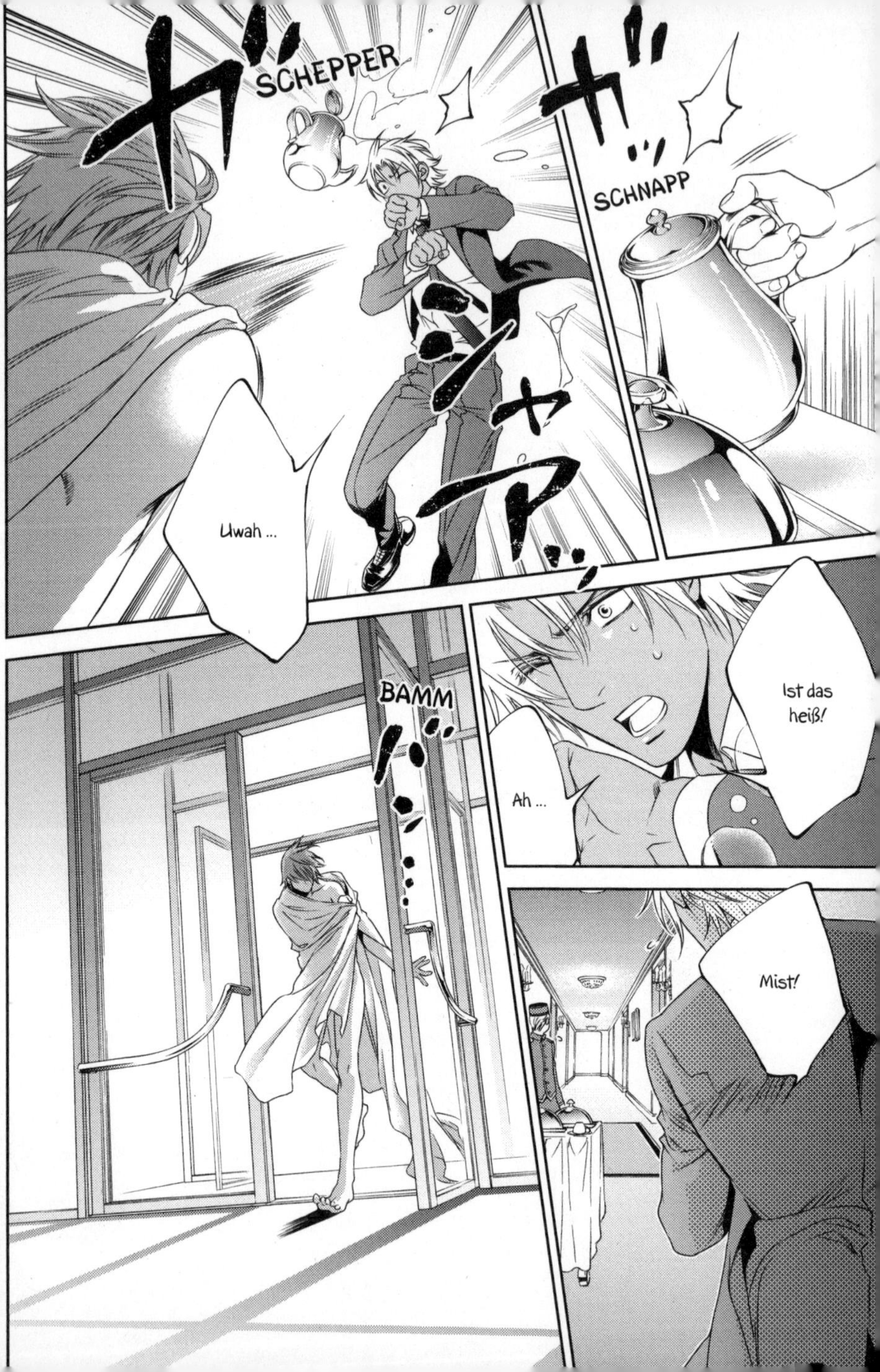
SCHNAPP
SCHEPPER
Uwah ...
Ist das heiß!
Ah ...
Mist!
BAMM

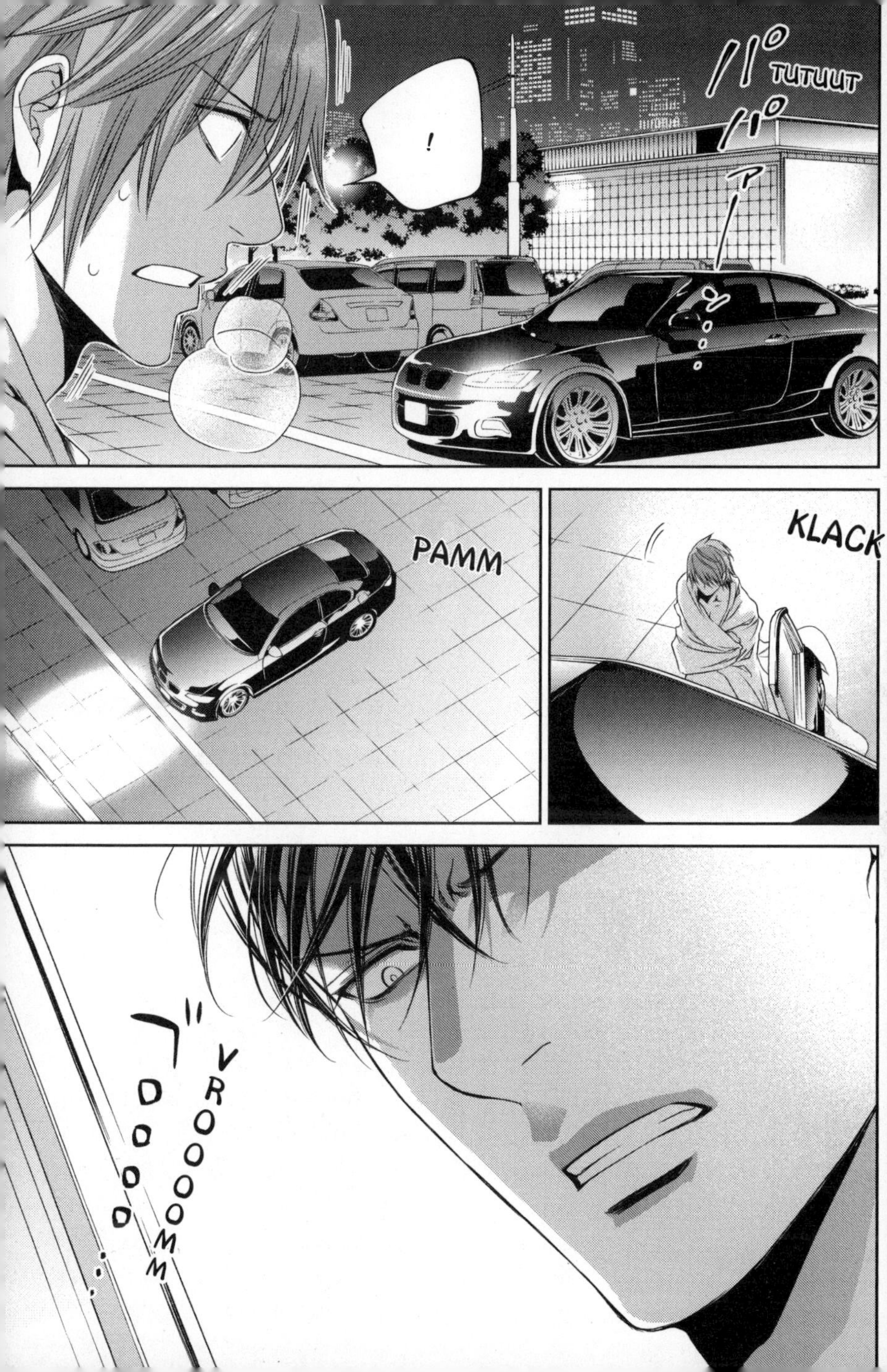

TUTUUT
!
PAMM
KLACK
VROOOOOOMM

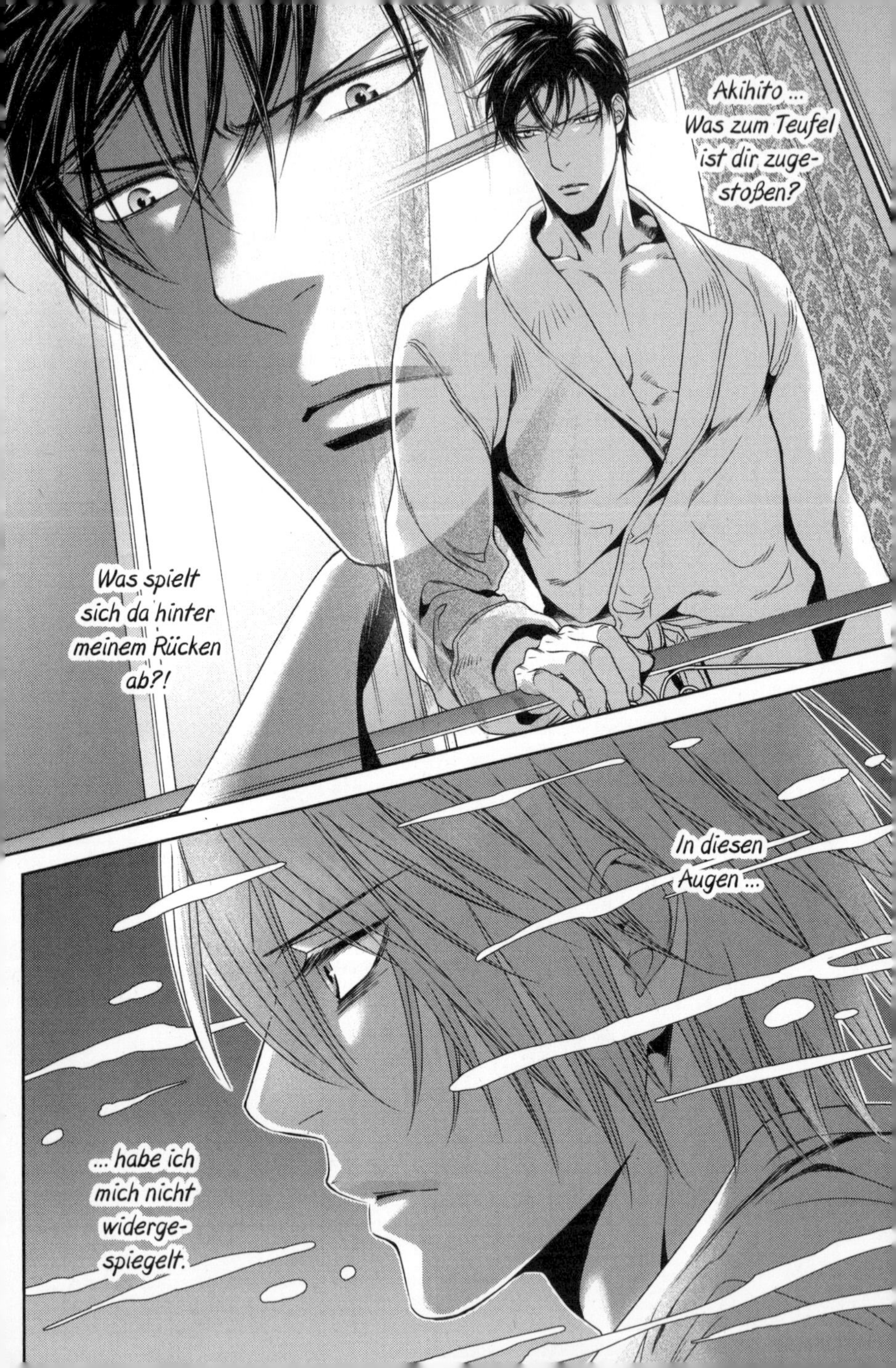
Akihito ... Was zum Teufel ist dir zugestoßen?
Was spielt sich da hinter meinem Rücken ab?!
In diesen Augen ...
... habe ich mich nicht widergespiegelt.

Innocent Eyes

Innocent Eyes

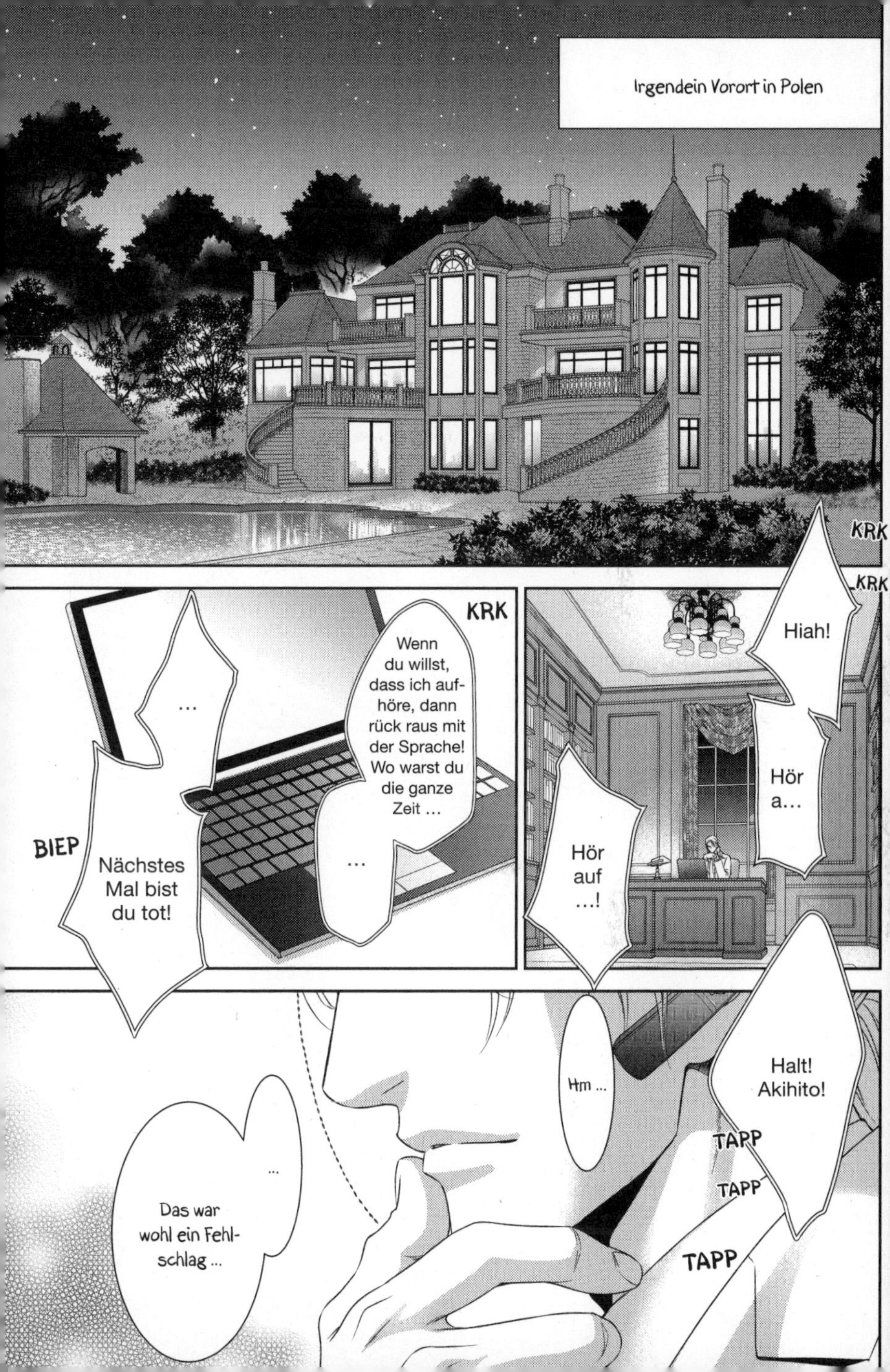
Irgendein Vorort in Polen
KRK
KRK
Hiah!
Hör a…
Hör auf …!
KRK
Wenn du willst, dass ich aufhöre, dann rück raus mit der Sprache! Wo warst du die ganze Zeit …
…
…
Nächstes Mal bist du tot!
BIEP
Halt! Akihito!
TAPP
TAPP
TAPP
Hm …
…
Das war wohl ein Fehlschlag …

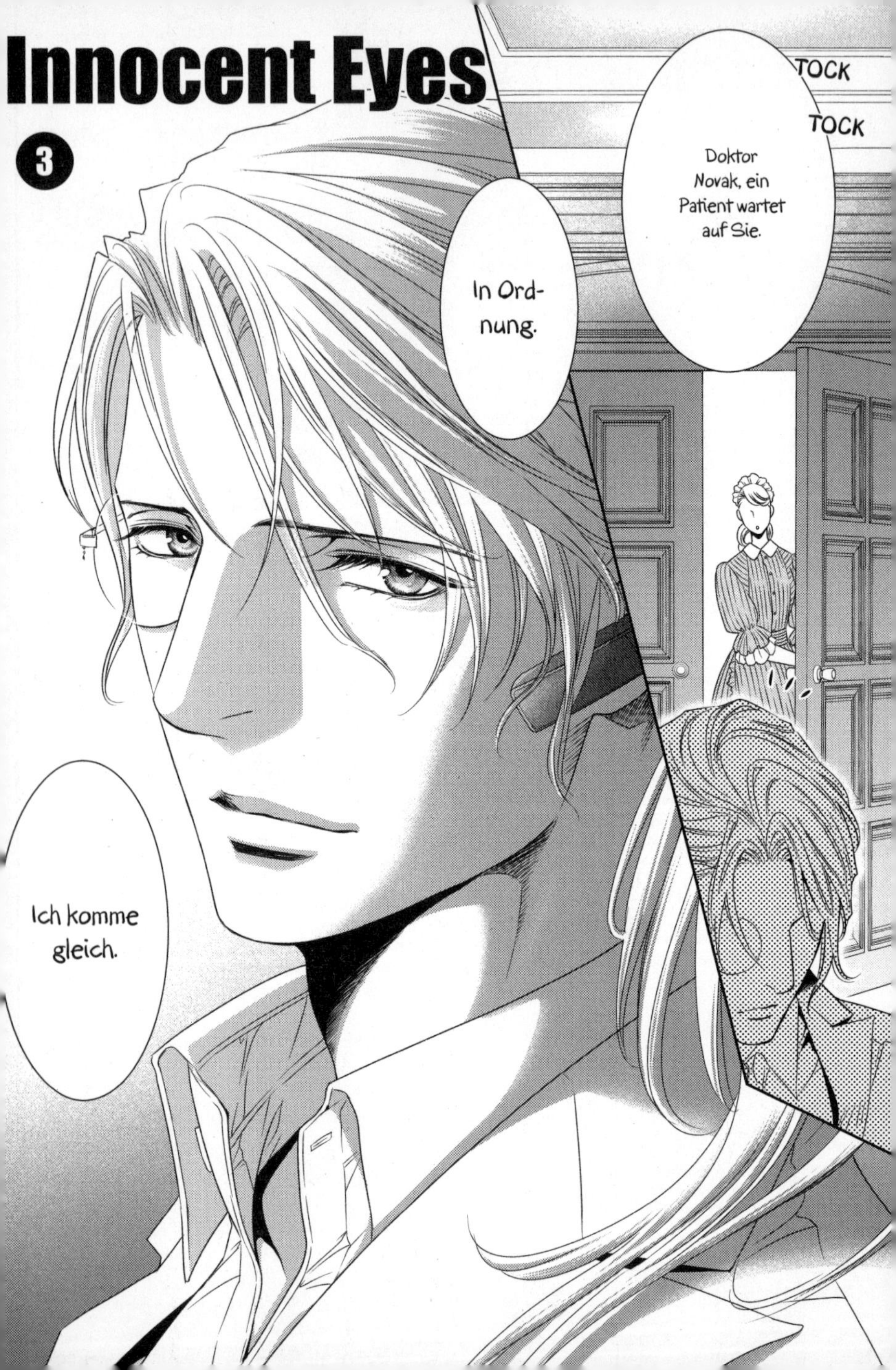
Innocent Eyes
3
TOCK
TOCK
Doktor Novak, ein Patient wartet auf Sie.
In Ordnung.
Ich komme gleich.

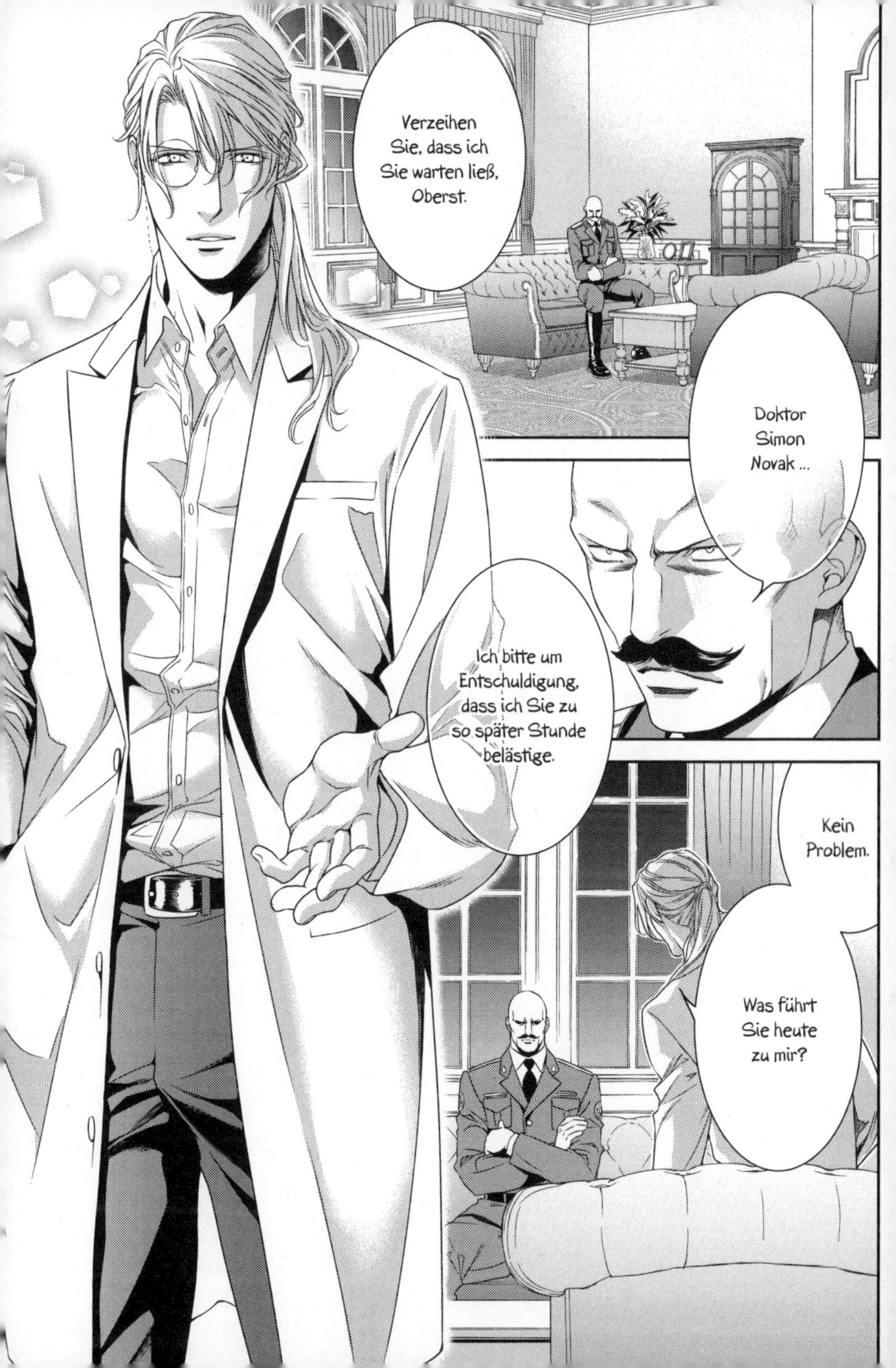
Verzeihen Sie, dass ich Sie warten ließ, Oberst.
Doktor Simon Novak ...
Ich bitte um Entschuldigung, dass ich Sie zu so später Stunde belästige.
Kein Problem.
Was führt Sie heute zu mir?

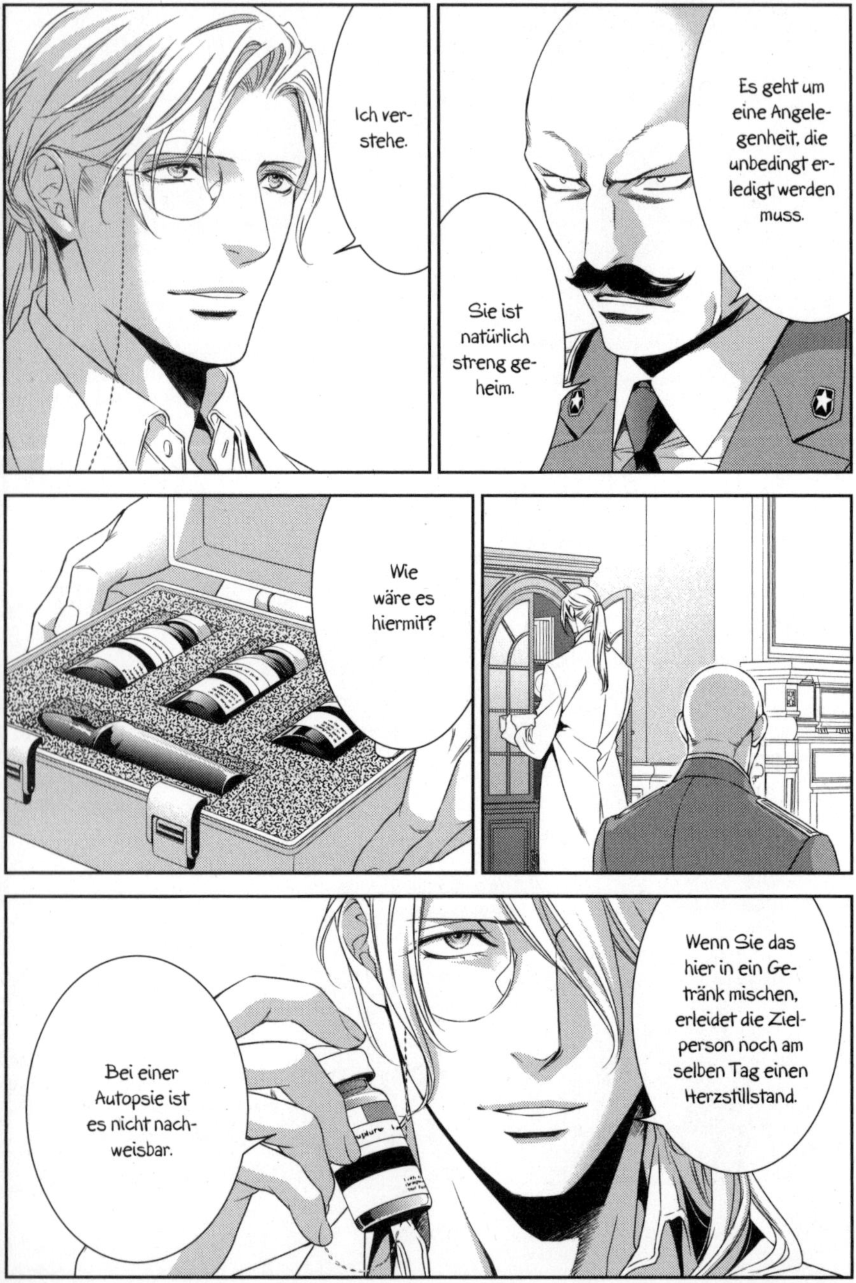
Es geht um eine Angelegenheit, die unbedingt erledigt werden muss.
Sie ist natürlich streng geheim.
Ich verstehe.
Wie wäre es hiermit?
Wenn Sie das hier in ein Getränk mischen, erleidet die Zielperson noch am selben Tag einen Herzstillstand.
Bei einer Autopsie ist es nicht nachweisbar.

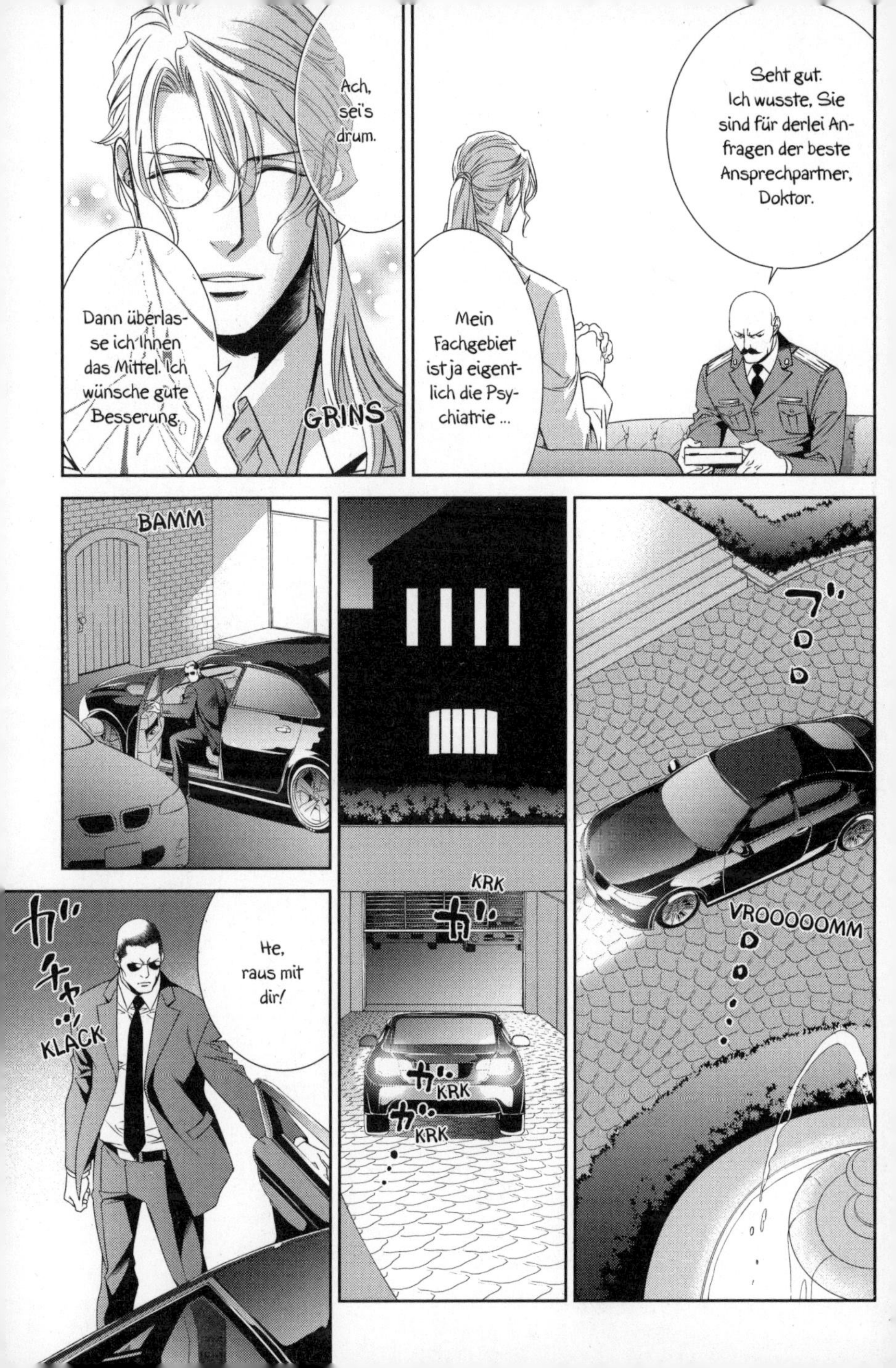
Seht gut. Ich wusste, Sie sind für derlei Anfragen der beste Ansprechpartner, Doktor.
Mein Fachgebiet ist ja eigentlich die Psychiatrie ...
Ach, sei's drum.
Dann überlasse ich Ihnen das Mittel. Ich wünsche gute Besserung.
GRINS
ブロロ
VROOOOOOMM
KRK
KRK
KRK
BAMM
He, raus mit dir!
KLACK

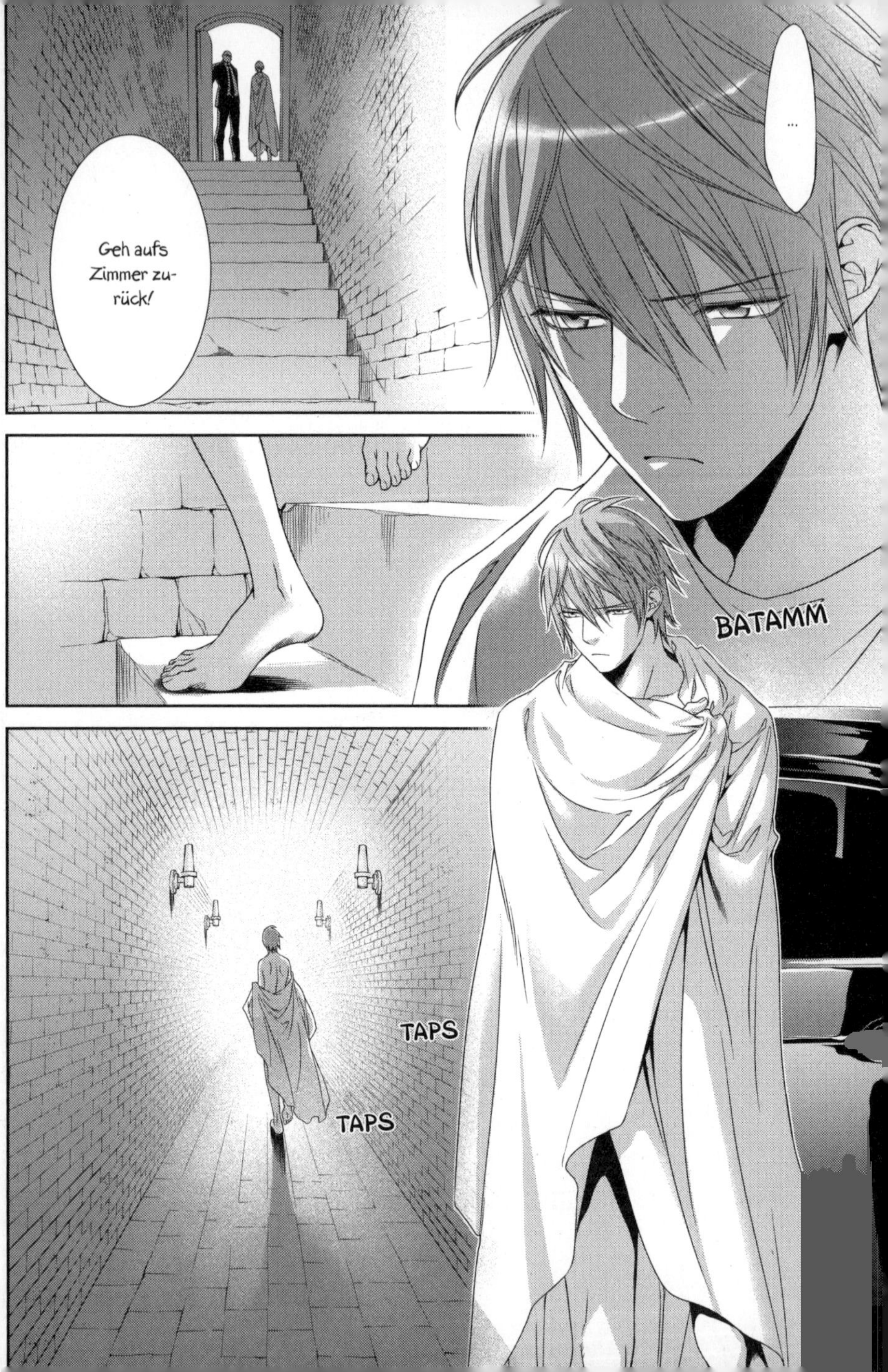
...
Geh aufs Zimmer zu-rück!
BATAMM
TAPS
TAPS

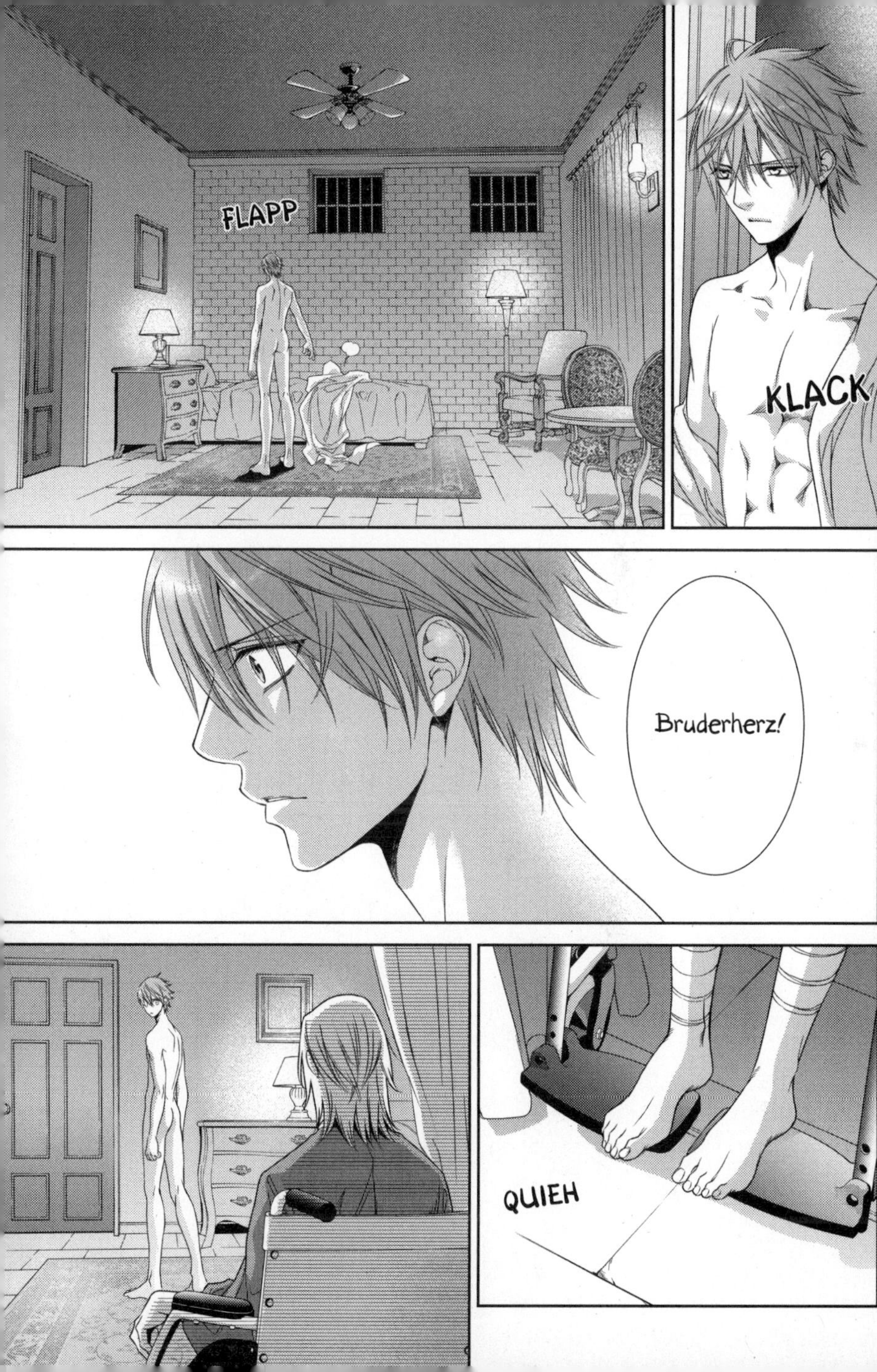
KLACK
FLAPP
Bruderherz!
QUIEH

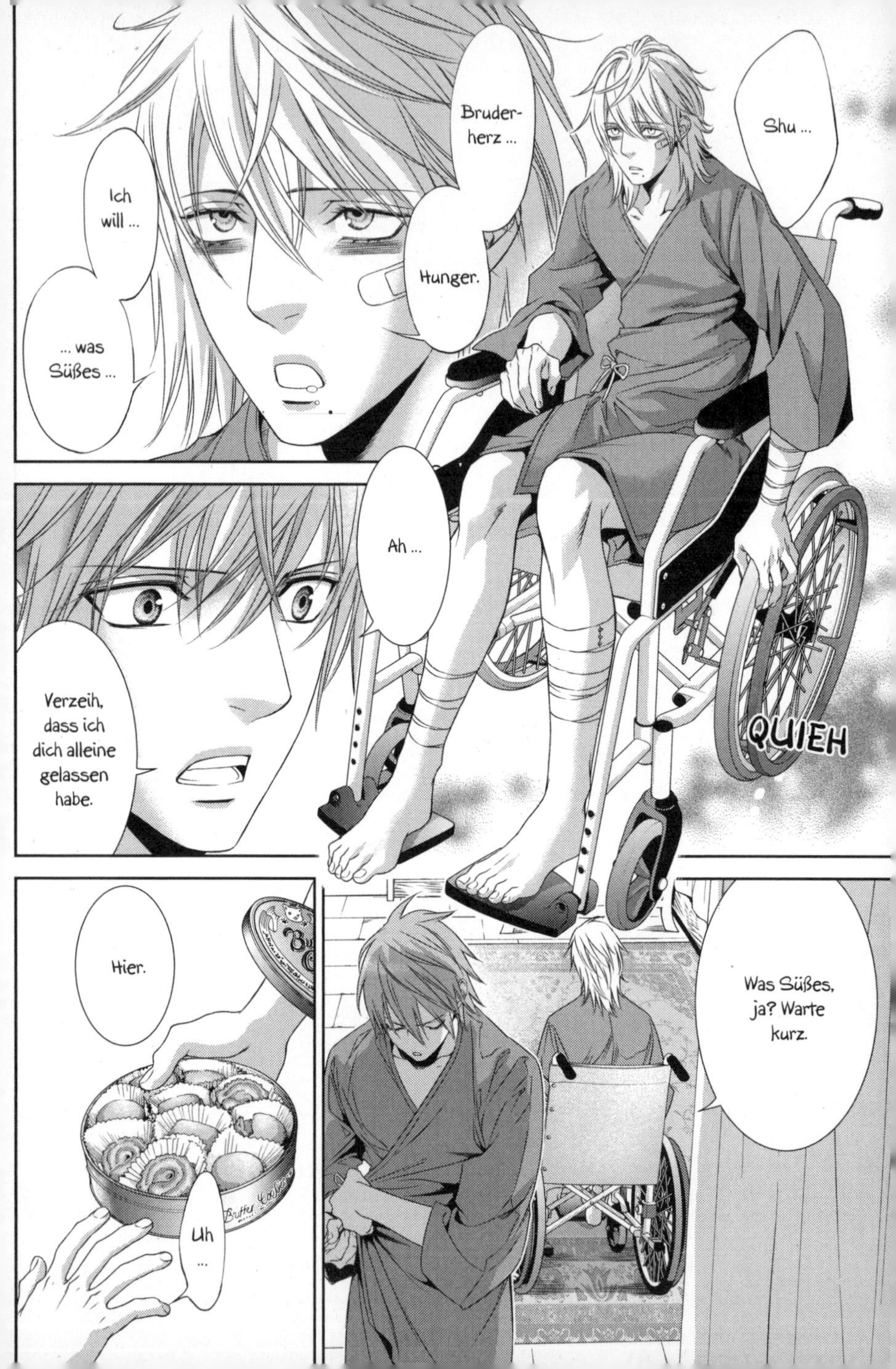
Shu ...
Bruderherz ...
Hunger.
Ich will ...
... was Süßes ...
Ah ...
QUIEH
Verzeih, dass ich dich alleine gelassen habe.
Was Süßes, ja? Warte kurz.
Hier.
Uh ...

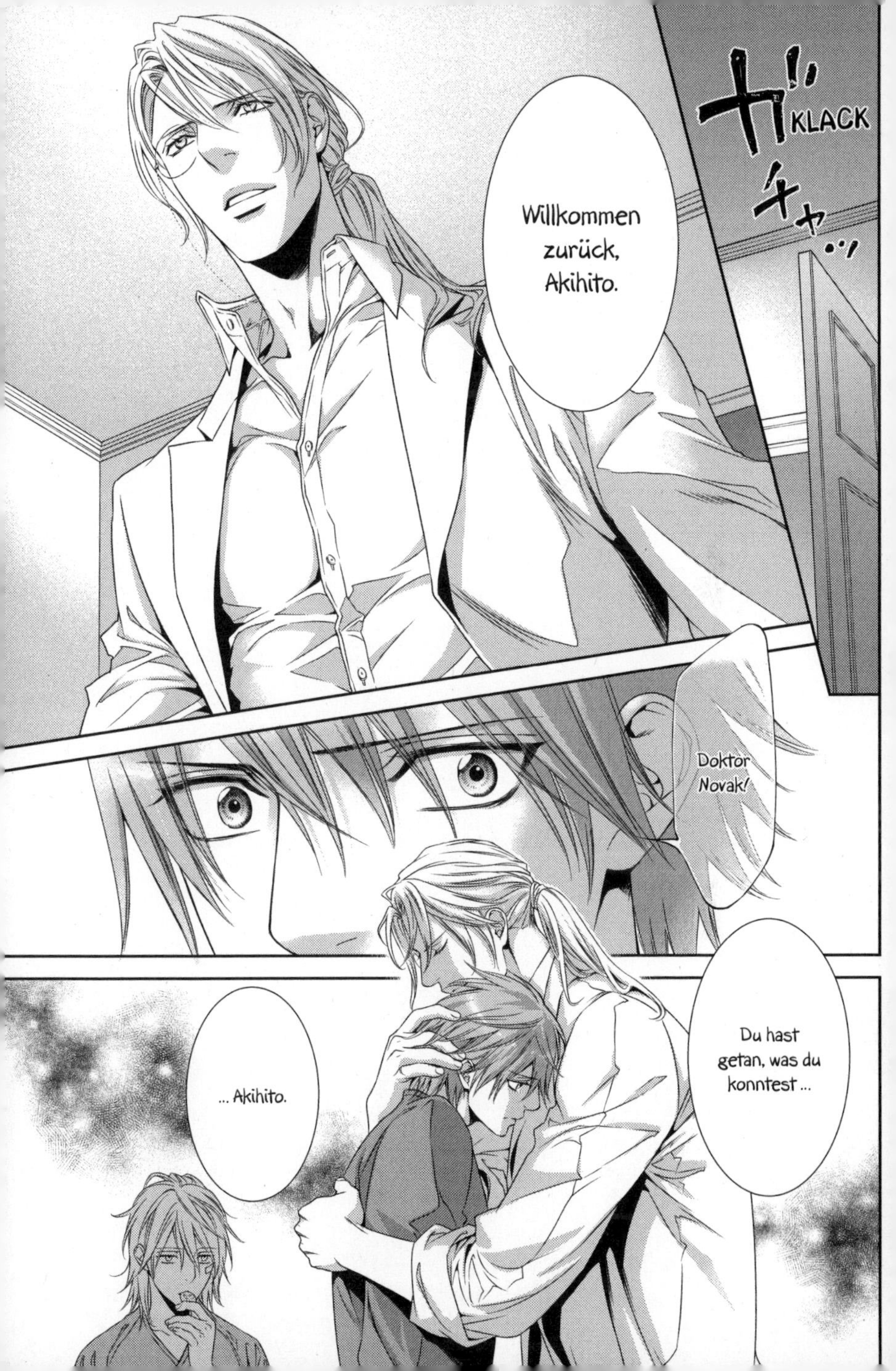
KLACK
Willkommen zurück, Akihito.
Doktor Novak!
Du hast getan, was du konntest ...
... Akihito.

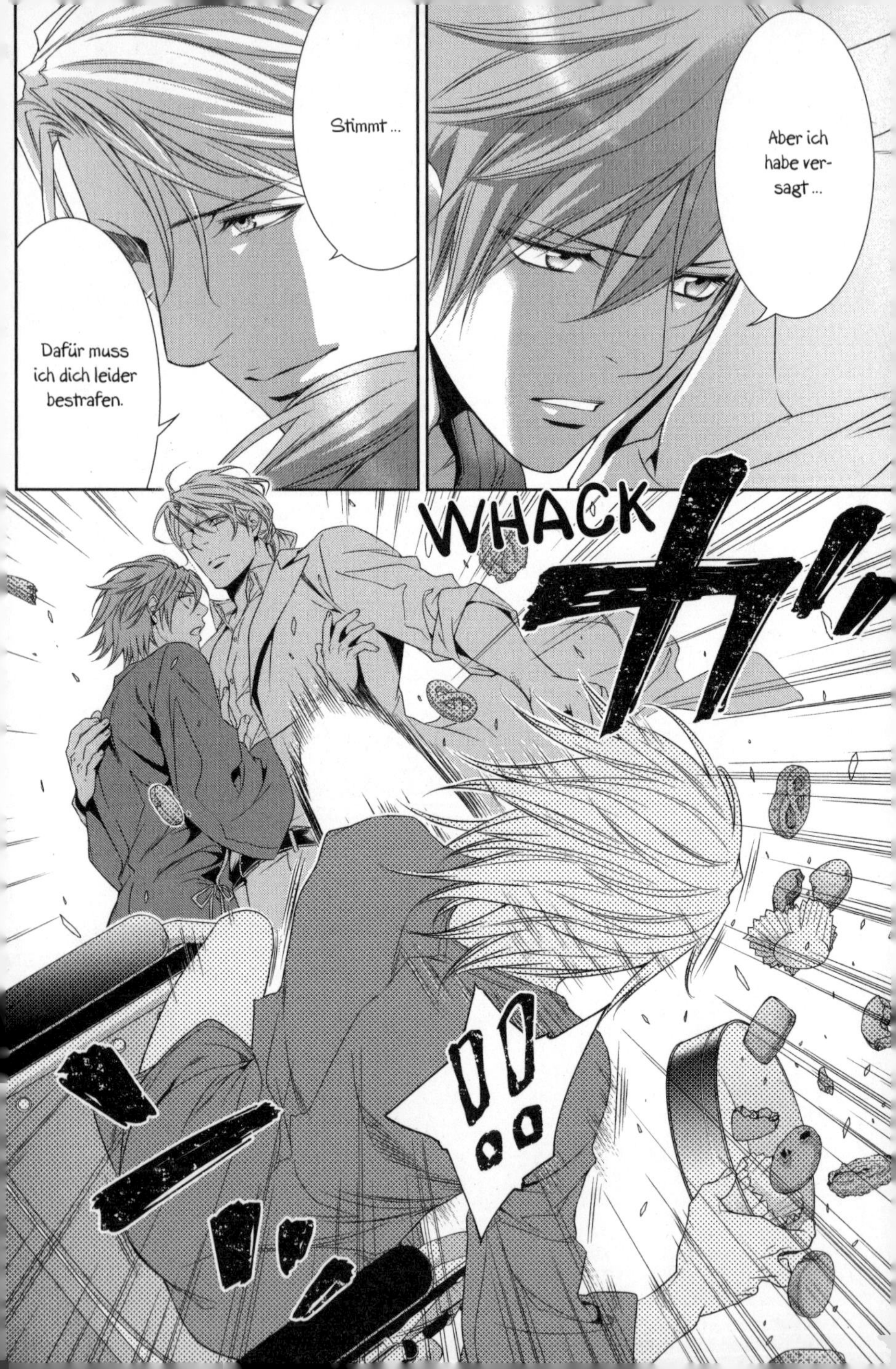
Aber ich habe versagt ...
Stimmt ...
Dafür muss ich dich leider bestrafen.
WHACK

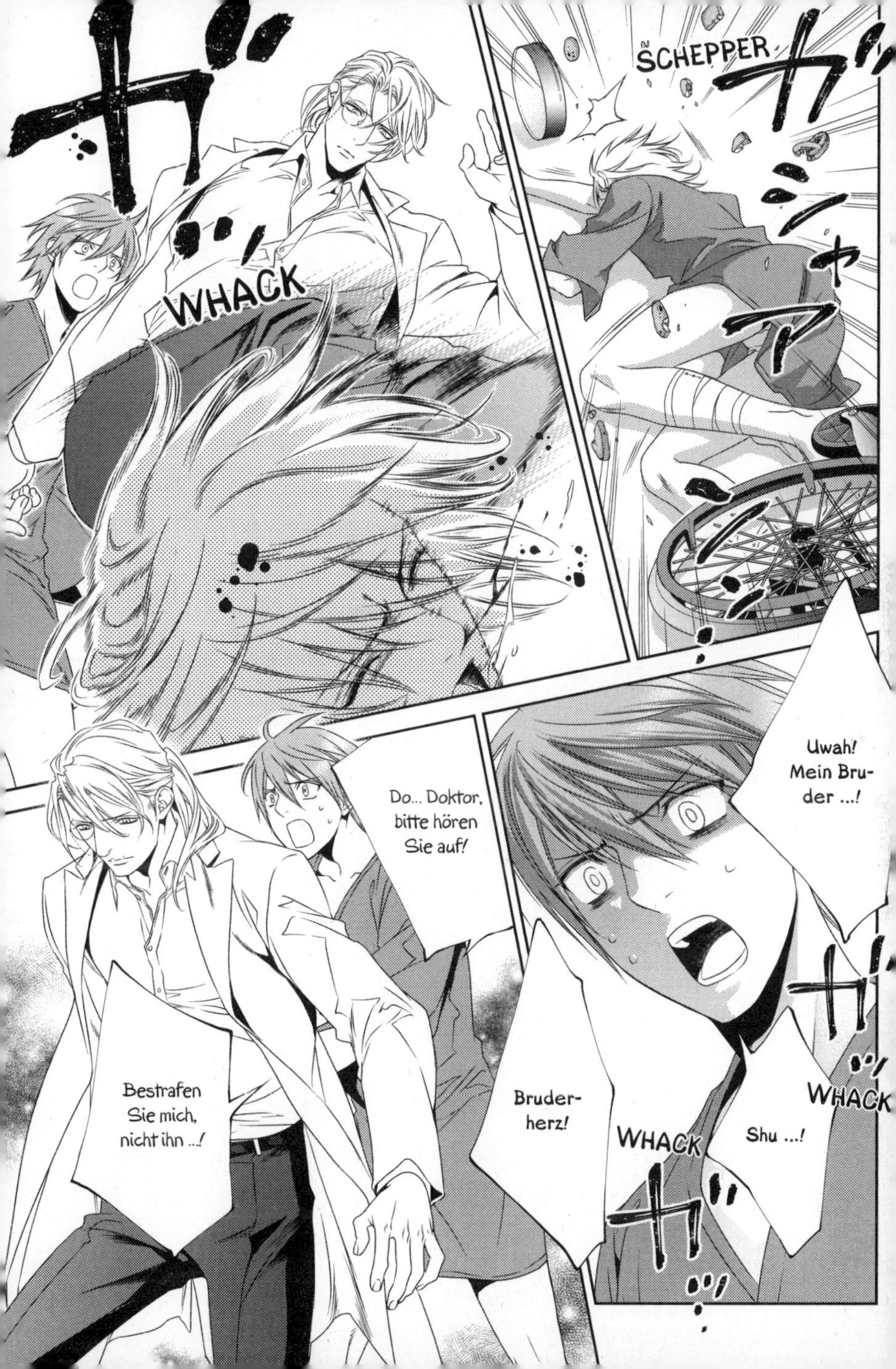
SCHEPPER
WHACK
Uwah! Mein Bruder ...!
Do... Doktor, bitte hören Sie auf!
WHACK
Shu ...!
WHACK
Bruderherz!
Bestrafen Sie mich, nicht ihn ...!

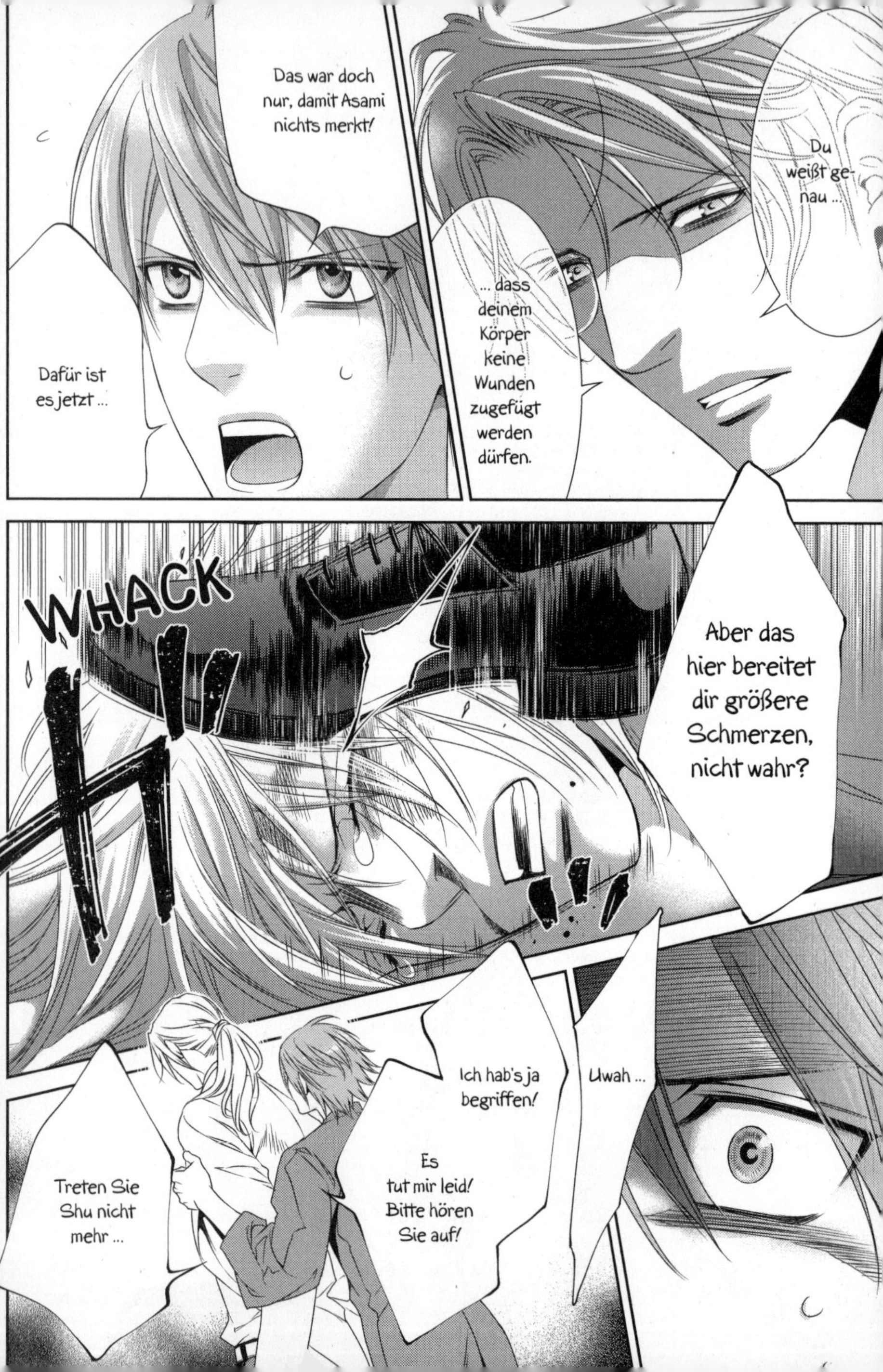
Du weißt genau ...
... dass deinem Körper keine Wunden zugefügt werden dürfen.
Das war doch nur, damit Asami nichts merkt!
Dafür ist es jetzt ...
Aber das hier bereitet dir größere Schmerzen, nicht wahr?
WHACK
Uwah ...
Ich hab's ja begriffen!
Es tut mir leid! Bitte hören Sie auf!
Treten Sie Shu nicht mehr ...

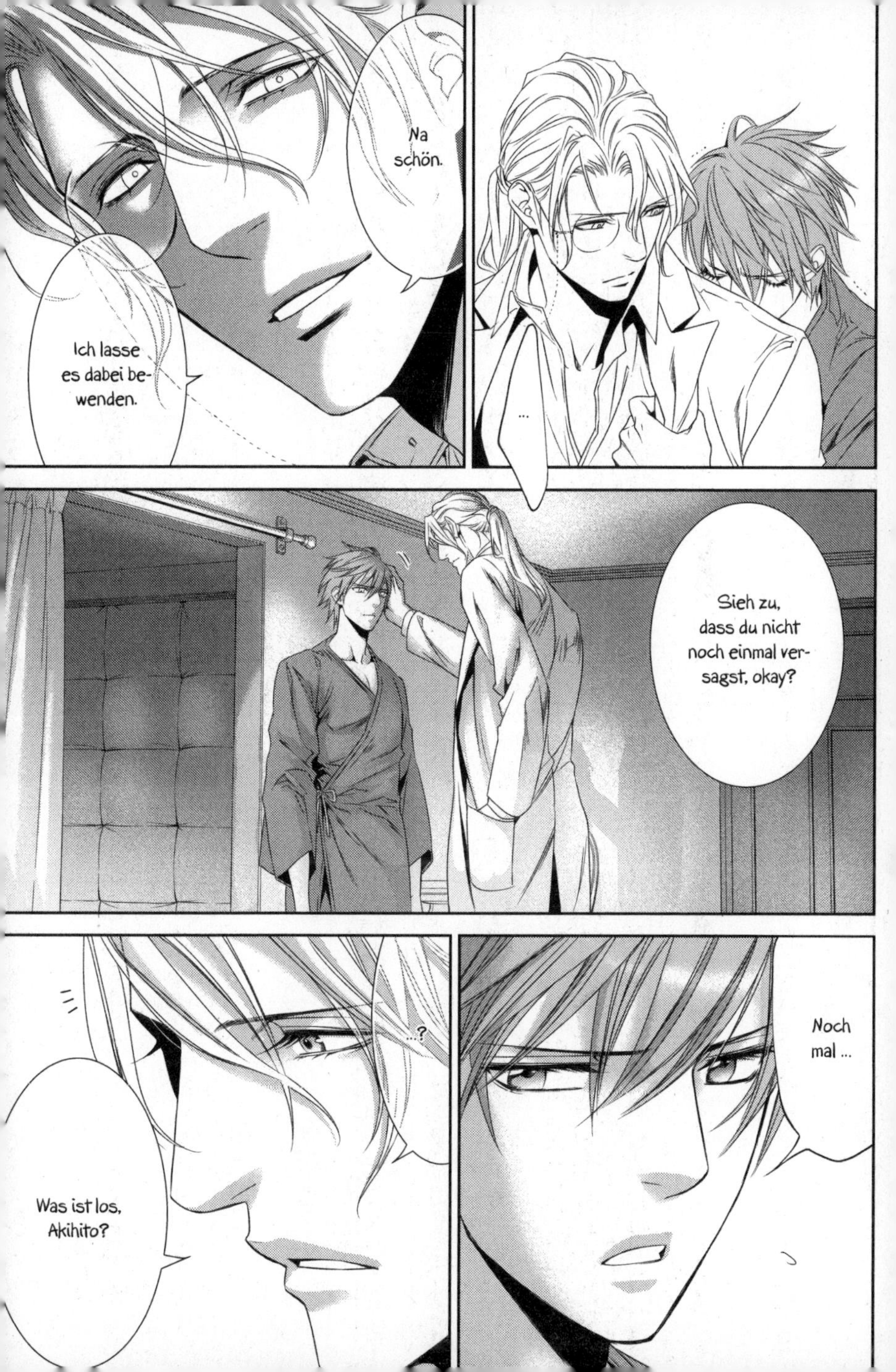
...
Na schön.
Ich lasse es dabei bewenden.
Sieh zu, dass du nicht noch einmal versagst, okay?
Noch mal ...
...?
Was ist los, Akihito?

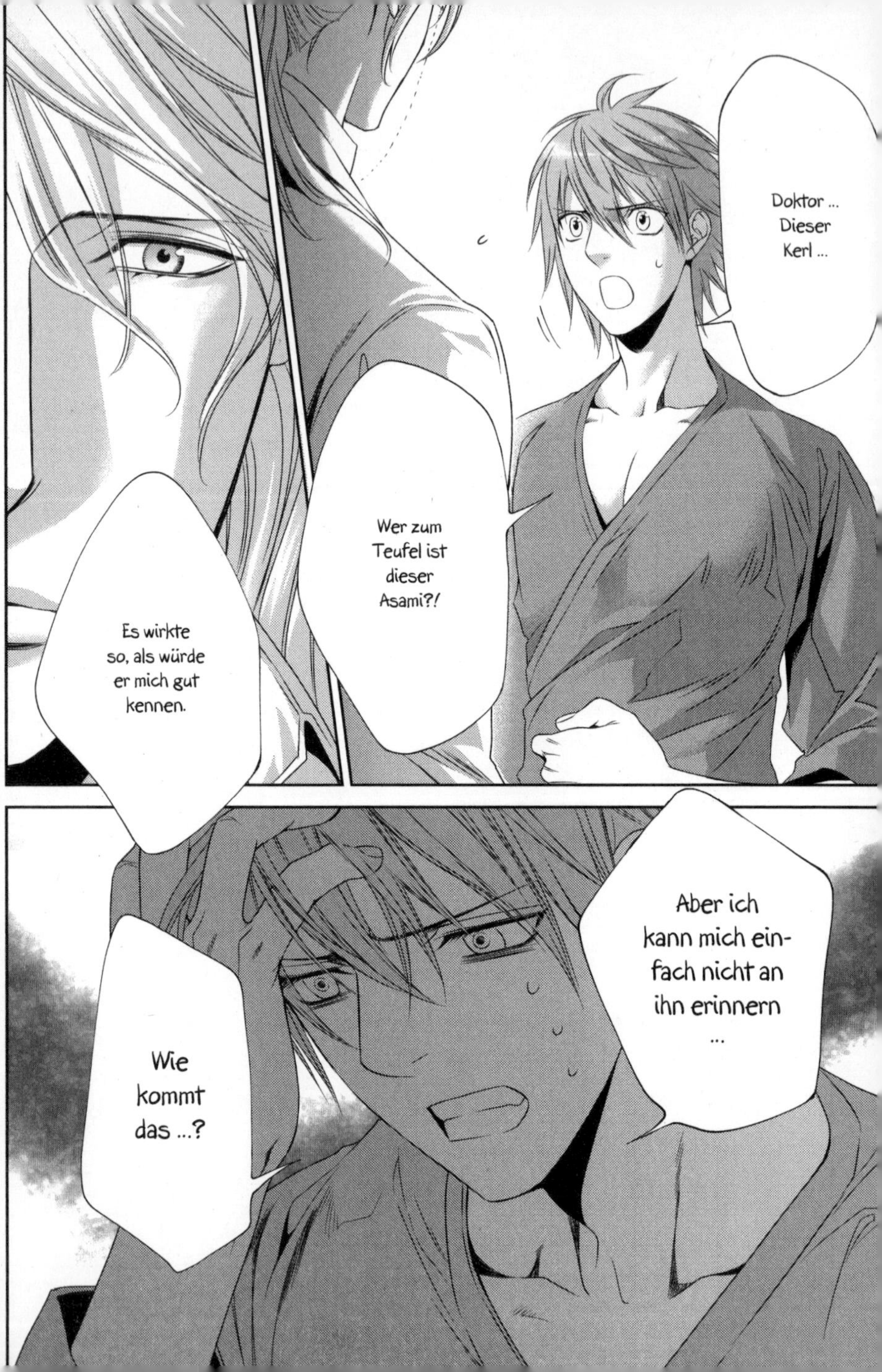
Doktor ... Dieser Kerl ...
Wer zum Teufel ist dieser Asami?!
Es wirkte so, als würde er mich gut kennen.
Aber ich kann mich einfach nicht an ihn erinnern ...
Wie kommt das ...?

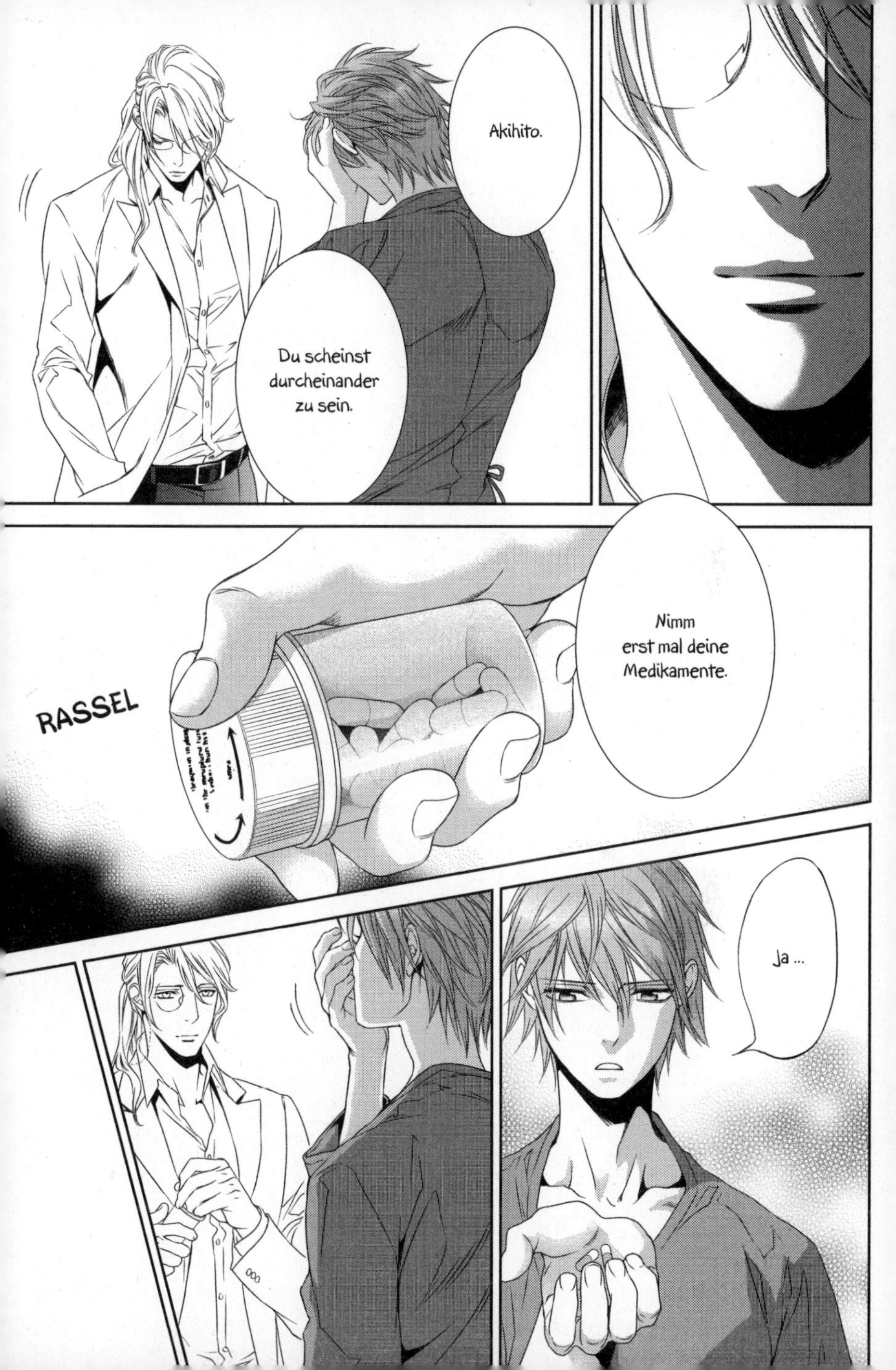

Akihito.
Du scheinst durcheinander zu sein.
Nimm erst mal deine Medikamente.
RASSEL
Ja ...

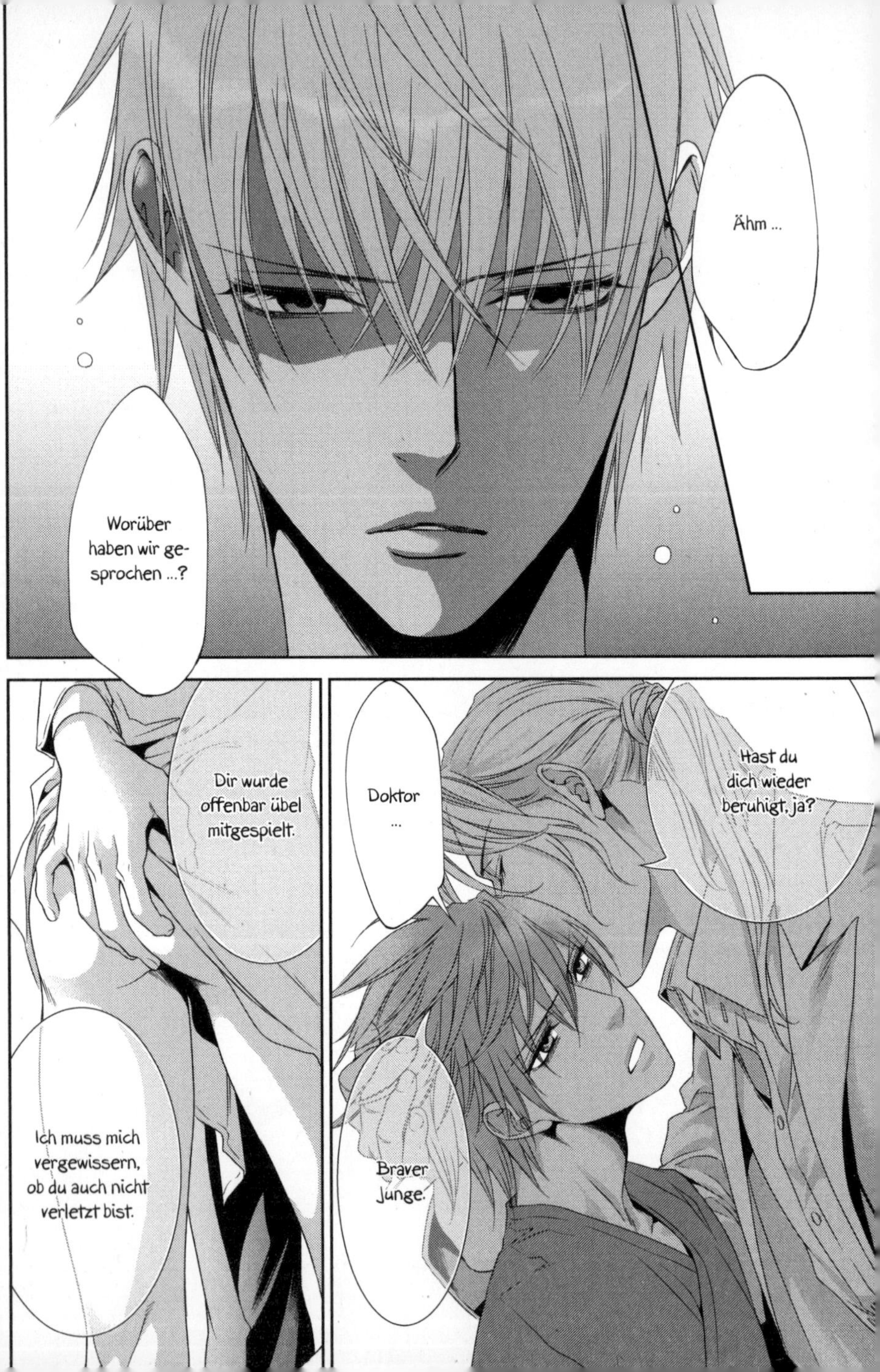
Ähm ...
Worüber haben wir gesprochen ...?
Hast du dich wieder beruhigt, ja?
Doktor ...
Braver Junge.
Dir wurde offenbar übel mitgespielt.
Ich muss mich vergewissern, ob du auch nicht verletzt bist.

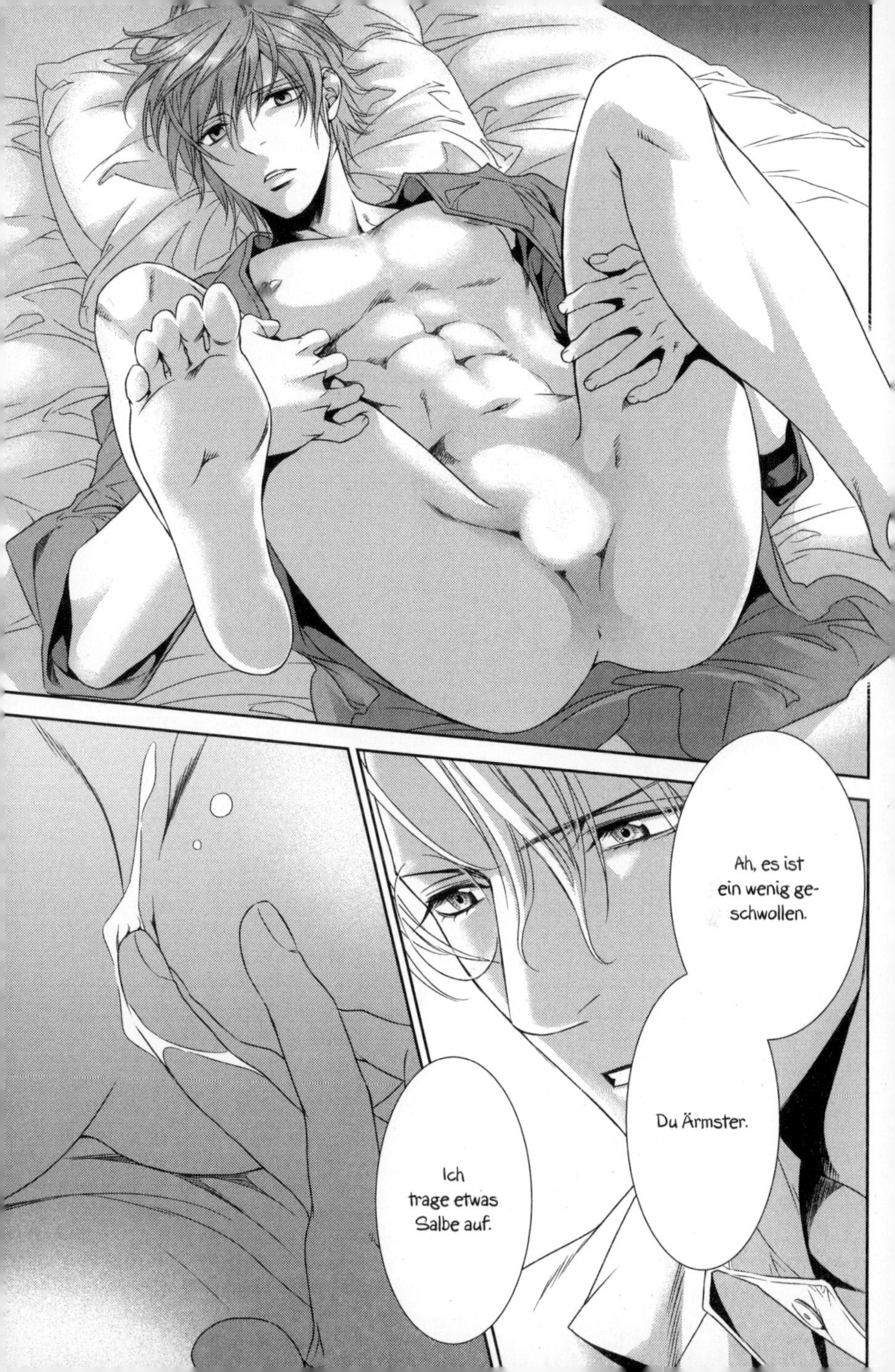
Ah, es ist ein wenig ge-schwollen.
Du Ärmster.
Ich trage etwas Salbe auf.

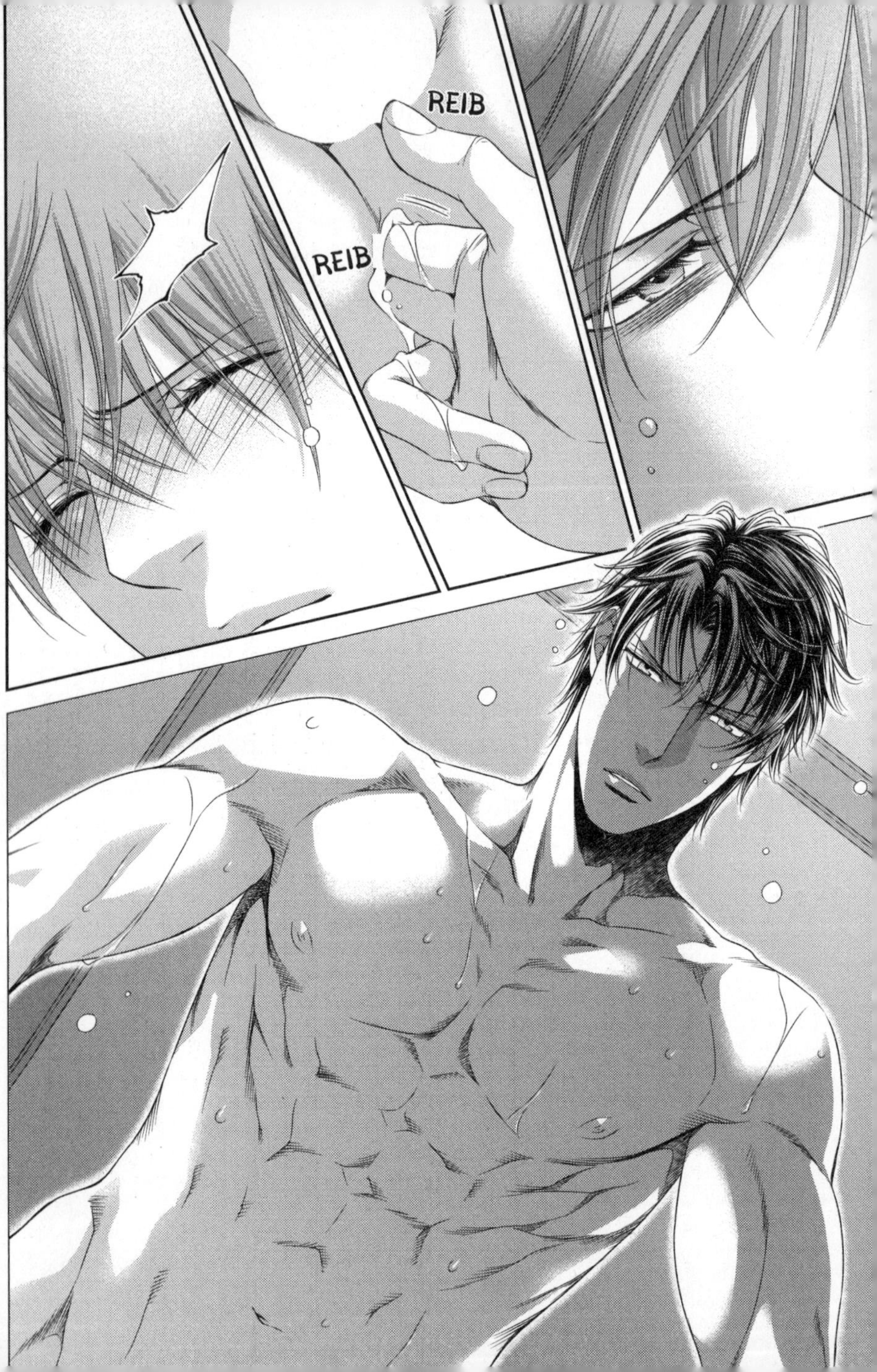
REIB
REIB

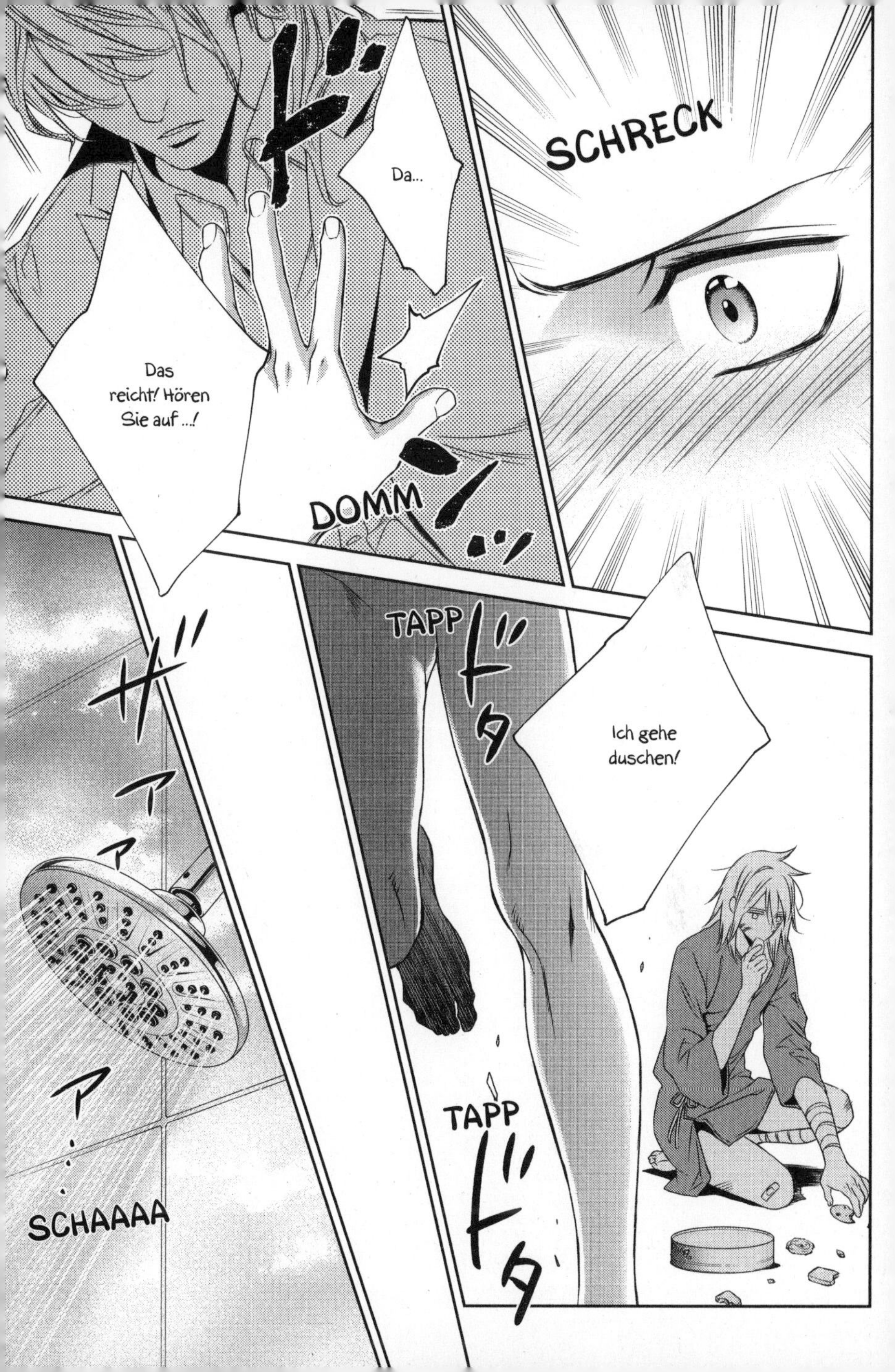
SCHRECK
Da...
Das reicht! Hören Sie auf ...!
DOMM
Ich gehe duschen!
TAPP
TAPP
SCHAAAA

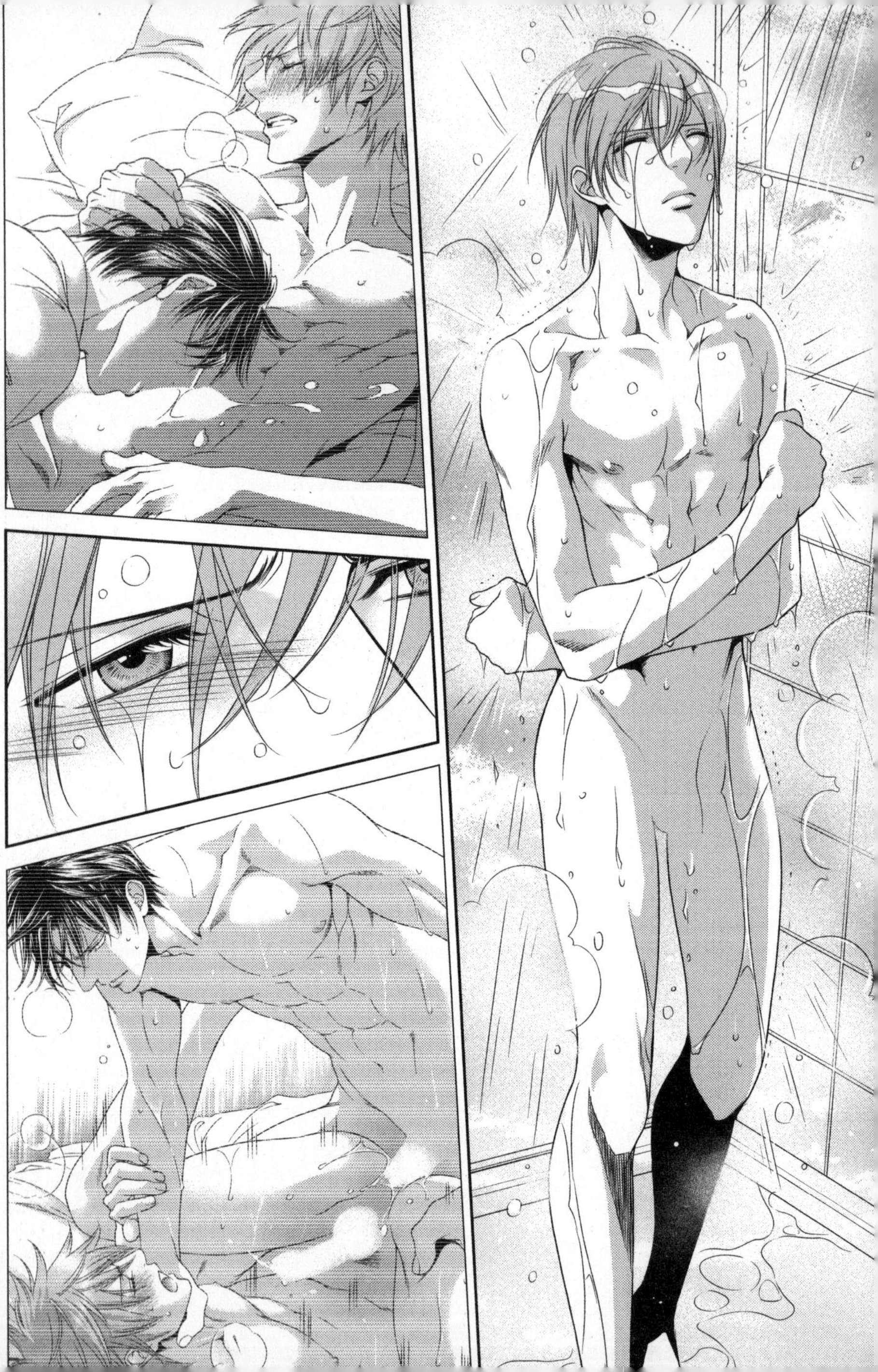

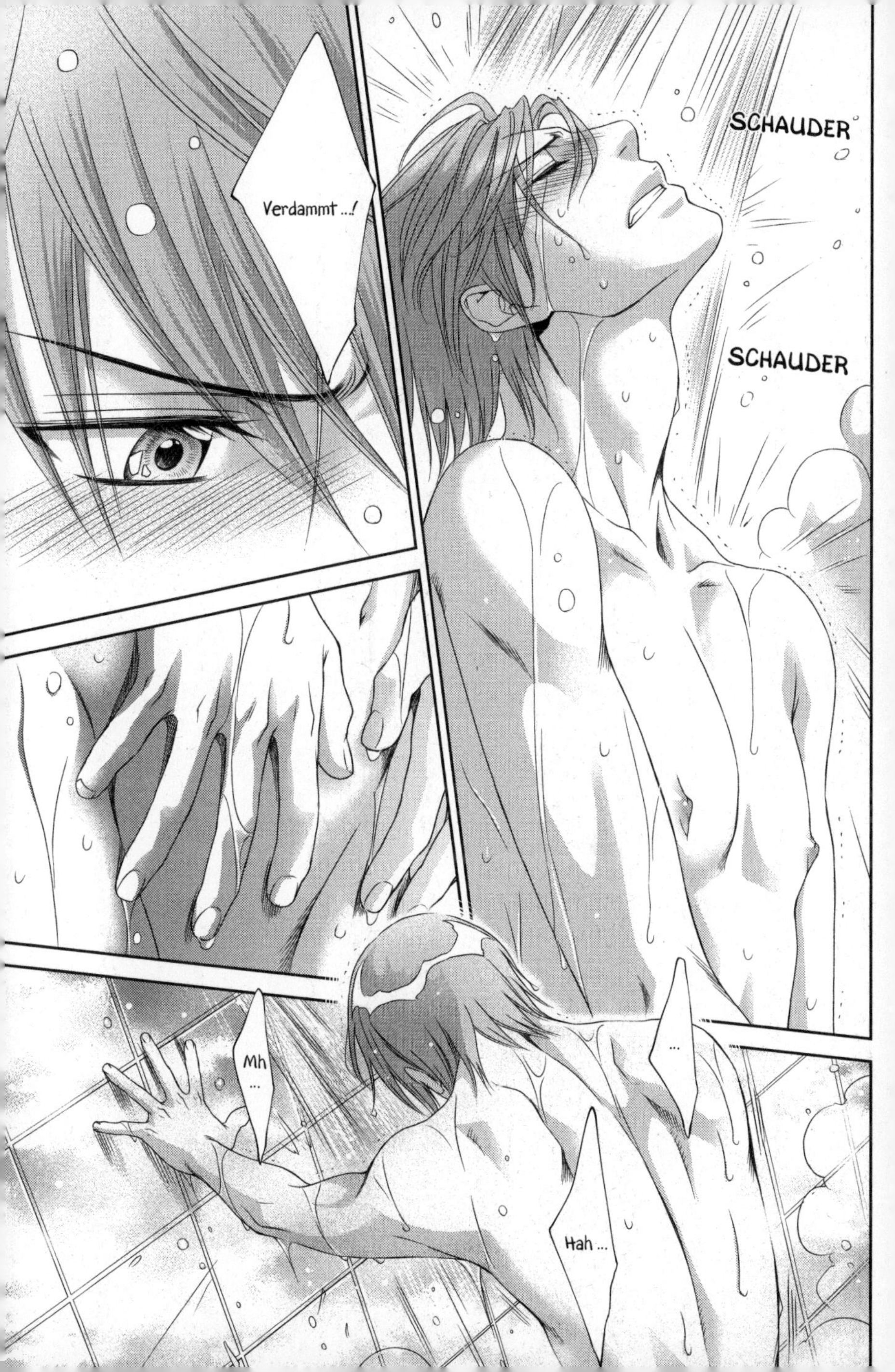
SCHAUDER
SCHAUDER
Verdammt ...!
...
Hah ...
Mh ...

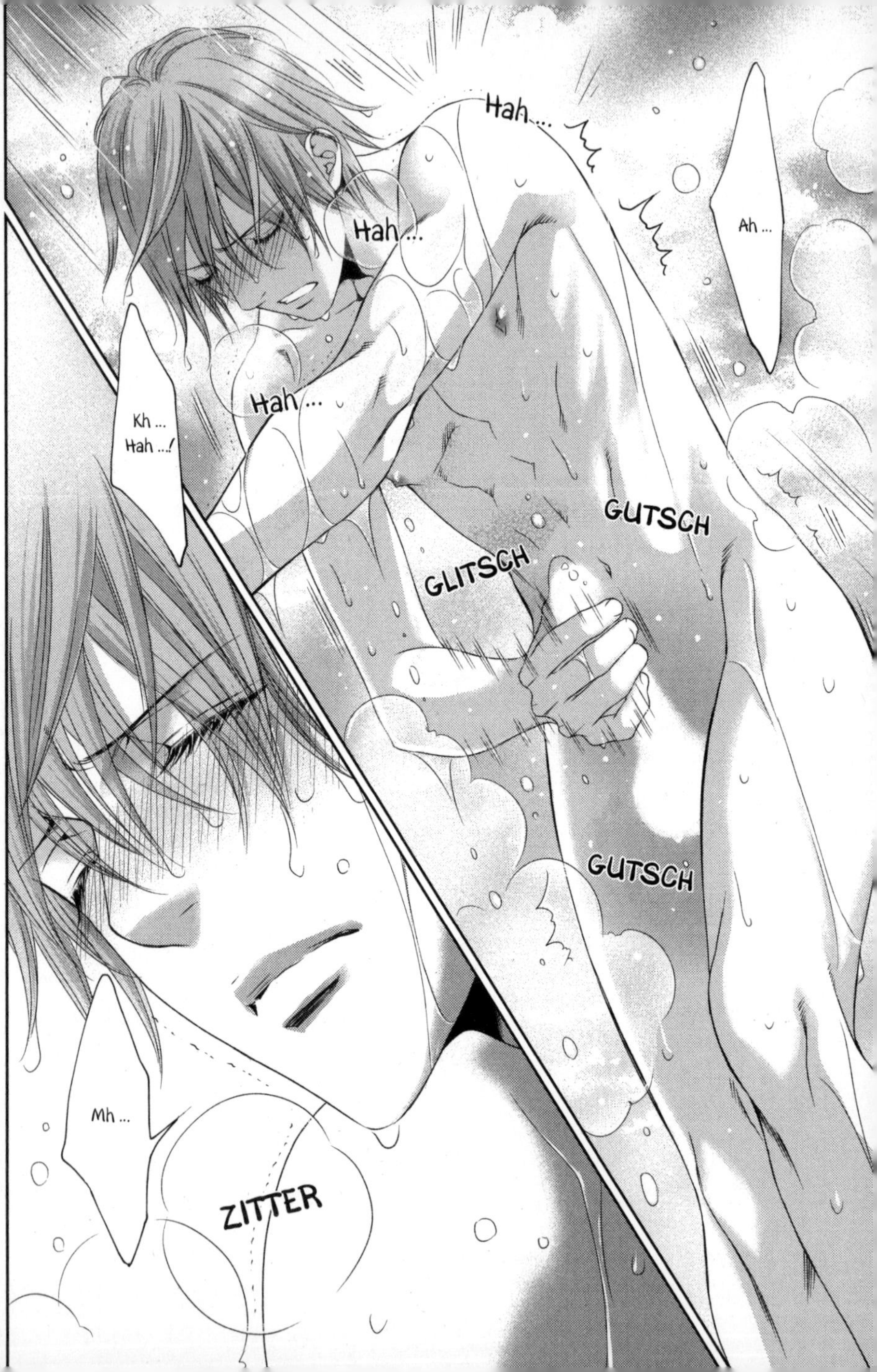
Ah ...
Hah ...
Hah ...
Hah ...
Kh ... Hah ...!
GUTSCH
GLITSCH
GUTSCH
Mh ...
ZITTER

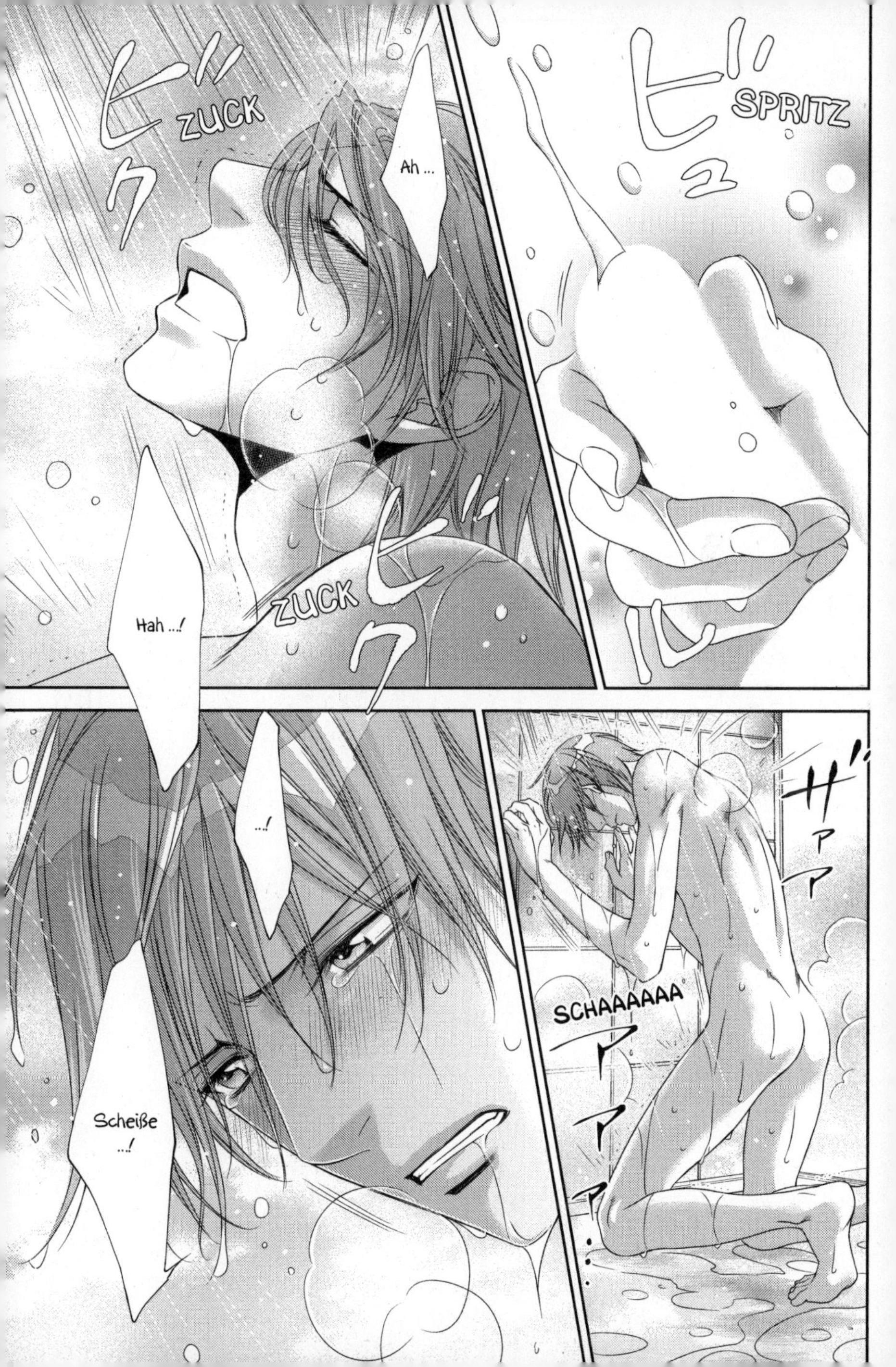
SPRITZ
ZUCK
Ah ...
Hah ...!
ZUCK
SCHAAAAAA
...!
Scheiße ...!

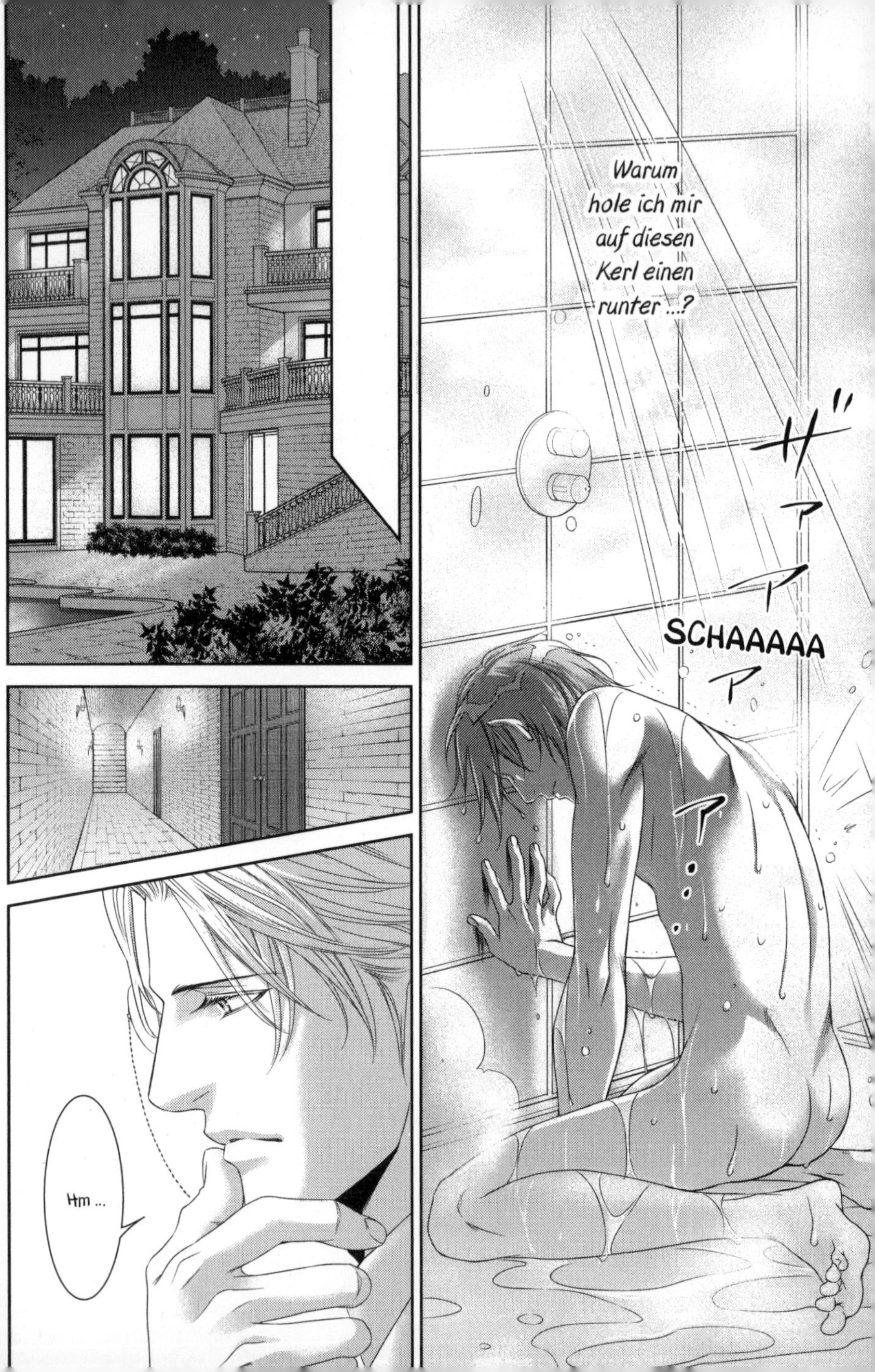
Warum hole ich mir auf diesen Kerl einen runter ...?
SCHAAAAAA
Hm ...

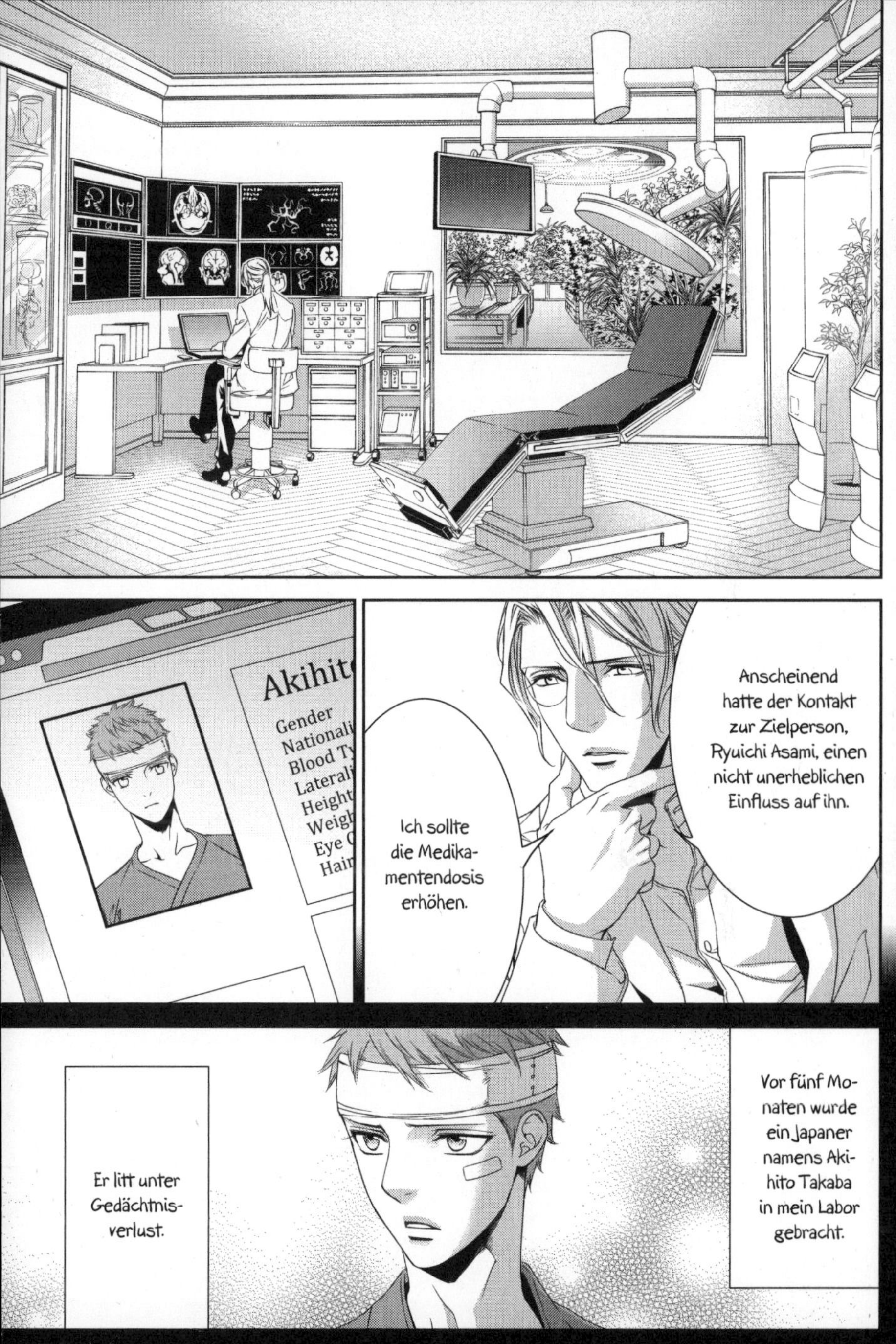
Akihito
Gender
Nationali
Blood Ty
Laterali
Height
Weigh
Eye C
Hair
Anscheinend hatte der Kontakt zur Zielperson, Ryuichi Asami, einen nicht unerheblichen Einfluss auf ihn.
Ich sollte die Medikamentendosis erhöhen.
Vor fünf Monaten wurde ein Japaner namens Akihito Takaba in mein Labor gebracht.
Er litt unter Gedächtnisverlust.

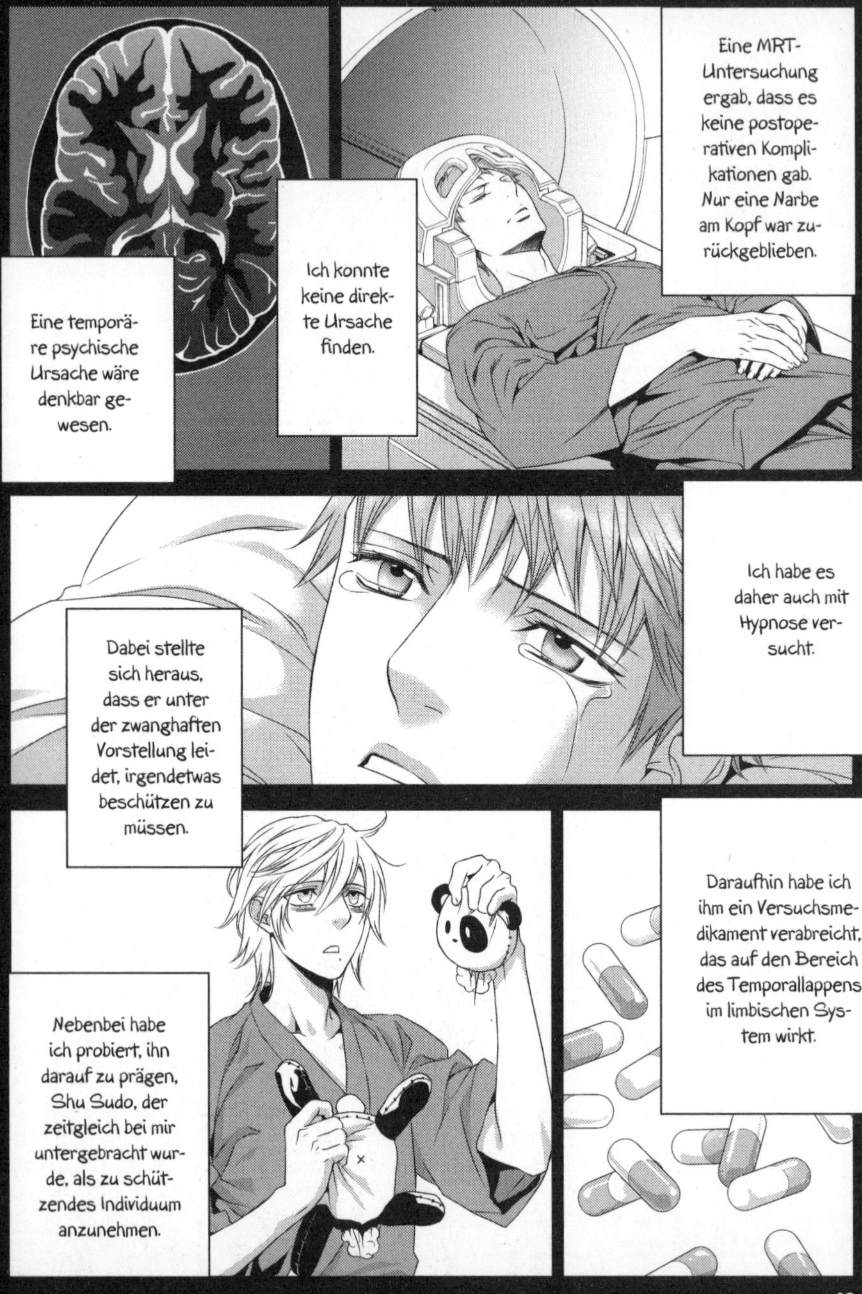
Eine MRT-Untersuchung ergab, dass es keine postoperativen Komplikationen gab. Nur eine Narbe am Kopf war zurückgeblieben.
Ich konnte keine direkte Ursache finden.
Eine temporäre psychische Ursache wäre denkbar gewesen.
Ich habe es daher auch mit Hypnose versucht.
Dabei stellte sich heraus, dass er unter der zwanghaften Vorstellung leidet, irgendetwas beschützen zu müssen.
Daraufhin habe ich ihm ein Versuchsmedikament verabreicht, das auf den Bereich des Temporallappens im limbischen System wirkt.
Nebenbei habe ich probiert, ihn darauf zu prägen, Shu Sudo, der zeitgleich bei mir untergebracht wurde, als zu schützendes Individuum anzunehmen.

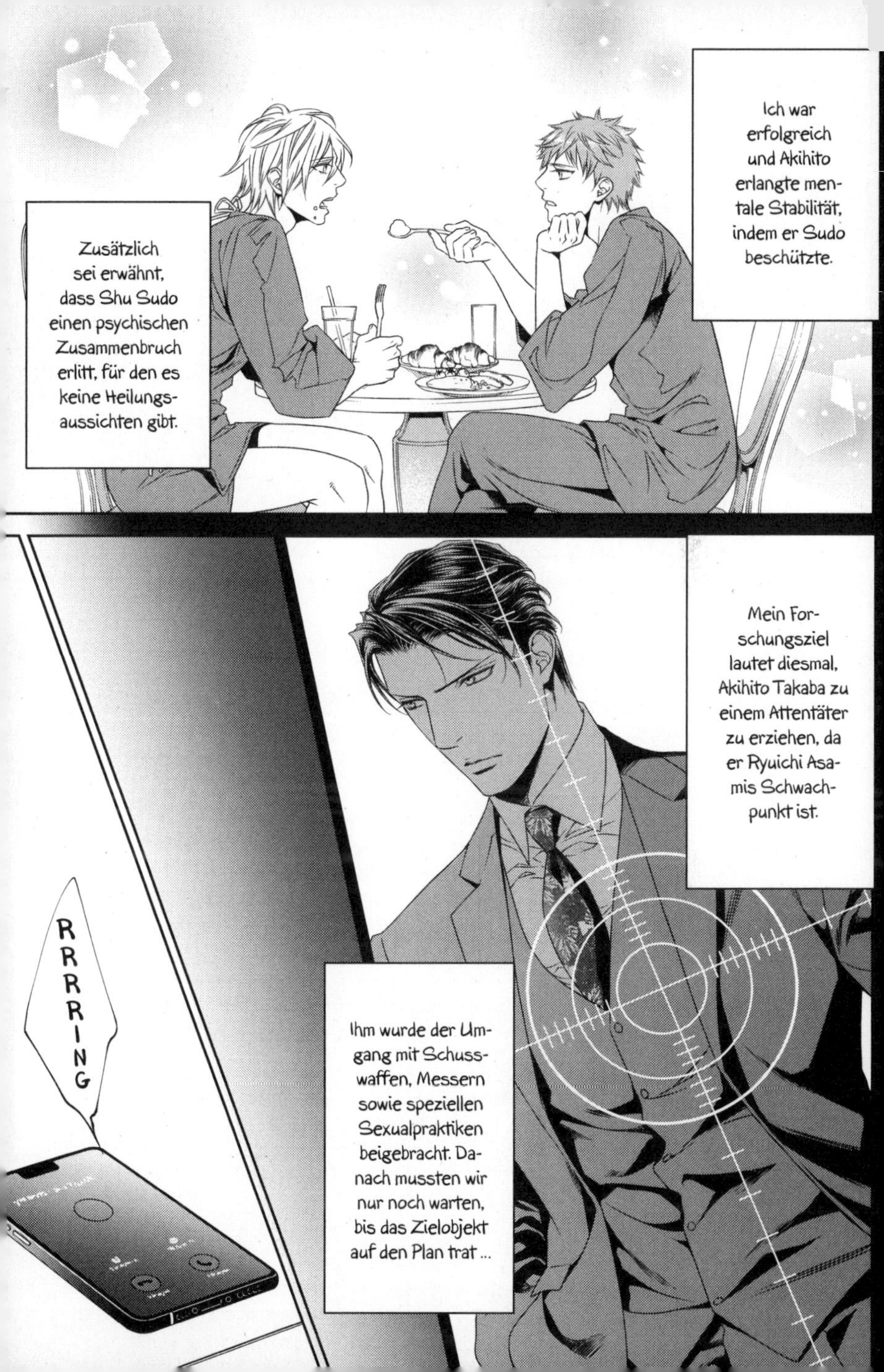
Ich war erfolgreich und Akihito erlangte mentale Stabilität, indem er Sudo beschützte.
Zusätzlich sei erwähnt, dass Shu Sudo einen psychischen Zusammenbruch erlitt, für den es keine Heilungsaussichten gibt.
Mein Forschungsziel lautet diesmal, Akihito Takaba zu einem Attentäter zu erziehen, da er Ryuichi Asamis Schwachpunkt ist.
Ihm wurde der Umgang mit Schusswaffen, Messern sowie speziellen Sexualpraktiken beigebracht. Danach mussten wir nur noch warten, bis das Zielobjekt auf den Plan trat ...
RRRRING

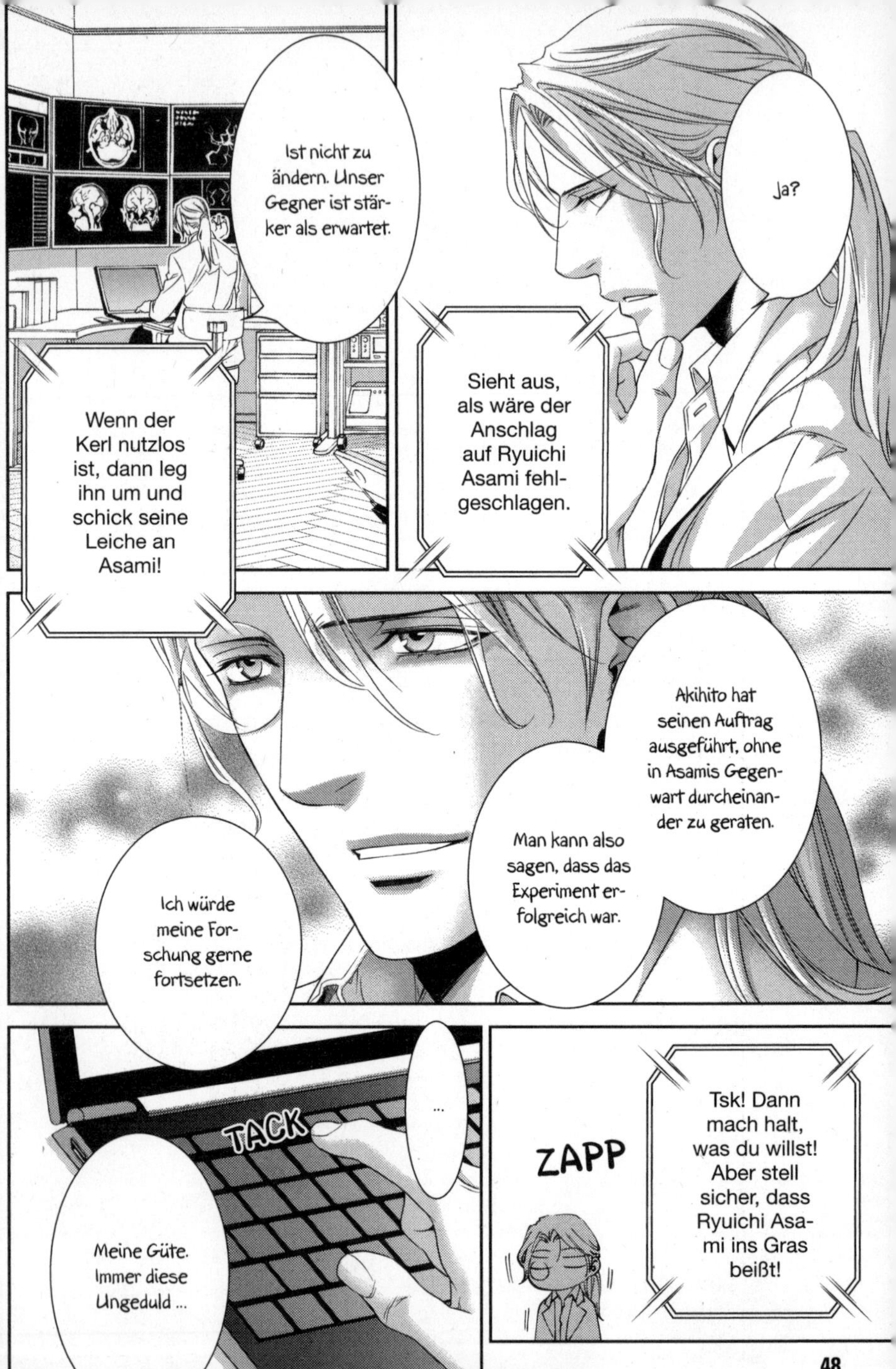
Ja?
Sieht aus, als wäre der Anschlag auf Ryuichi Asami fehlgeschlagen.
Ist nicht zu ändern. Unser Gegner ist stärker als erwartet.
Wenn der Kerl nutzlos ist, dann leg ihn um und schick seine Leiche an Asami!
Akihito hat seinen Auftrag ausgeführt, ohne in Asamis Gegenwart durcheinander zu geraten.
Man kann also sagen, dass das Experiment erfolgreich war.
Ich würde meine Forschung gerne fortsetzen.
Tsk! Dann mach halt, was du willst! Aber stell sicher, dass Ryuichi Asami ins Gras beißt!
ZAPP
...
TACK
Meine Güte. Immer diese Ungeduld ...

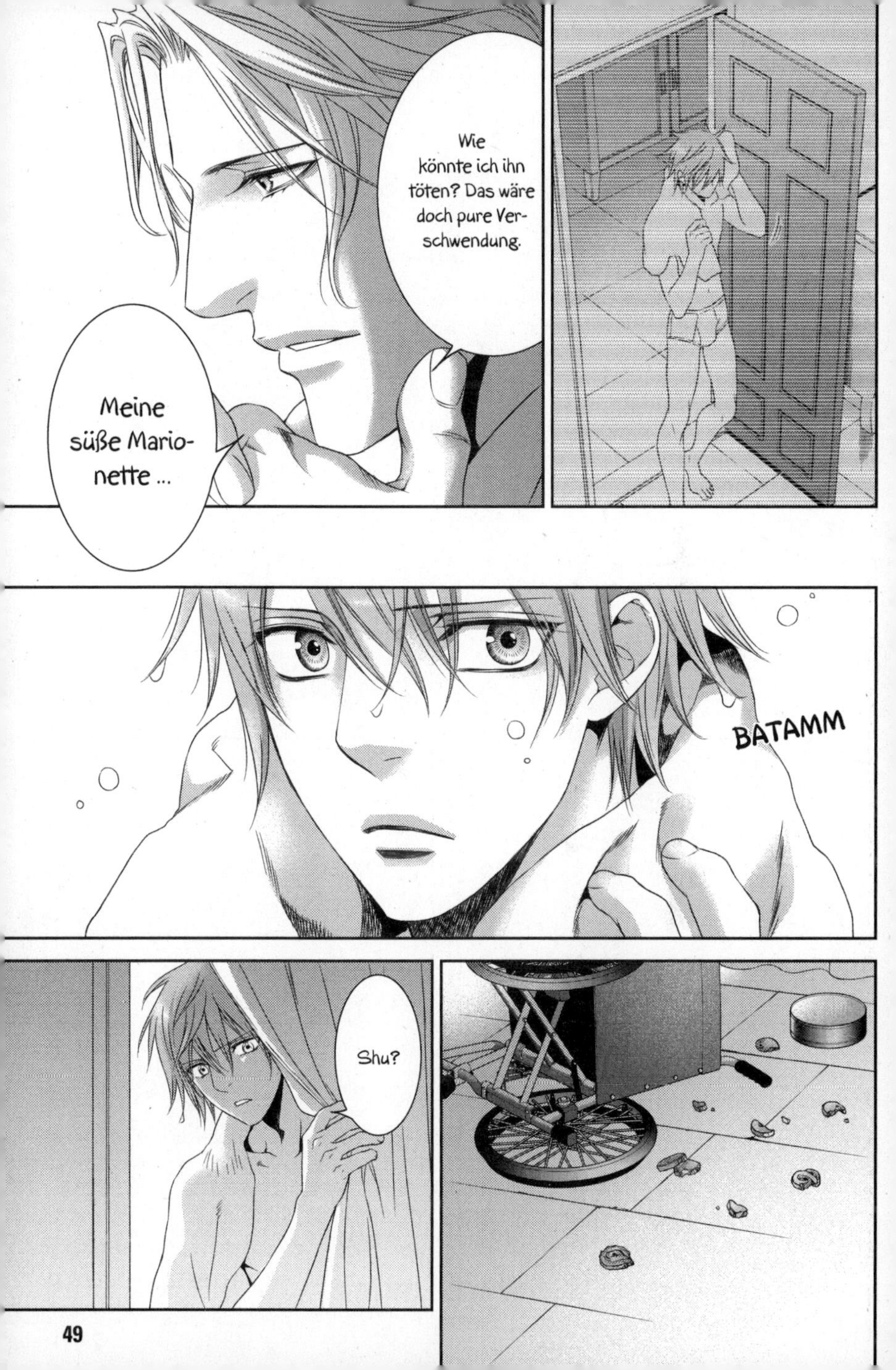
Wie könnte ich ihn töten? Das wäre doch pure Verschwendung.
Meine süße Marionette ...
BATAMM
Shu?

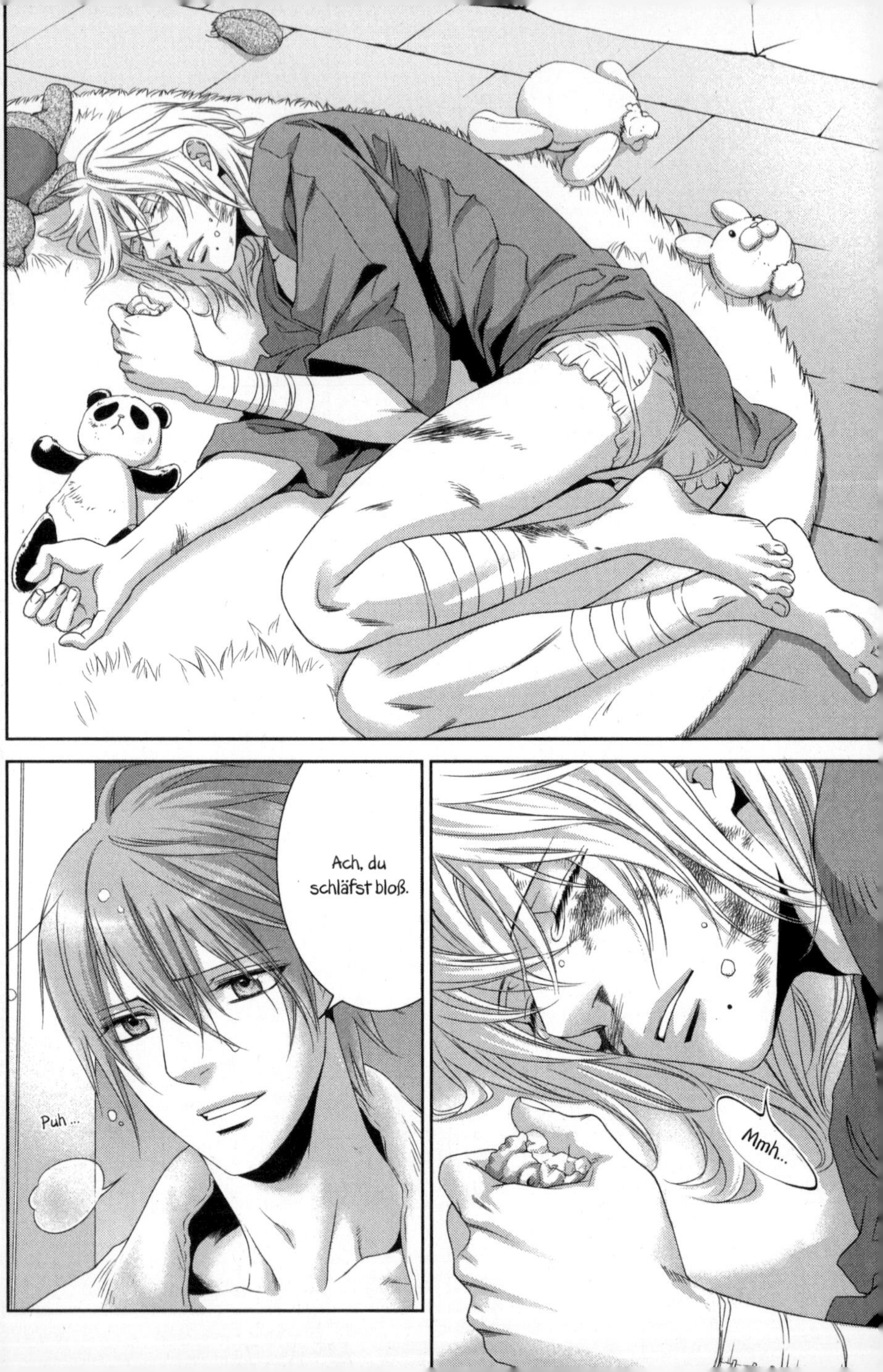
Mmh...
Ach, du schläfst bloß.
Puh ...

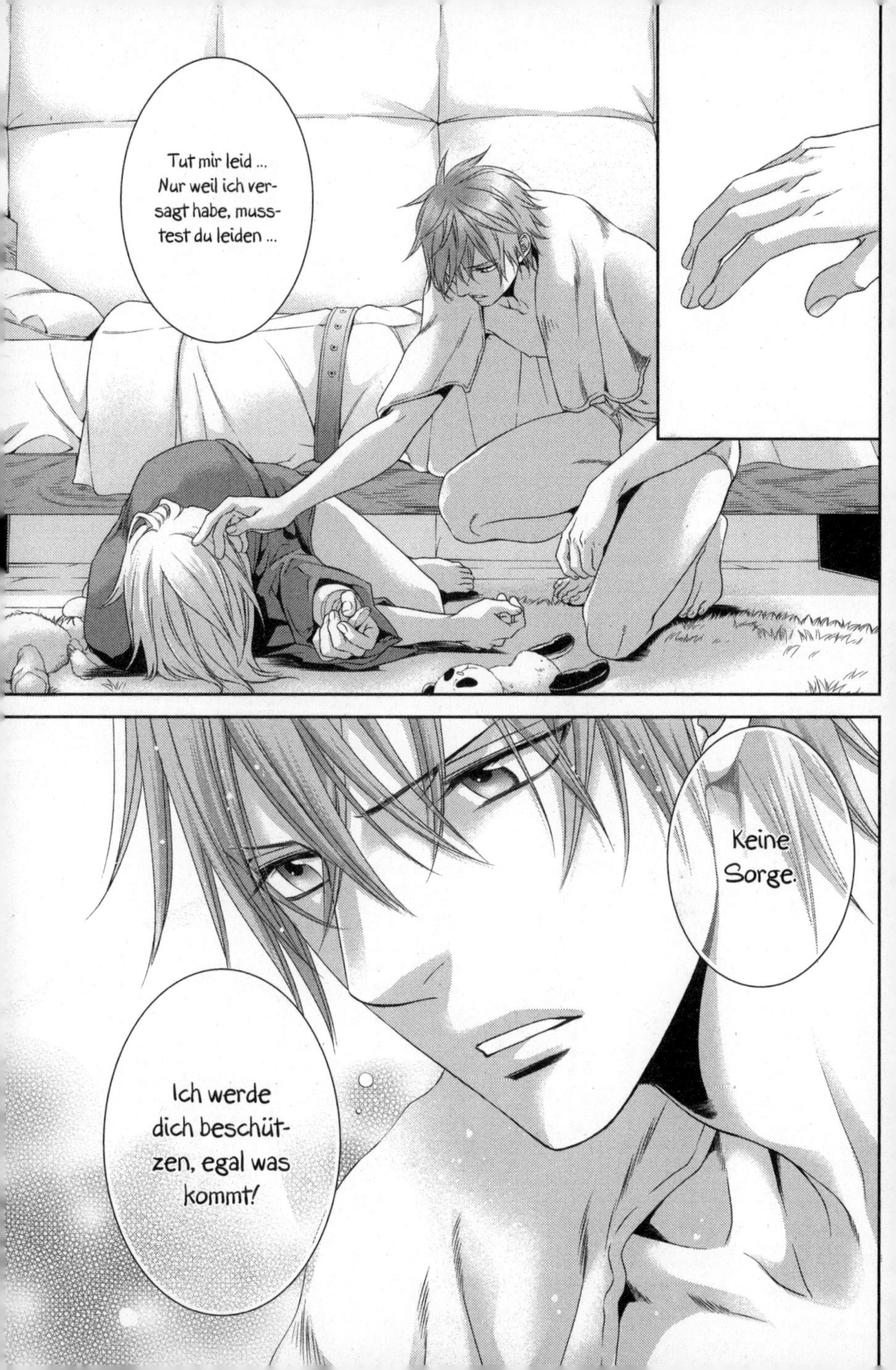
Tut mir leid ... Nur weil ich versagt habe, musstest du leiden ...
Keine Sorge.
Ich werde dich beschützen, egal was kommt!

Innocent Eyes

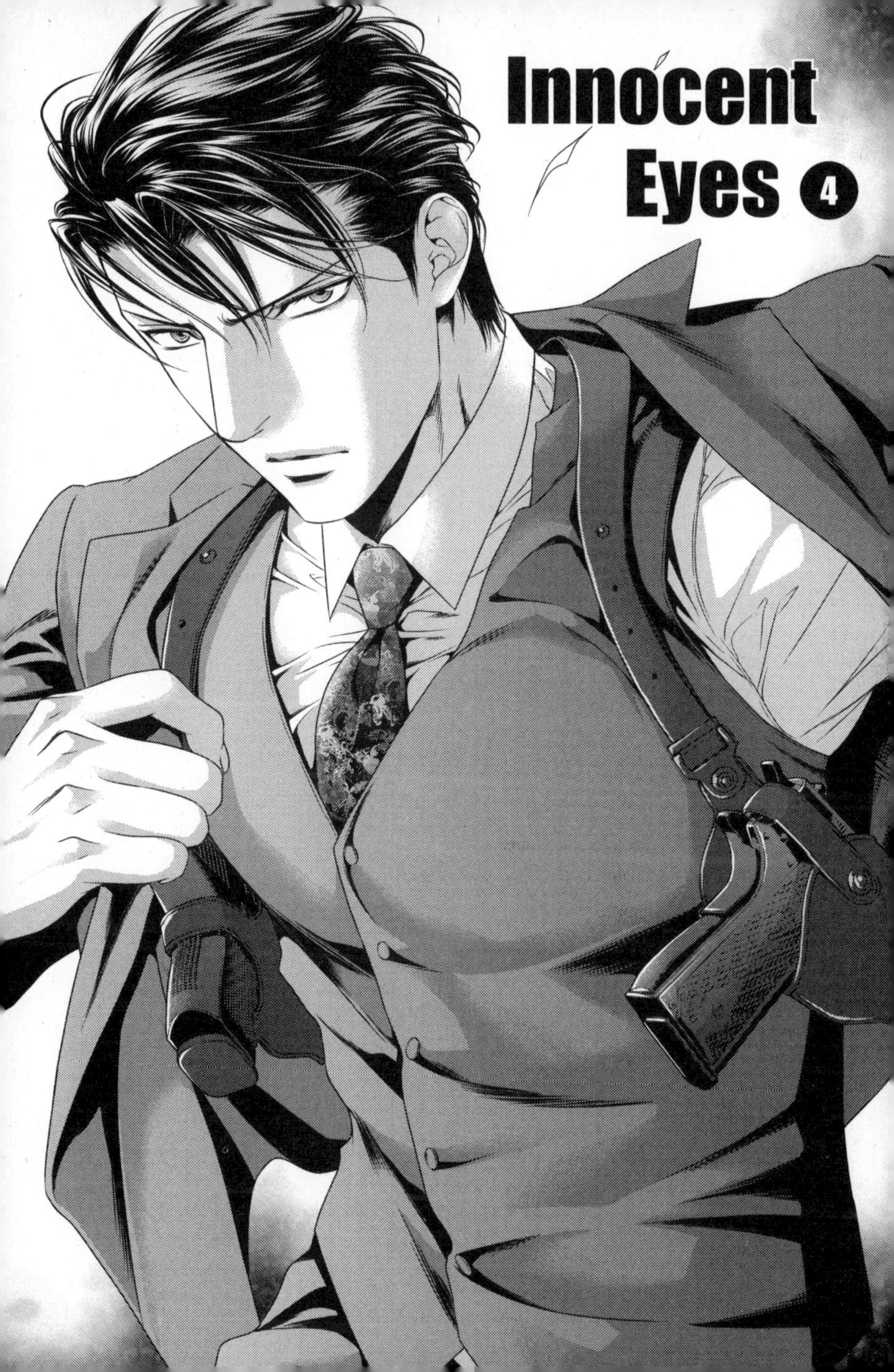
Innocent
Eyes 4

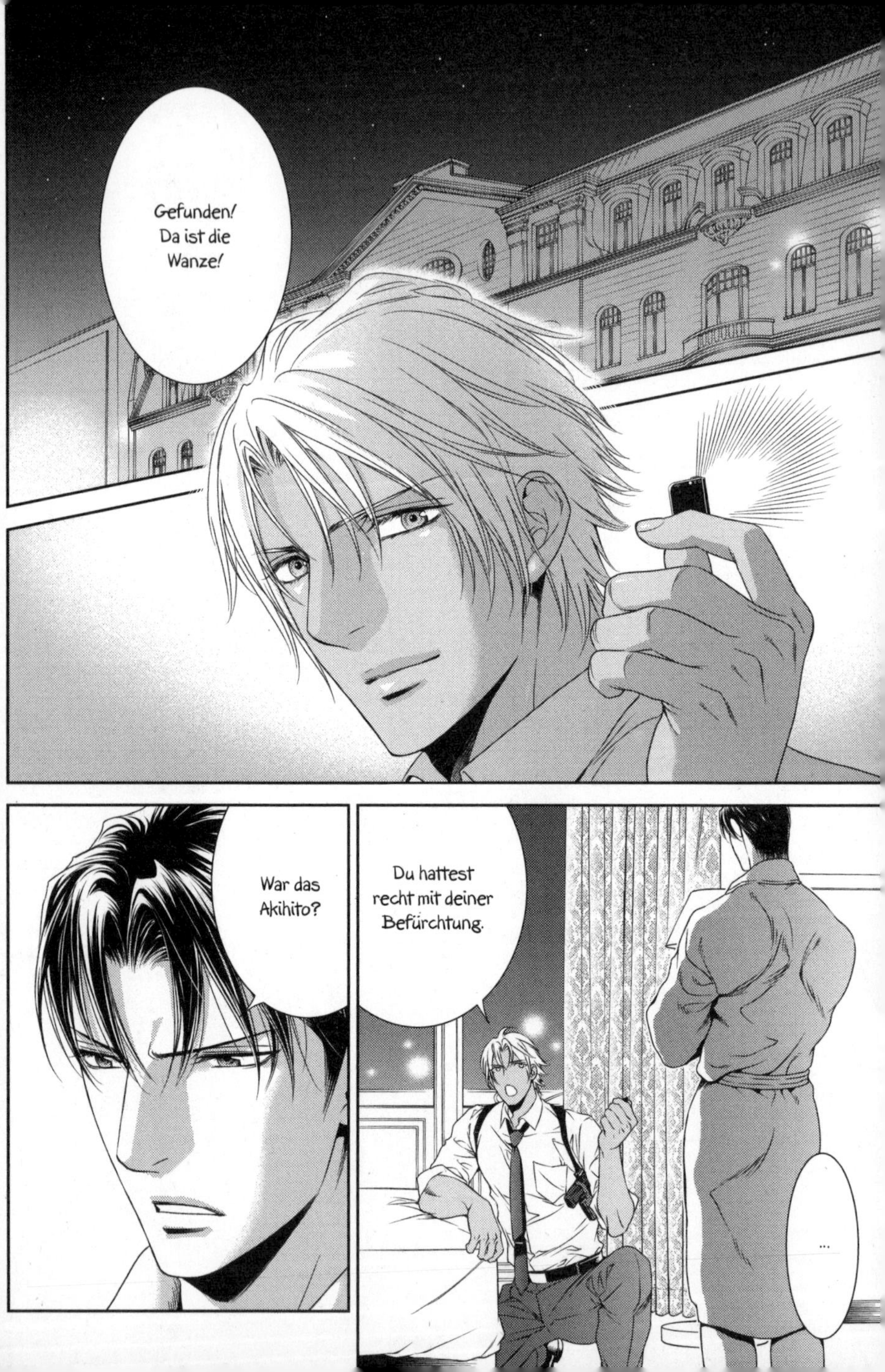
Gefunden! Da ist die Wanze!
Du hattest recht mit deiner Befürchtung.
War das Akihito?
...

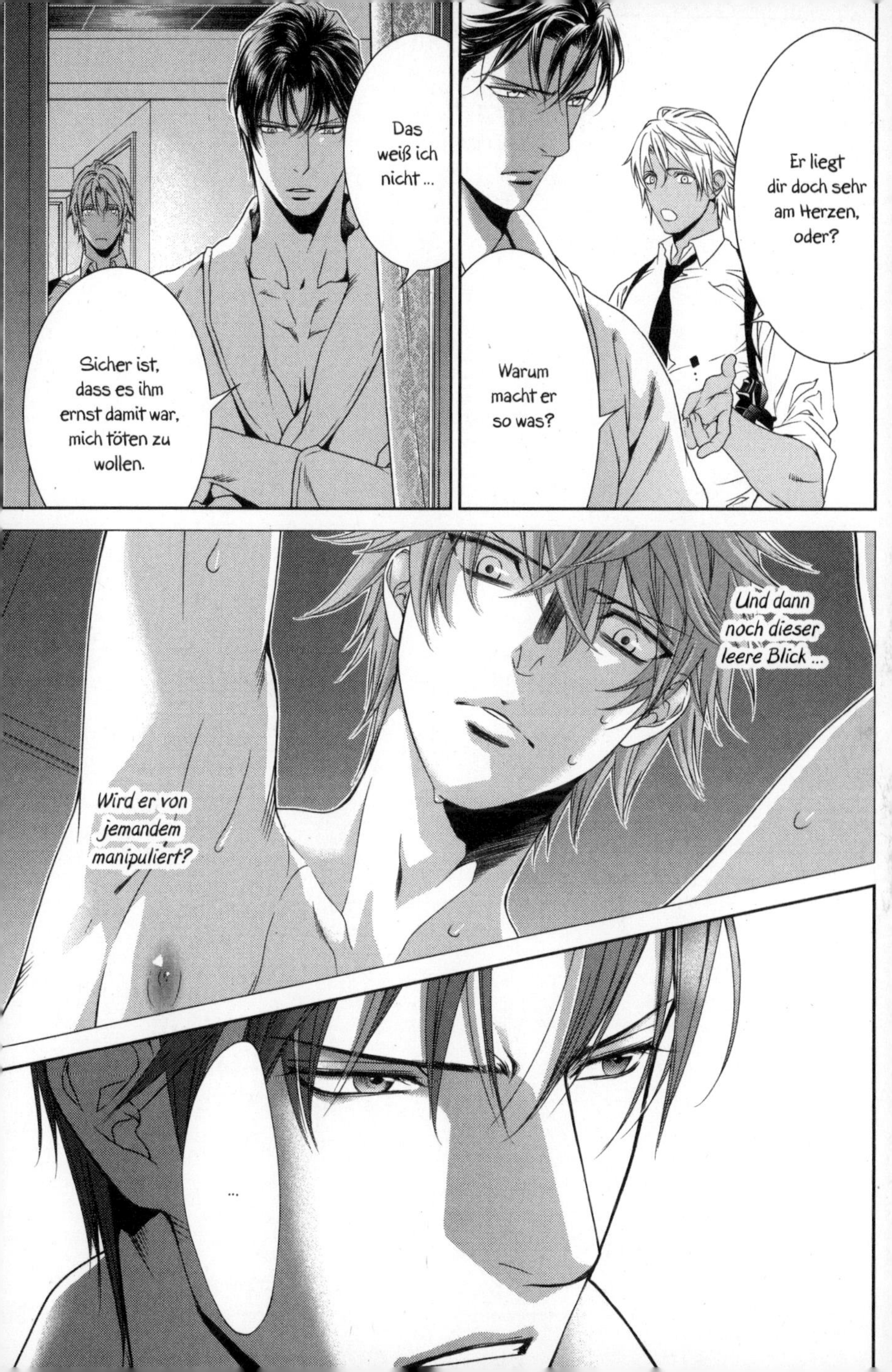
Er liegt dir doch sehr am Herzen, oder?
Warum macht er so was?
Das weiß ich nicht ...
Sicher ist, dass es ihm ernst damit war, mich töten zu wollen.
Und dann noch dieser leere Blick ...
Wird er von jemandem manipuliert?
...

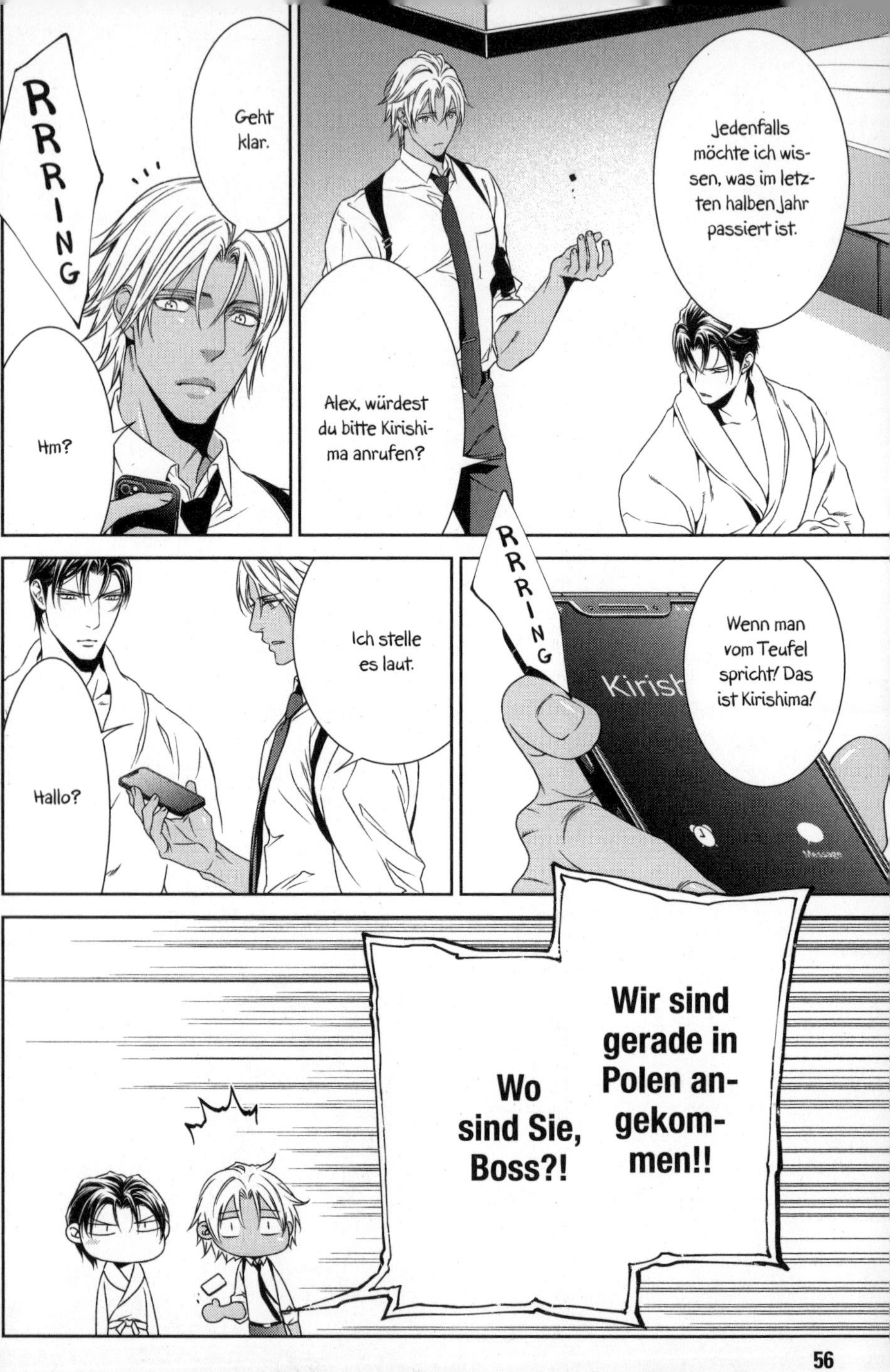
Jedenfalls möchte ich wissen, was im letzten halben Jahr passiert ist.
Alex, würdest du bitte Kirishima anrufen?
Geht klar.
...
RRRING
Hm?
RRRING
Wenn man vom Teufel spricht! Das ist Kirishima!
Ich stelle es laut.
Hallo?
Wir sind gerade in Polen angekommen!!
Wo sind Sie, Boss?!

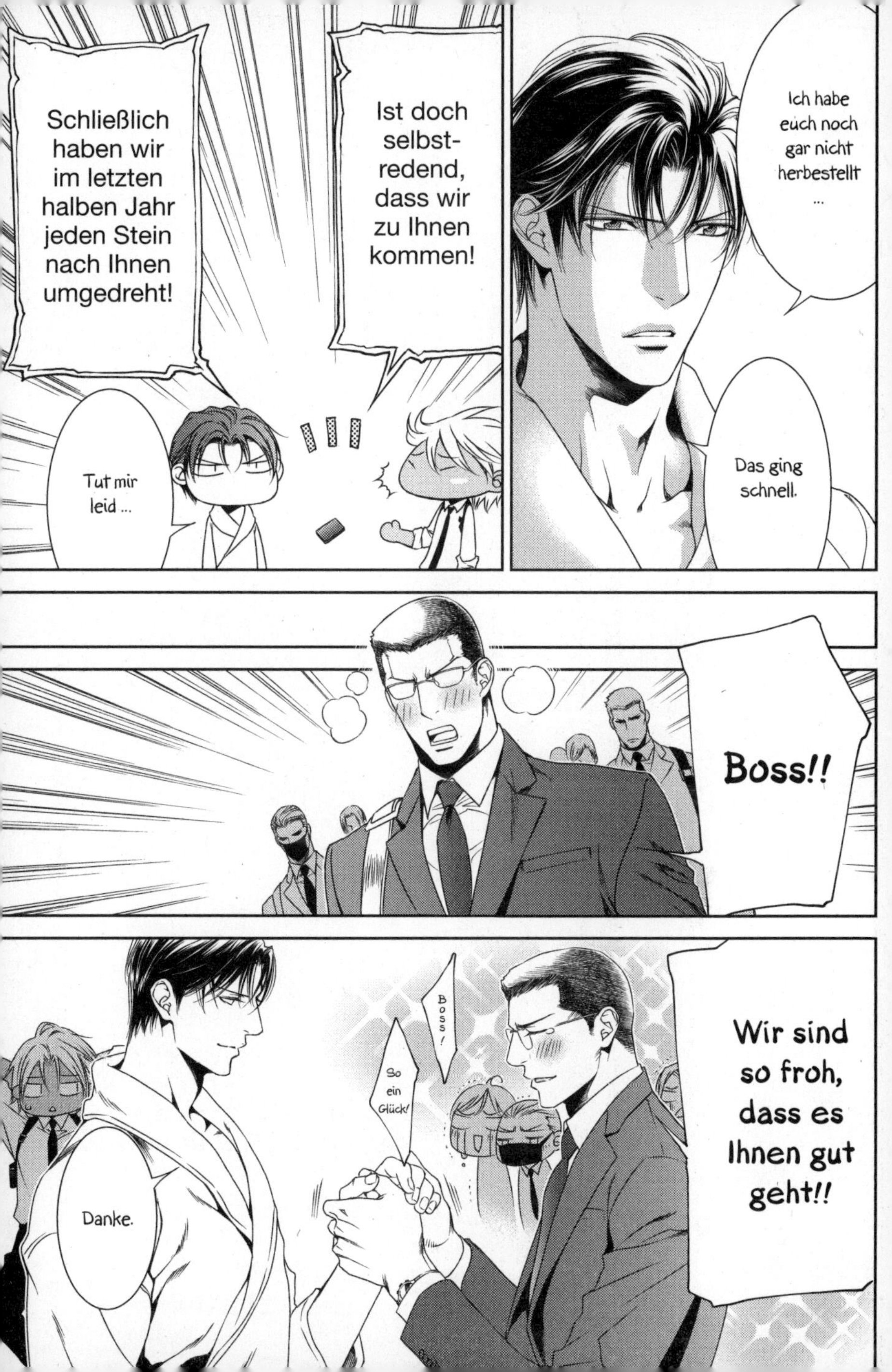
Ich habe euch noch gar nicht herbestellt ...
Das ging schnell.
Ist doch selbstredend, dass wir zu Ihnen kommen!
Schließlich haben wir im letzten halben Jahr jeden Stein nach Ihnen umgedreht!
Tut mir leid ...
Boss!!
Wir sind so froh, dass es Ihnen gut geht!!
Boss!
So ein Glück!
Danke.

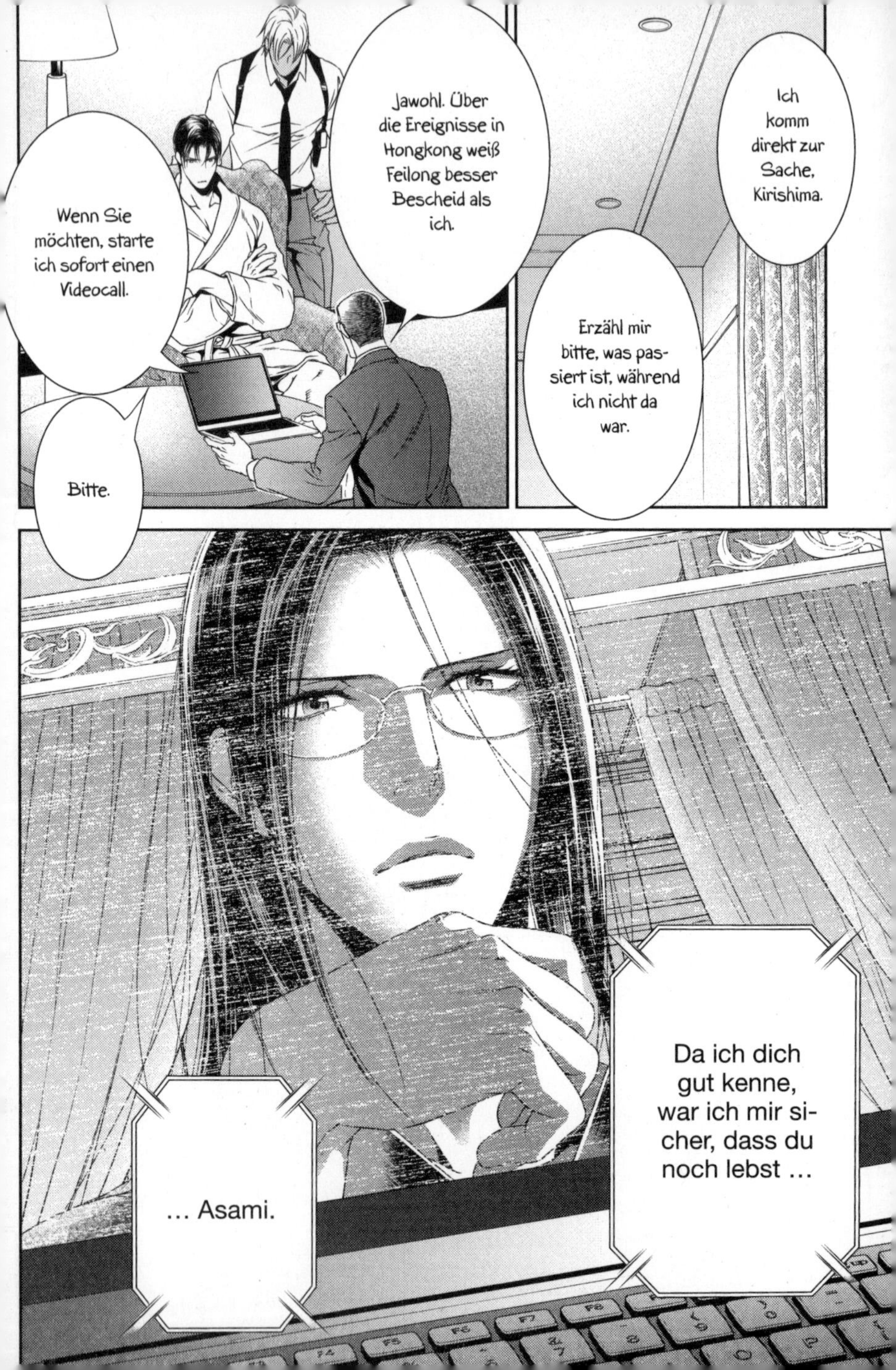
Ich komm direkt zur Sache, Kirishima.
Erzähl mir bitte, was passiert ist, während ich nicht da war.
Jawohl. Über die Ereignisse in Hongkong weiß Feilong besser Bescheid als ich.
Wenn Sie möchten, starte ich sofort einen Videocall.
Bitte.
Da ich dich gut kenne, war ich mir sicher, dass du noch lebst …
… Asami.

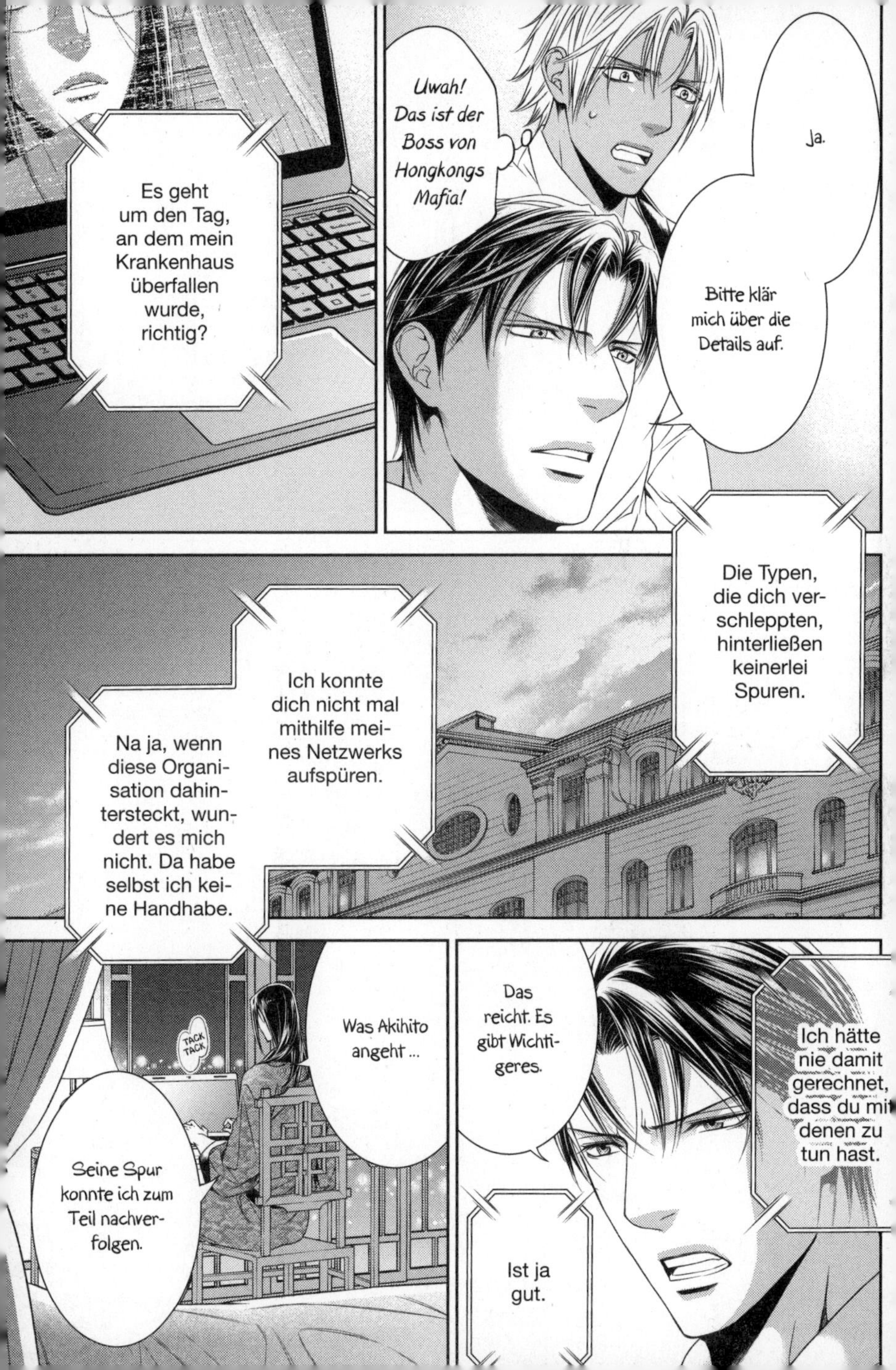
Ja.
Bitte klär mich über die Details auf.
Uwah! Das ist der Boss von Hongkongs Mafia!
Es geht um den Tag, an dem mein Krankenhaus überfallen wurde, richtig?
Die Typen, die dich verschleppten, hinterließen keinerlei Spuren.
Ich konnte dich nicht mal mithilfe meines Netzwerks aufspüren.
Na ja, wenn diese Organisation dahintersteckt, wundert es mich nicht. Da habe selbst ich keine Handhabe.
Ich hätte nie damit gerechnet, dass du mit denen zu tun hast.
Das reicht. Es gibt Wichtigeres.
Ist ja gut.
Was Akihito angeht ...
TACK TACK
Seine Spur konnte ich zum Teil nachverfolgen.

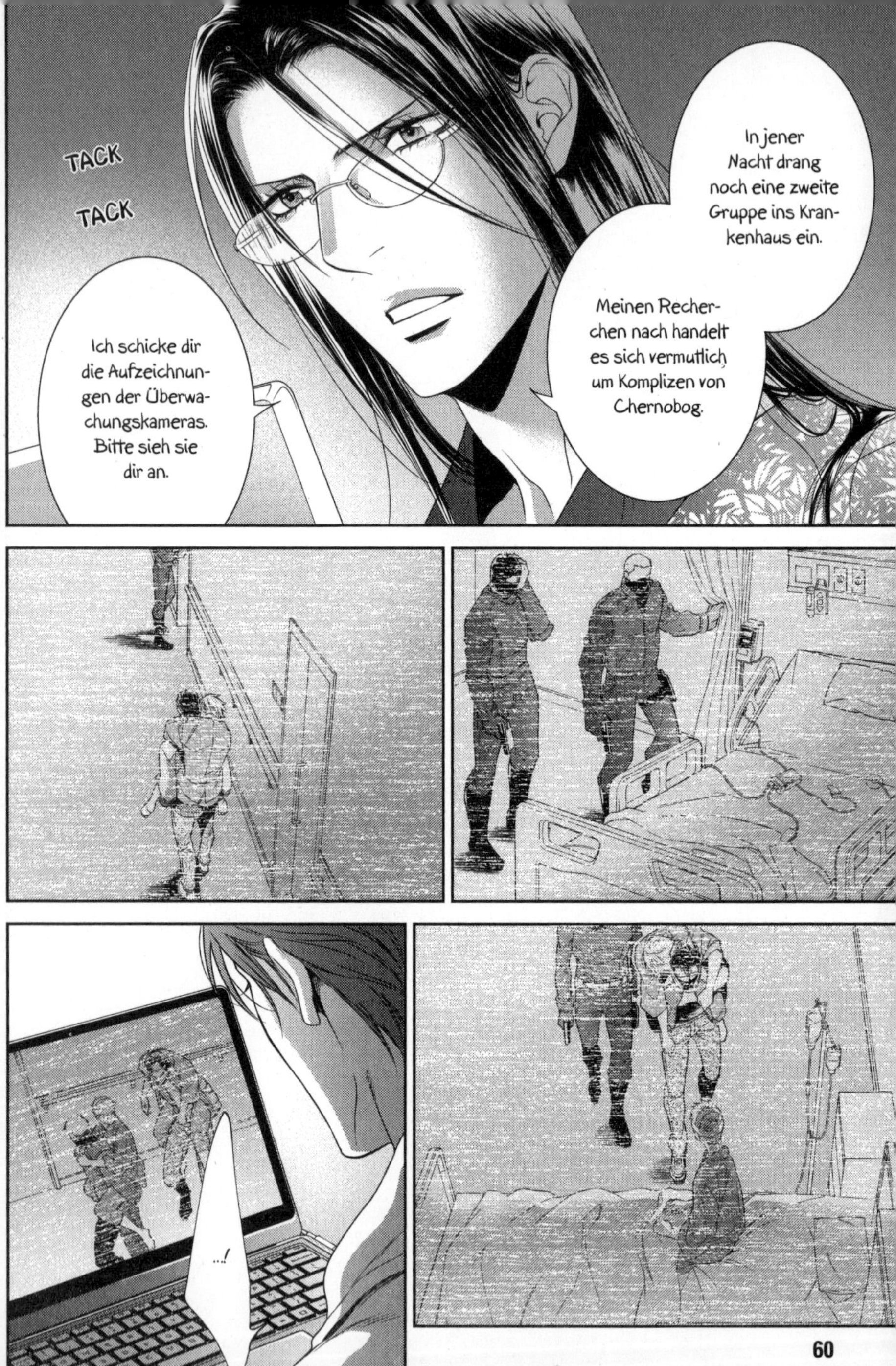
In jener Nacht drang noch eine zweite Gruppe ins Krankenhaus ein.
Meinen Recherchen nach handelt es sich vermutlich um Komplizen von Chernobog.
Ich schicke dir die Aufzeichnungen der Überwachungskameras. Bitte sieh sie dir an.
TACK
TACK
...!

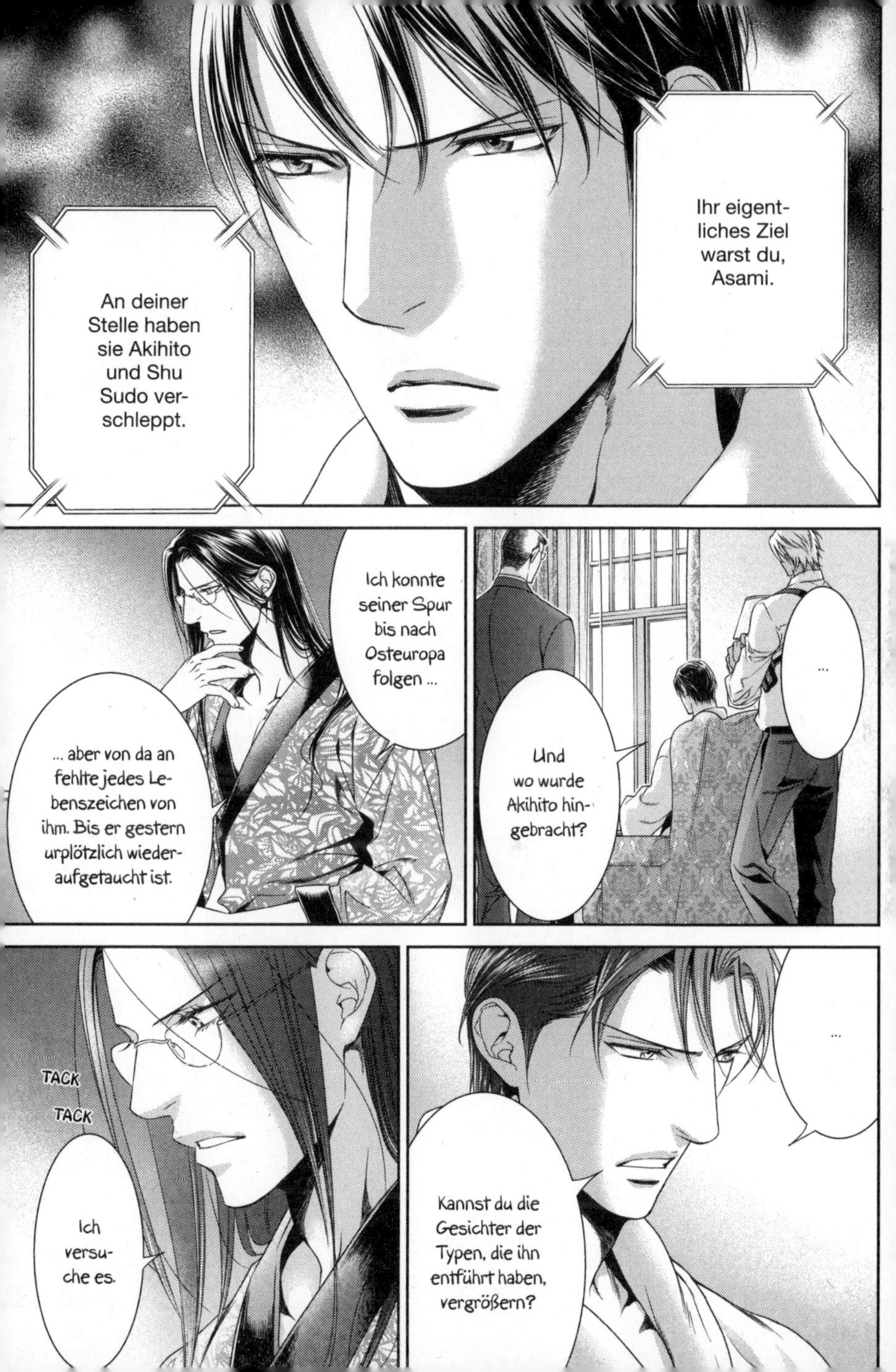
Ihr eigentliches Ziel warst du, Asami.
An deiner Stelle haben sie Akihito und Shu Sudo verschleppt.
...
Und wo wurde Akihito hingebracht?
Ich konnte seiner Spur bis nach Osteuropa folgen ...
... aber von da an fehlte jedes Lebenszeichen von ihm. Bis er gestern urplötzlich wieder aufgetaucht ist.
...
Kannst du die Gesichter der Typen, die ihn entführt haben, vergrößern?
TACK
TACK
Ich versuche es.

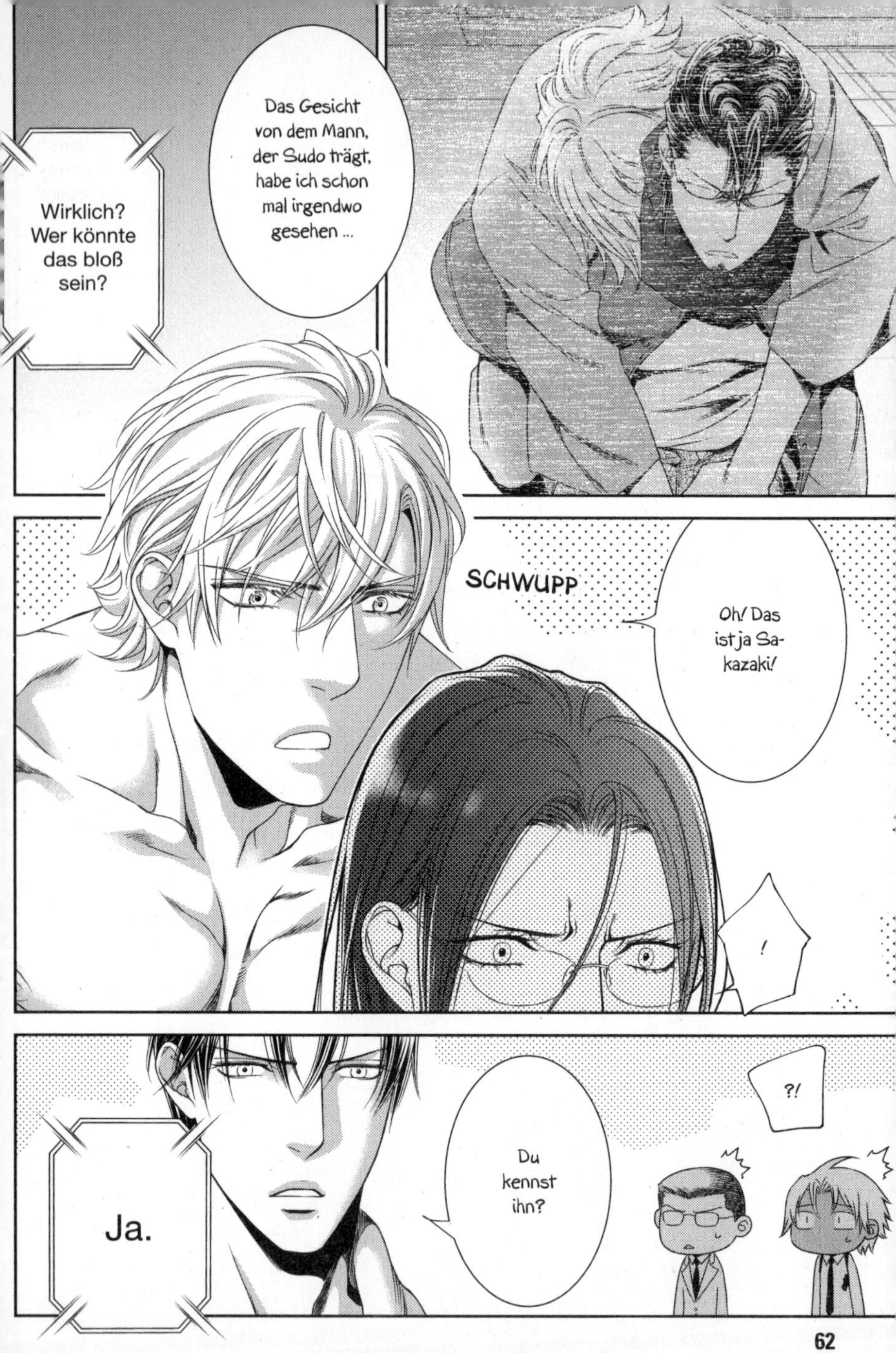

Das Gesicht von dem Mann, der Sudo trägt, habe ich schon mal irgendwo gesehen ...
Wirklich? Wer könnte das bloß sein?
SCHWUPP
Oh! Das ist ja Sa-kazaki!
!
?!
Du kennst ihn?
Ja.

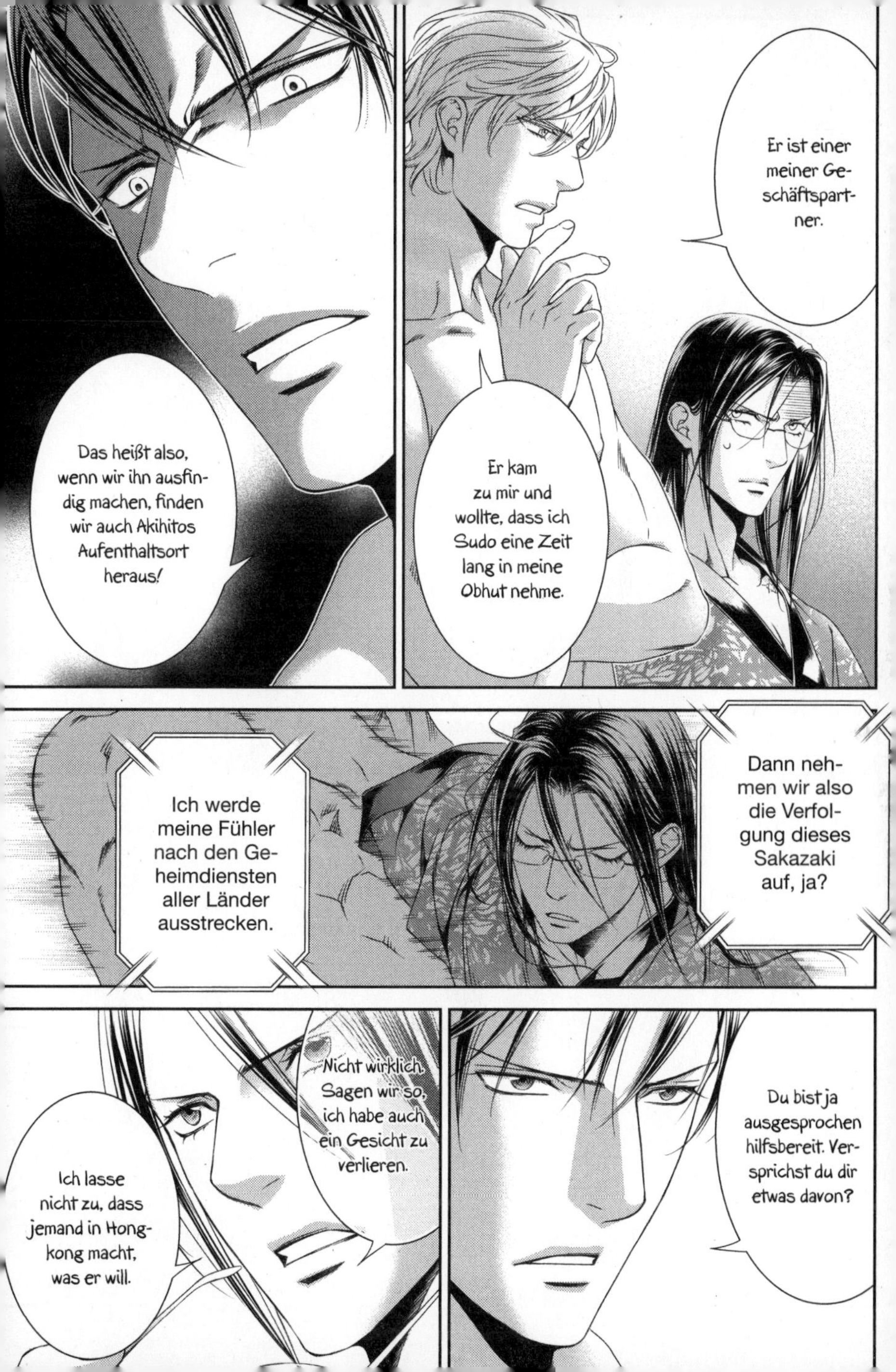
Er ist einer meiner Geschäftspartner.
Er kam zu mir und wollte, dass ich Sudo eine Zeit lang in meine Obhut nehme.
Das heißt also, wenn wir ihn ausfindig machen, finden wir auch Akihitos Aufenthaltsort heraus!
Dann nehmen wir also die Verfolgung dieses Sakazaki auf, ja?
Ich werde meine Fühler nach den Geheimdiensten aller Länder ausstrecken.
Du bist ja ausgesprochen hilfsbereit. Versprichst du dir etwas davon?
Nicht wirklich. Sagen wir so, ich habe auch ein Gesicht zu verlieren.
Ich lasse nicht zu, dass jemand in Hongkong macht, was er will.

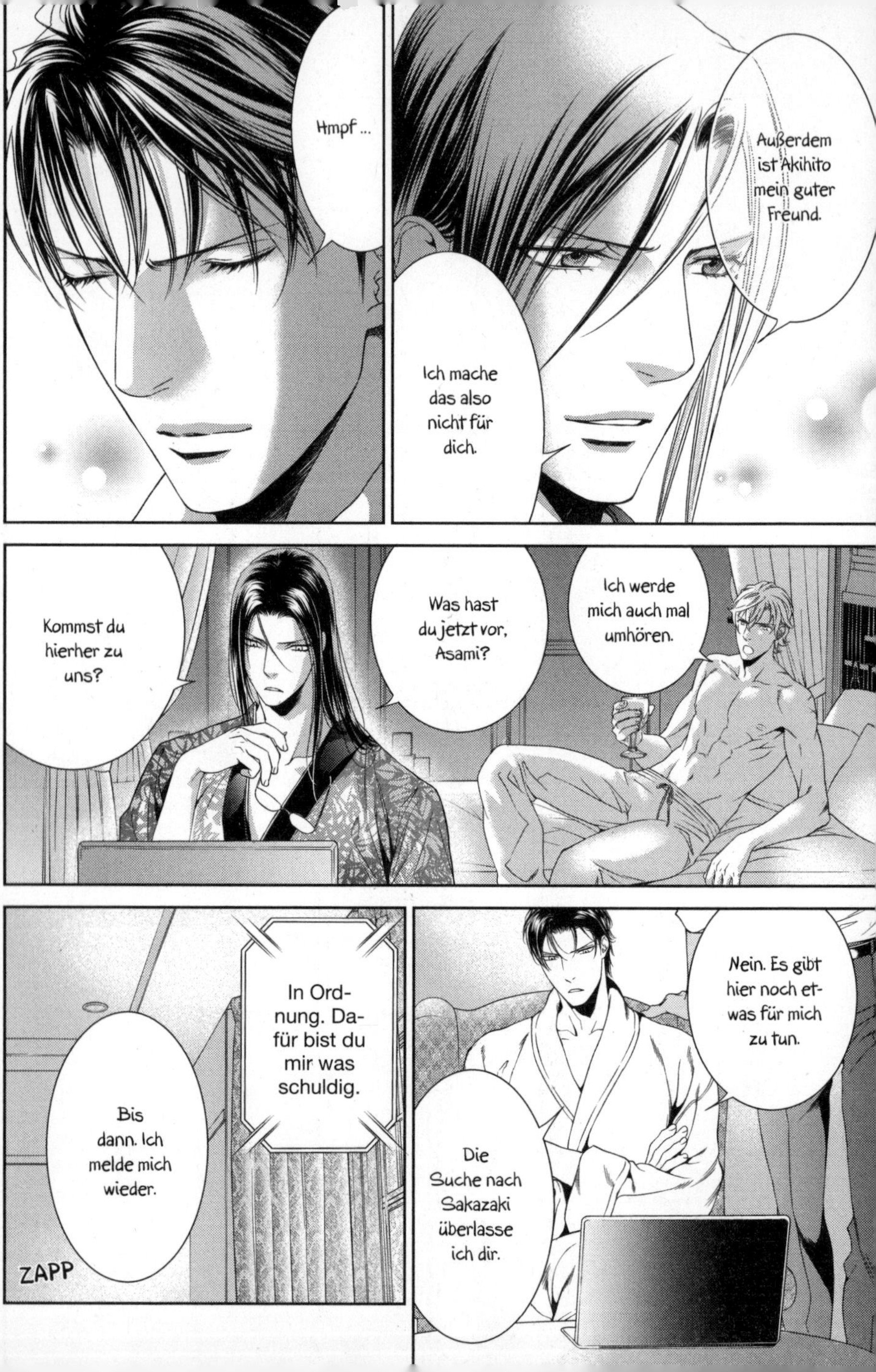
Außerdem ist Akihito mein guter Freund.
Ich mache das also nicht für dich.
Hmpf ...
Ich werde mich auch mal umhören.
Was hast du jetzt vor, Asami?
Kommst du hierher zu uns?
Nein. Es gibt hier noch etwas für mich zu tun.
Die Suche nach Sakazaki überlasse ich dir.
In Ordnung. Dafür bist du mir was schuldig.
Bis dann. Ich melde mich wieder.
ZAPP

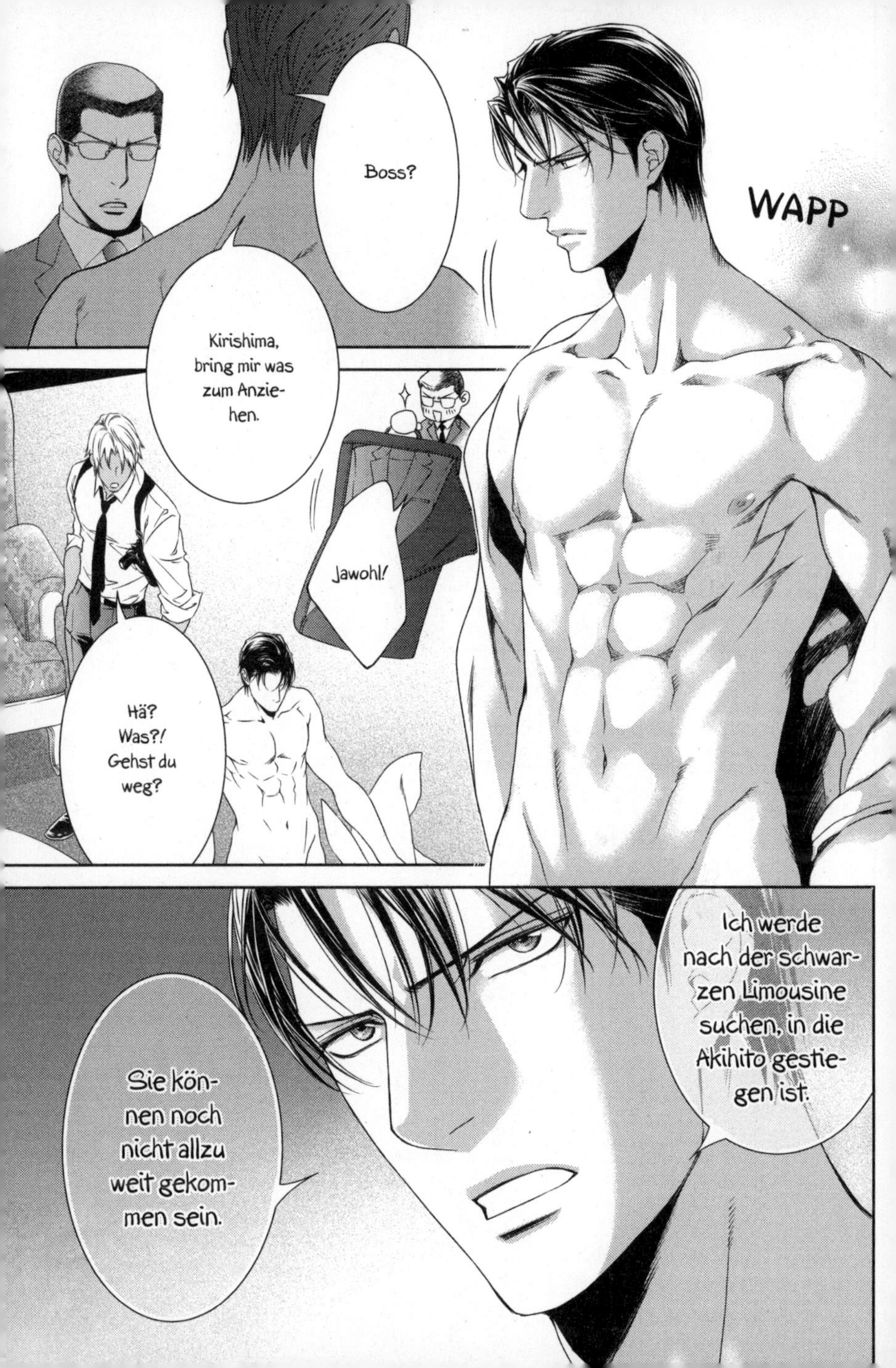

WAPP
Boss?
Kirishima, bring mir was zum Anzie-hen.
Jawohl!
Hä? Was?! Gehst du weg?
Ich werde nach der schwar-zen Limousine suchen, in die Akihito gestie-gen ist.
Sie kön-nen noch nicht allzu weit gekom-men sein.

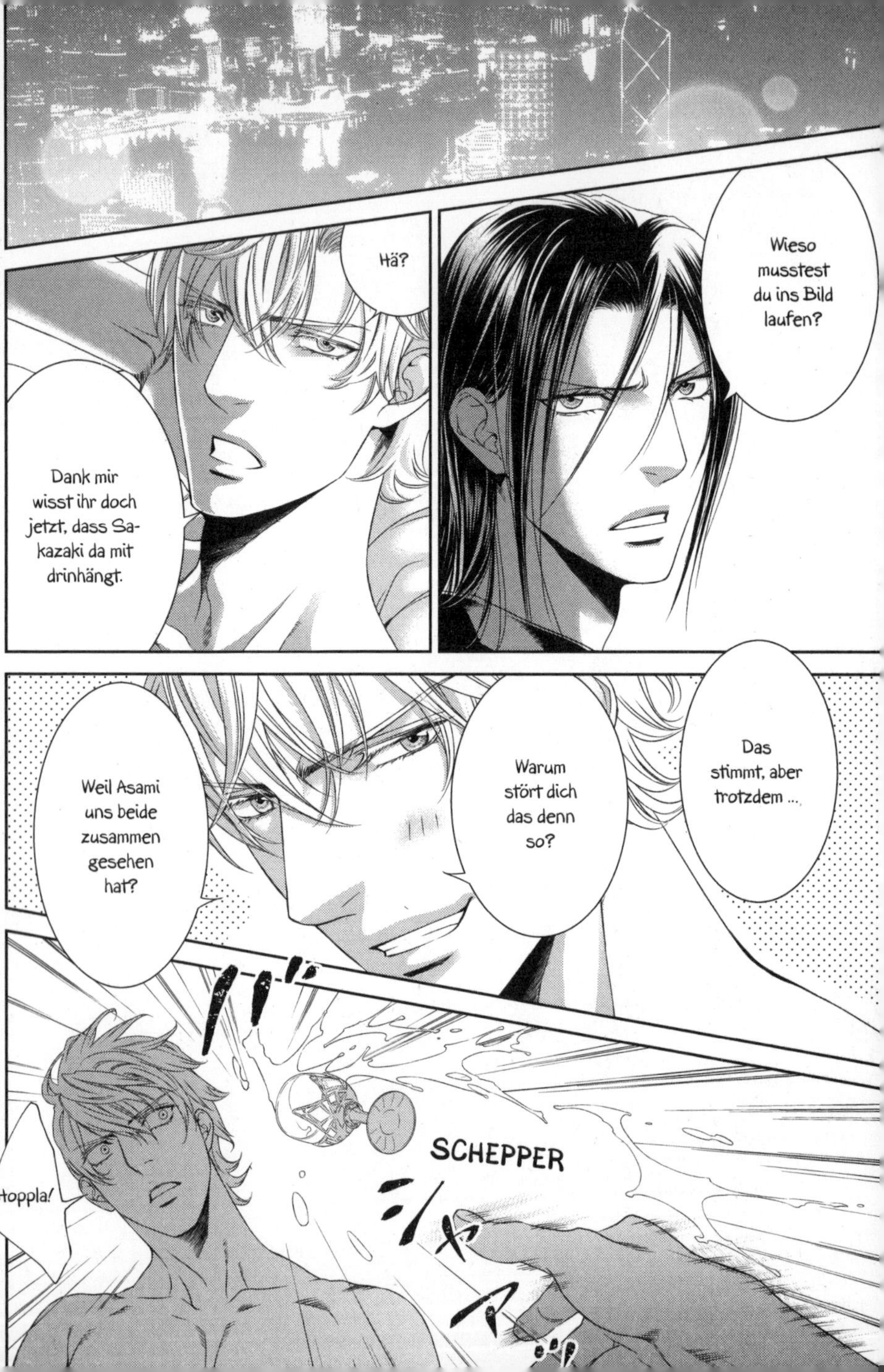

Wieso musstest du ins Bild laufen?
Hä?
Dank mir wisst ihr doch jetzt, dass Sakazaki da mit drinhängt.
Das stimmt, aber trotzdem ...
Warum stört dich das denn so?
Weil Asami uns beide zusammen gesehen hat?
SCHEPPER
Hoppla!

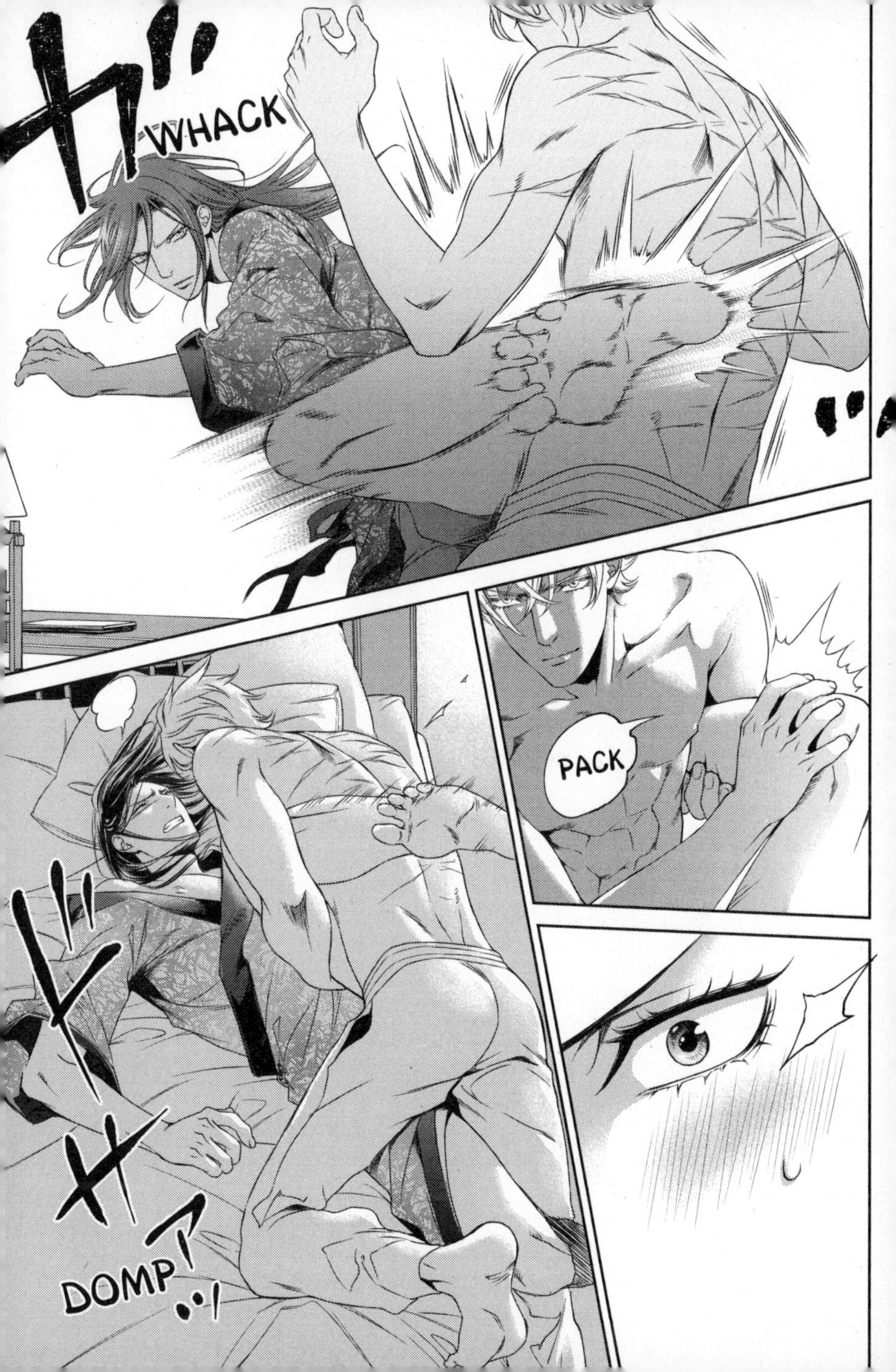
WHACK
PACK
DOMP

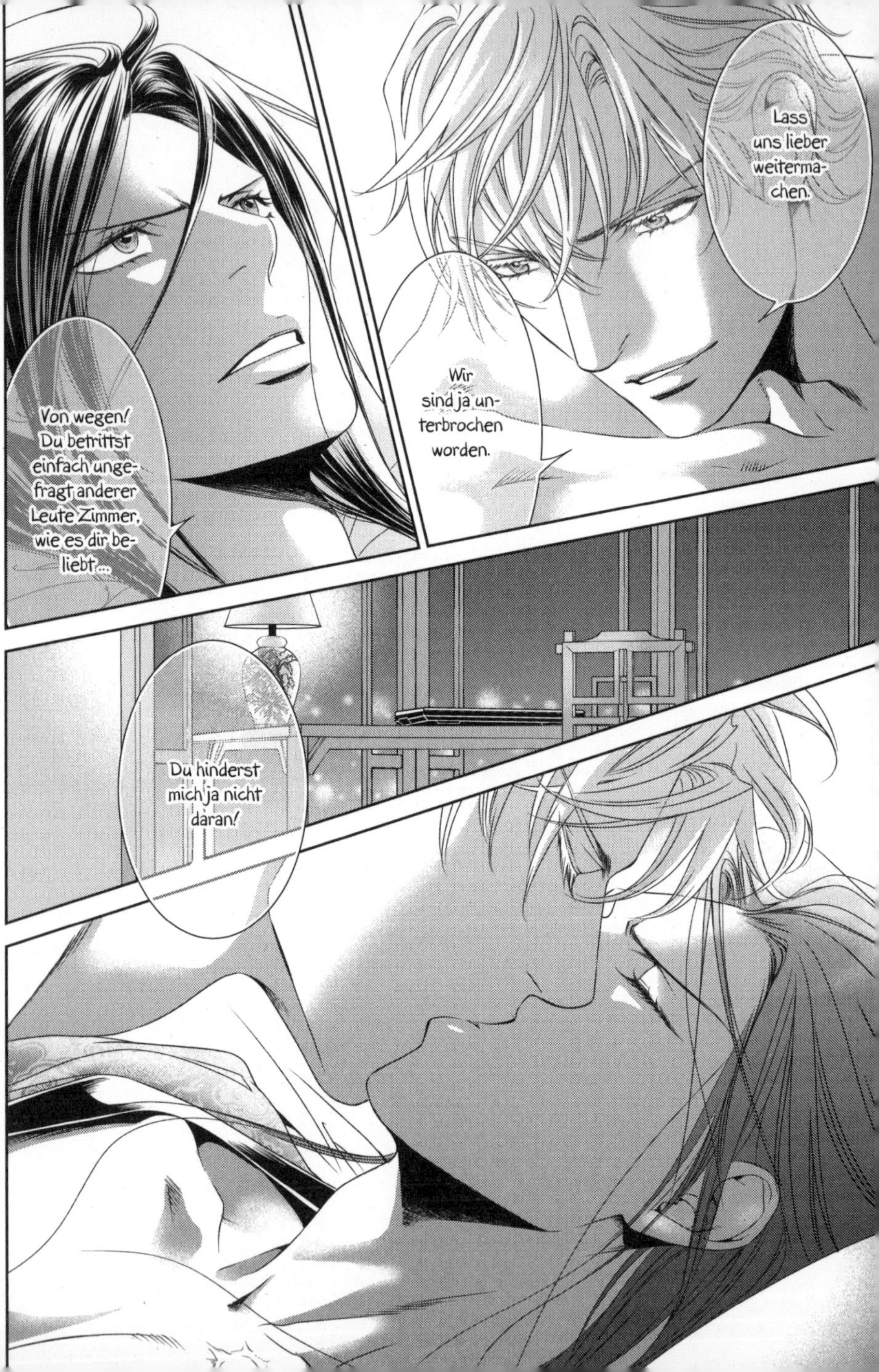
Lass uns lieber weitermachen.
Wir sind ja unterbrochen worden.
Von wegen! Du betrittst einfach ungefragt anderer Leute Zimmer, wie es dir beliebt ...
Du hinderst mich ja nicht daran!

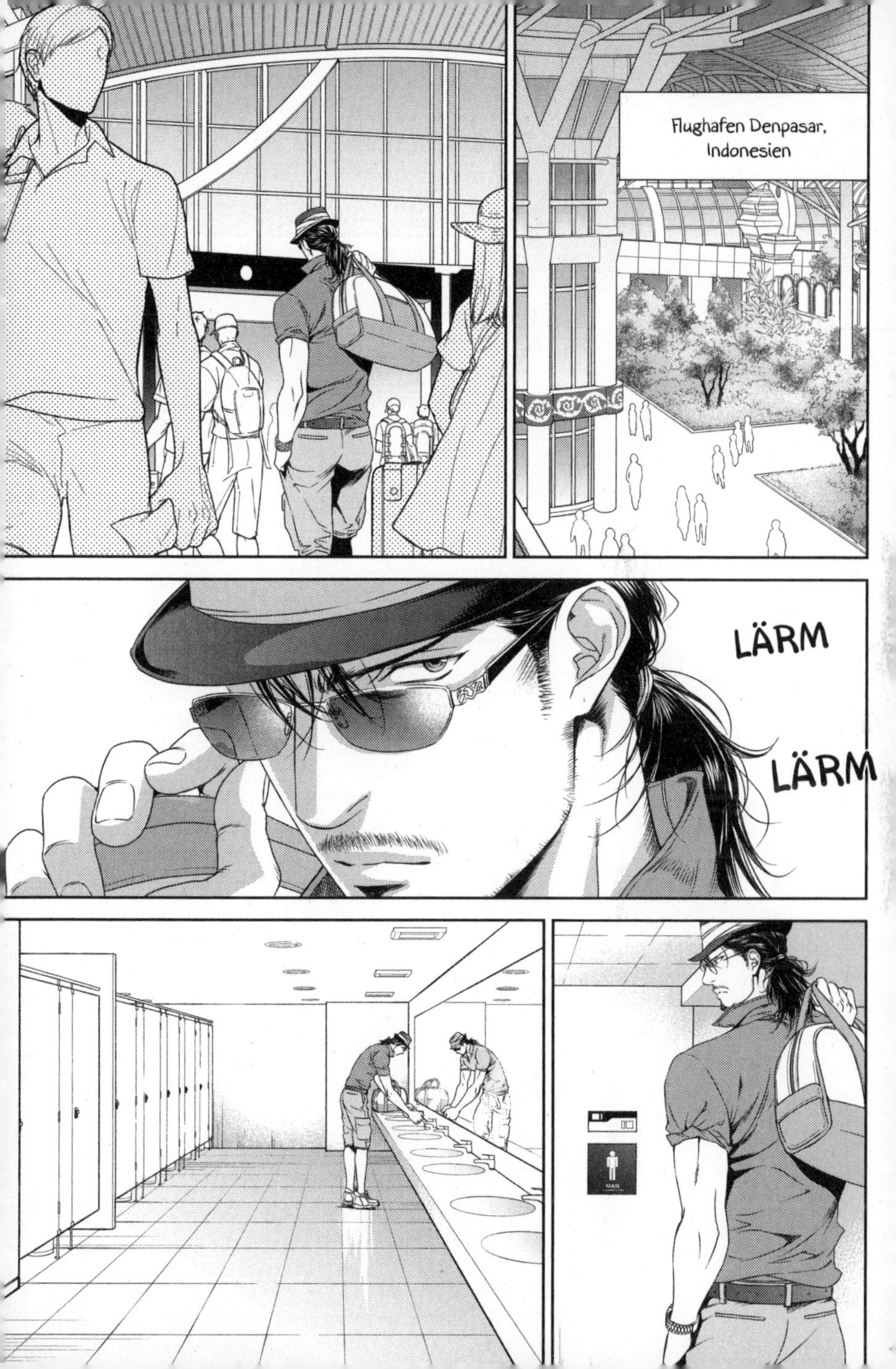
Flughafen Denpasar, Indonesien
LÄRM
LÄRM

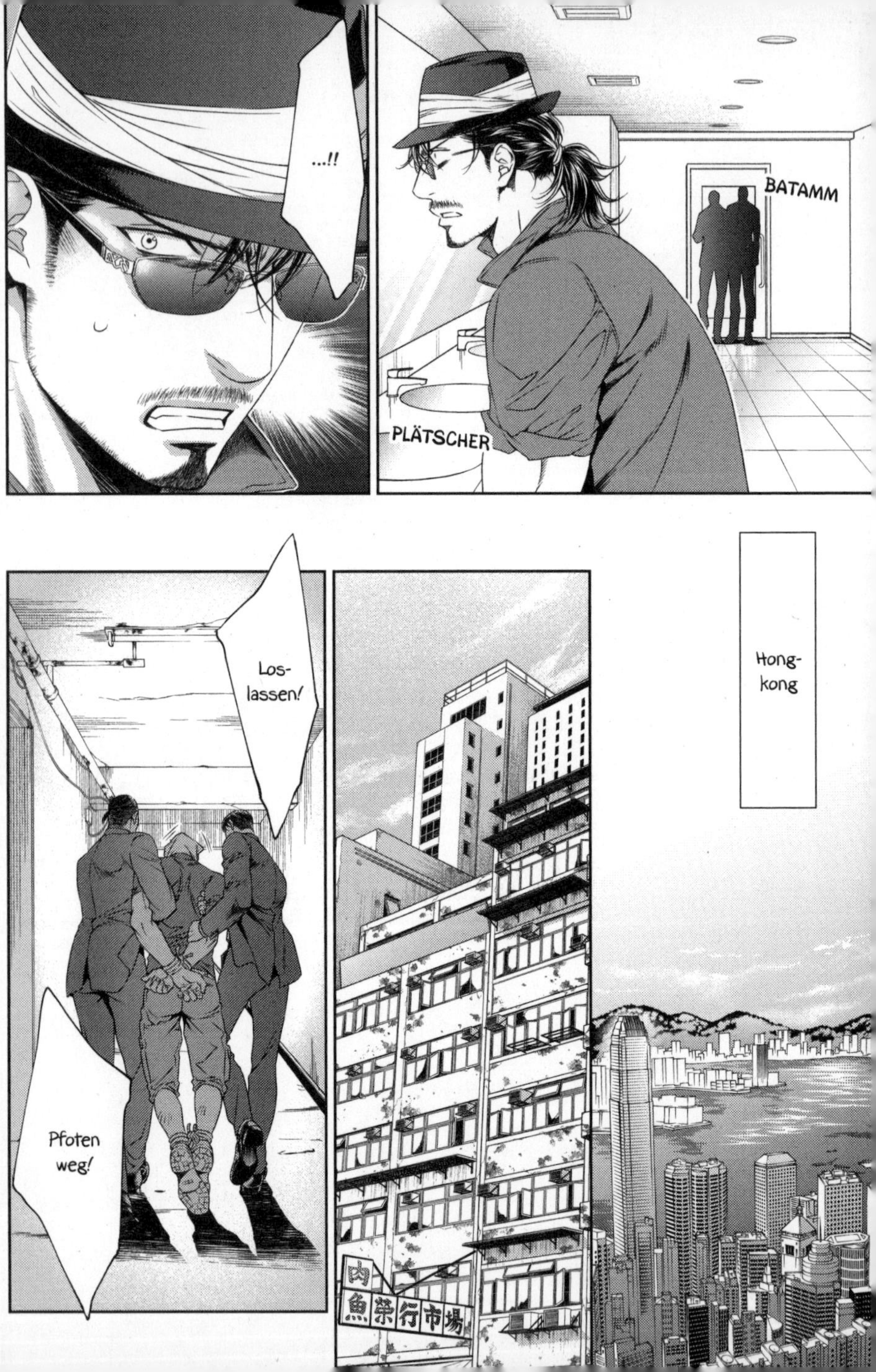
BATAMM
PLÄTSCHER
...!!
Hong-kong
Los-lassen!
Pfoten weg!
肉
魚菜行市場

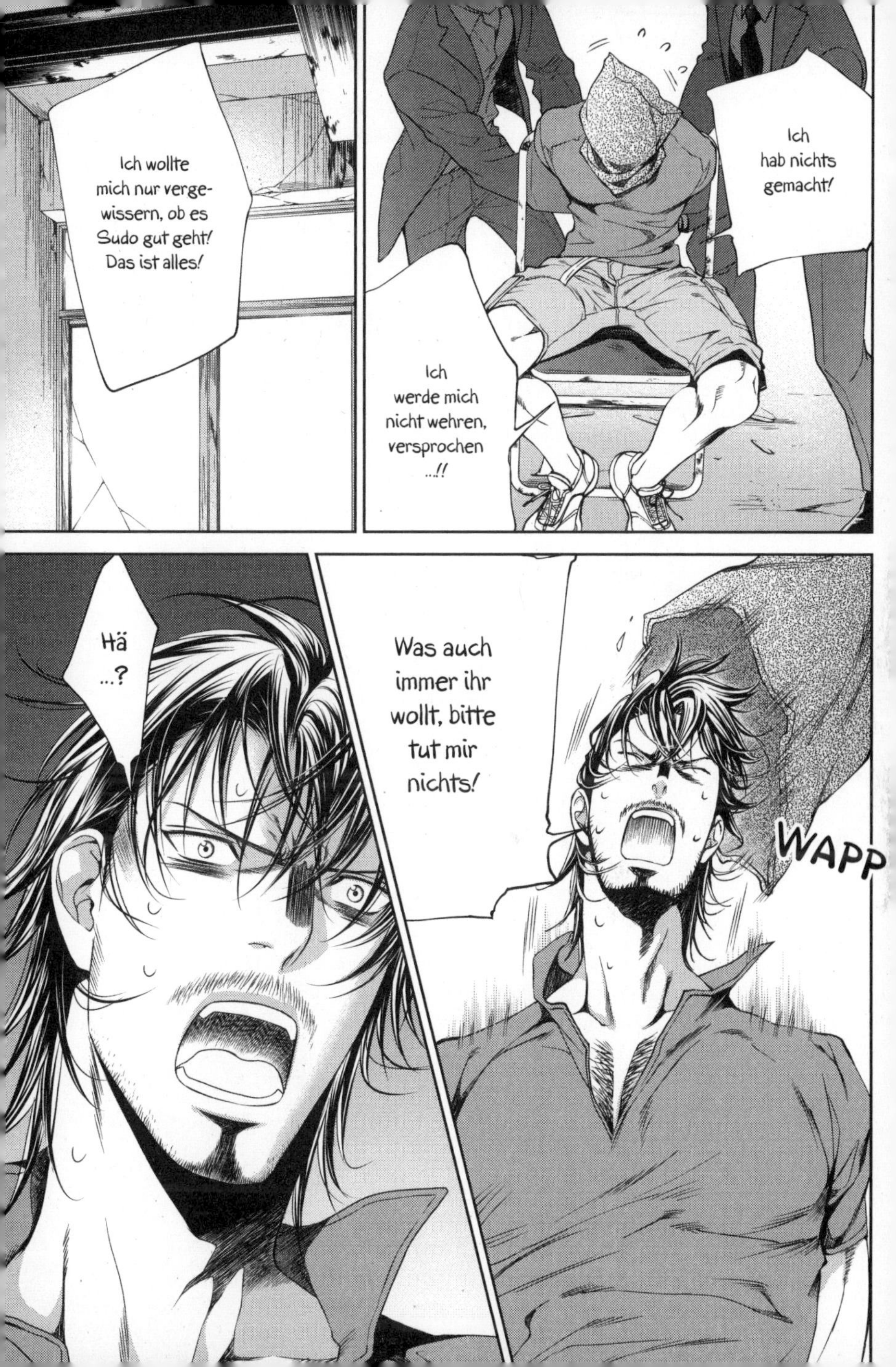
Ich hab nichts gemacht!
Ich werde mich nicht wehren, versprochen ...!!
Ich wollte mich nur vergewissern, ob es Sudo gut geht! Das ist alles!
Was auch immer ihr wollt, bitte tut mir nichts!
WAPP
Hä ...?

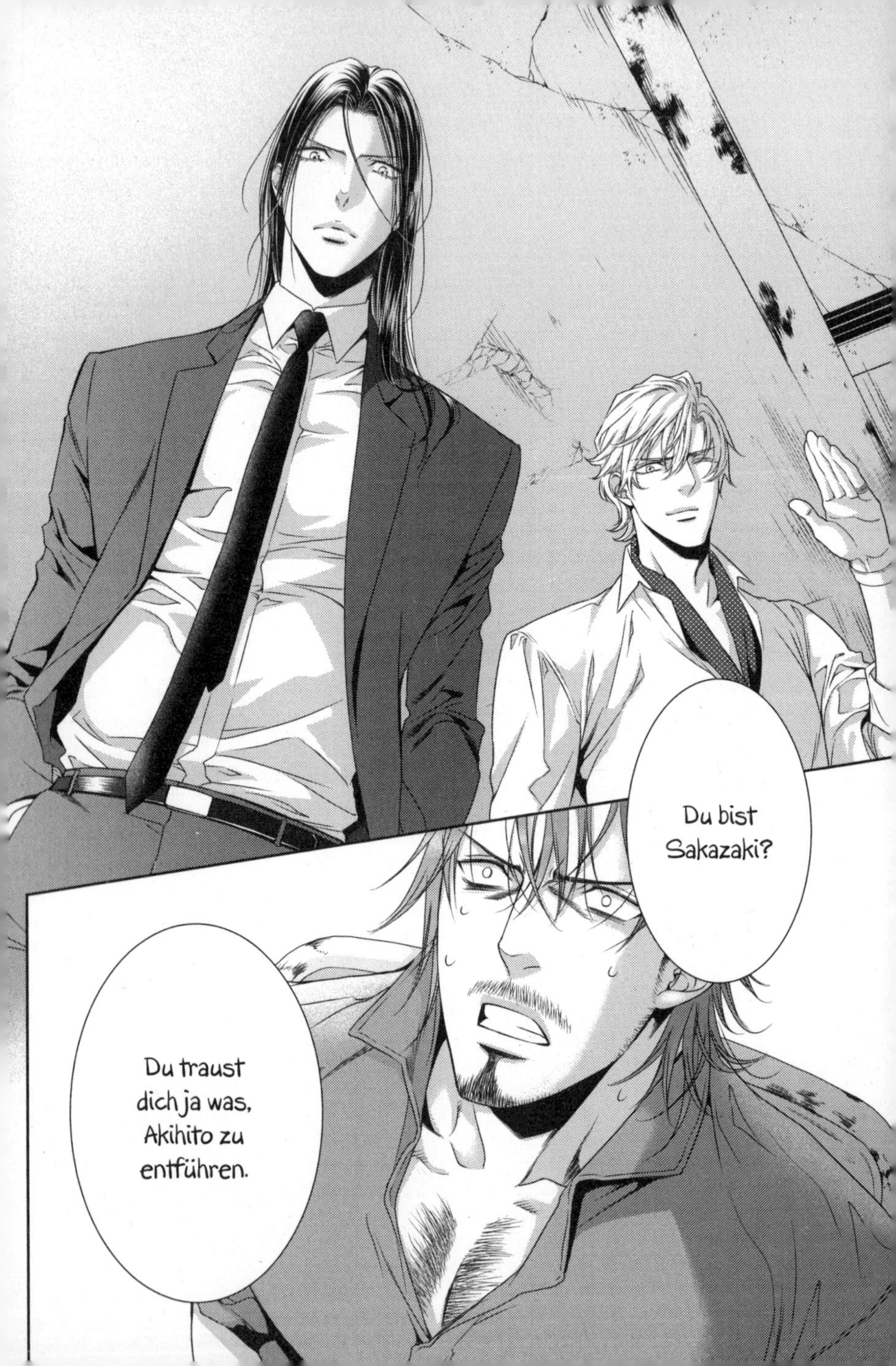
Du bist
Sakazaki?
Du traust
dich ja was,
Akihito zu
entführen.

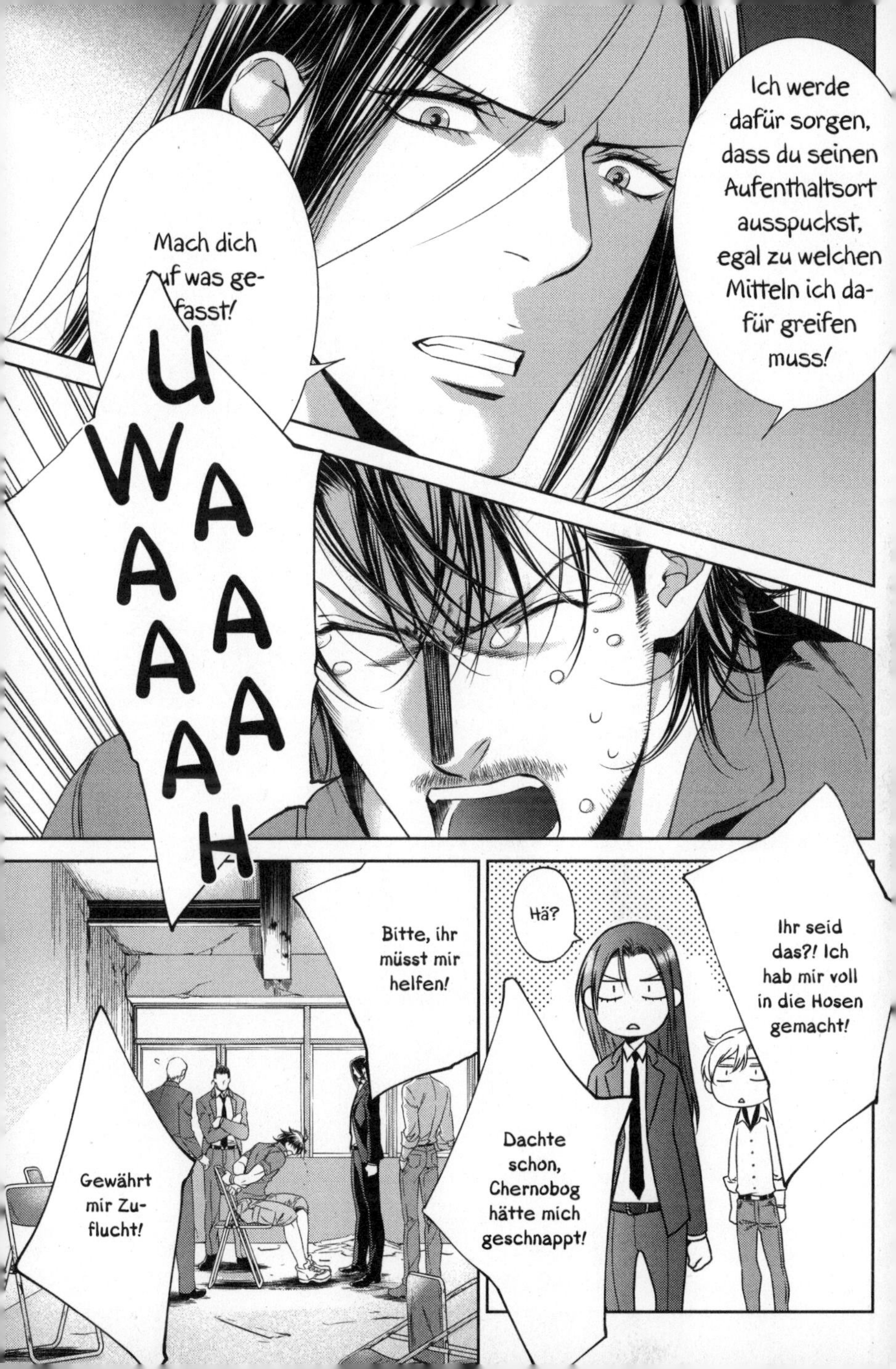
Ich werde dafür sorgen, dass du seinen Aufenthaltsort ausspuckst, egal zu welchen Mitteln ich dafür greifen muss!
Mach dich auf was gefasst!
UWAAAAAAAH
Hä?
Ihr seid das?! Ich hab mir voll in die Hosen gemacht!
Dachte schon, Chernobog hätte mich geschnappt!
Bitte, ihr müsst mir helfen!
Gewährt mir Zuflucht!

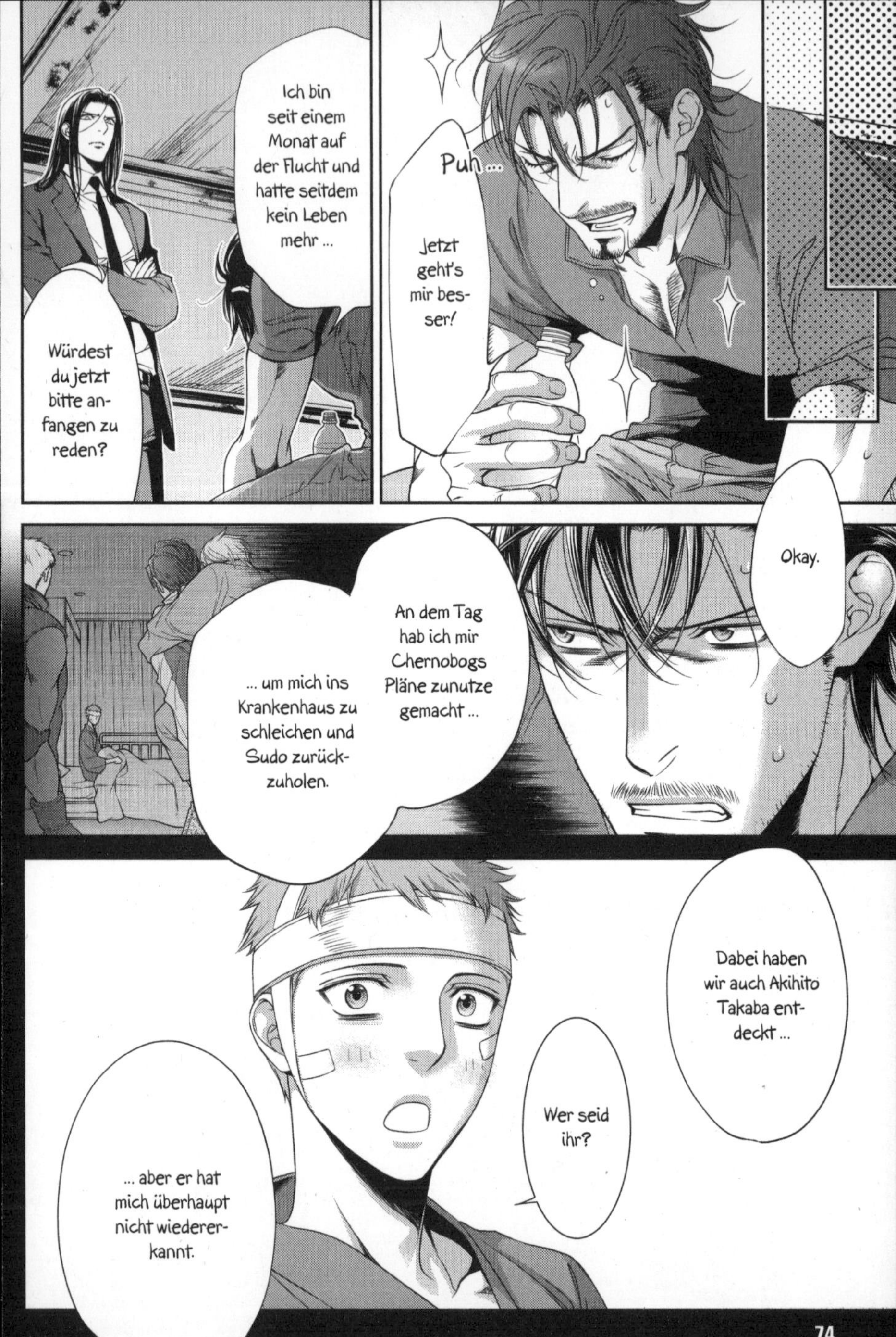
Puh ...
Jetzt geht's mir besser!
Ich bin seit einem Monat auf der Flucht und hatte seitdem kein Leben mehr ...
Würdest du jetzt bitte anfangen zu reden?
Okay.
An dem Tag hab ich mir Chernobogs Pläne zunutze gemacht ...
... um mich ins Krankenhaus zu schleichen und Sudo zurückzuholen.
Dabei haben wir auch Akihito Takaba entdeckt ...
Wer seid ihr?
... aber er hat mich überhaupt nicht wiedererkannt.

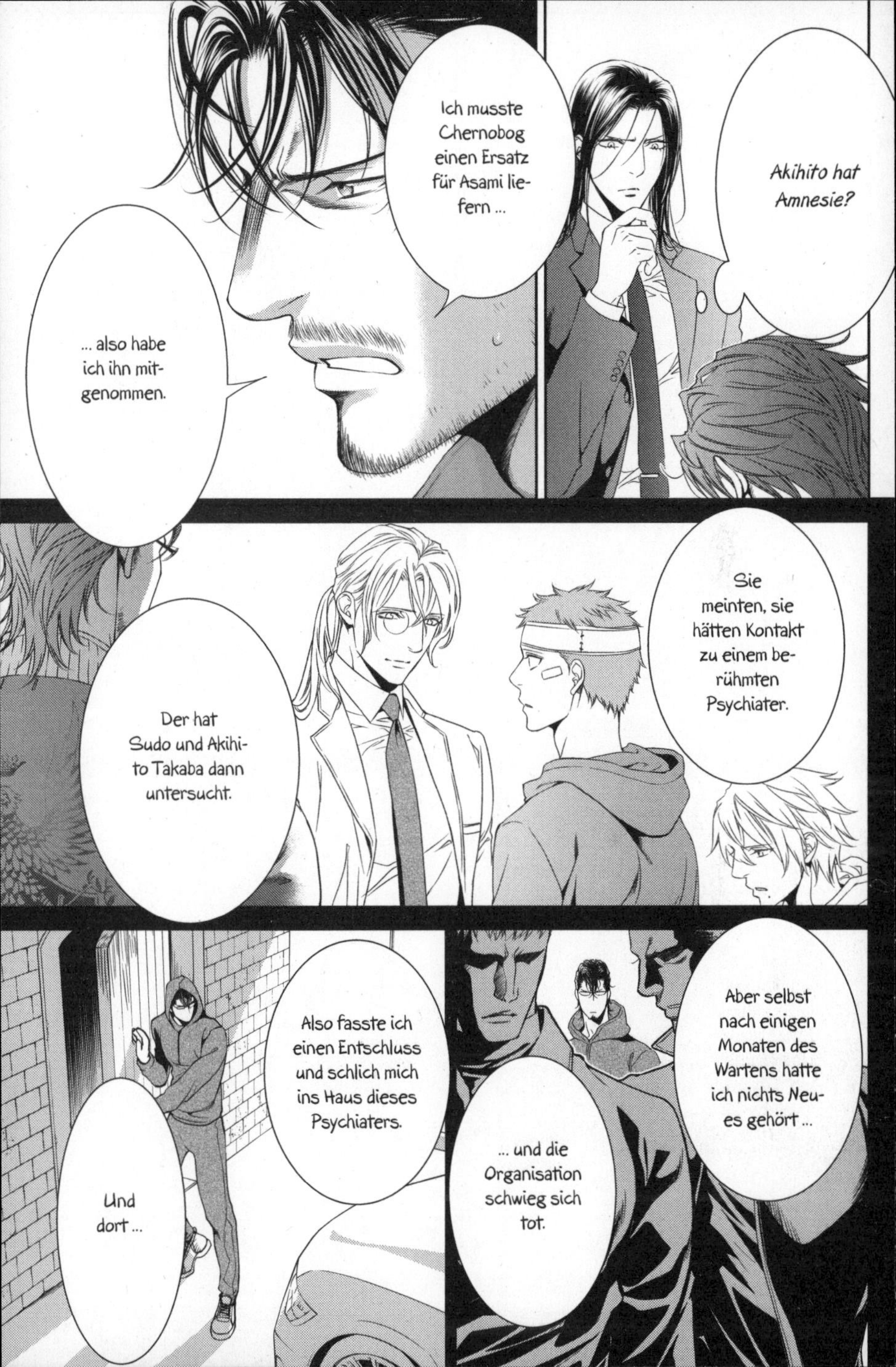

Akihito hat Amnesie?
Ich musste Chernobog einen Ersatz für Asami liefern ...
... also habe ich ihn mitgenommen.
Sie meinten, sie hätten Kontakt zu einem berühmten Psychiater.
Der hat Sudo und Akihito Takaba dann untersucht.
Aber selbst nach einigen Monaten des Wartens hatte ich nichts Neues gehört ...
... und die Organisation schwieg sich tot.
Also fasste ich einen Entschluss und schlich mich ins Haus dieses Psychiaters.
Und dort ...

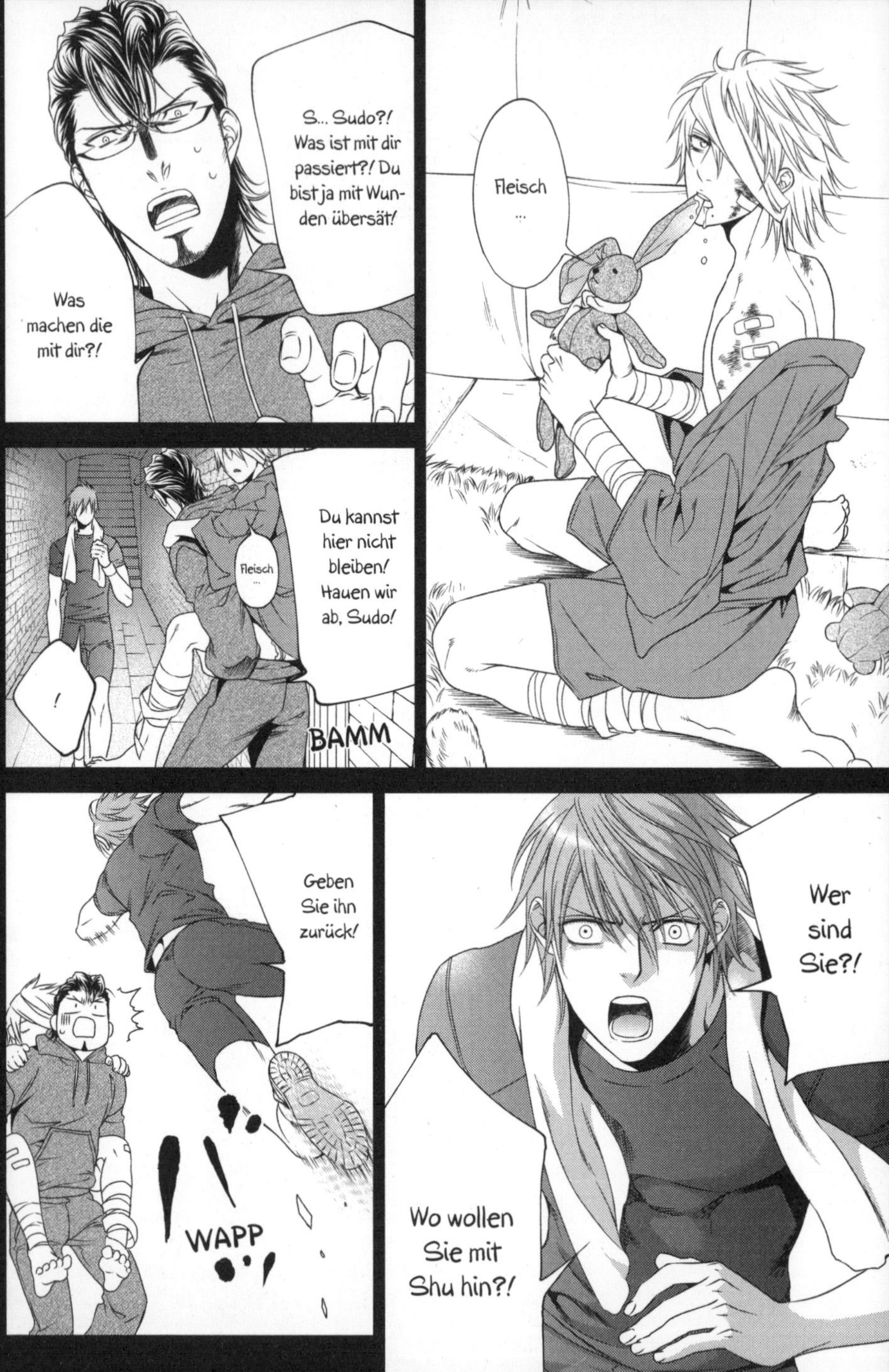
Fleisch ...
S... Sudo?! Was ist mit dir passiert?! Du bist ja mit Wunden übersät!
Was machen die mit dir?!
Du kannst hier nicht bleiben! Hauen wir ab, Sudo!
Fleisch ...
!
BAMM
Wer sind Sie?!
Wo wollen Sie mit Shu hin?!
Geben Sie ihn zurück!
WAPP

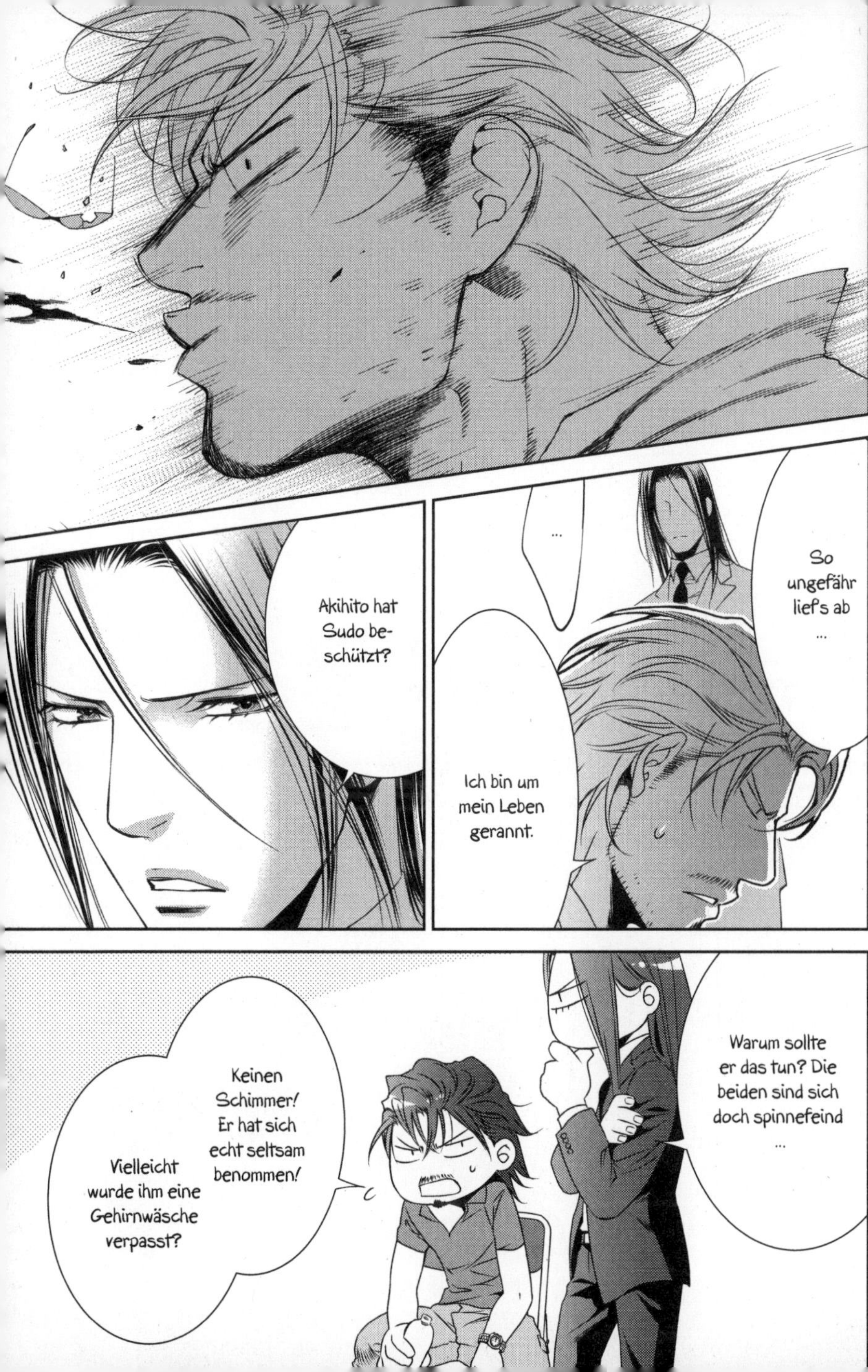
So ungefähr lief's ab ...
...
Ich bin um mein Leben gerannt.
Akihito hat Sudo beschützt?
Warum sollte er das tun? Die beiden sind sich doch spinnefeind ...
Keinen Schimmer! Er hat sich echt seltsam benommen!
Vielleicht wurde ihm eine Gehirnwäsche verpasst?

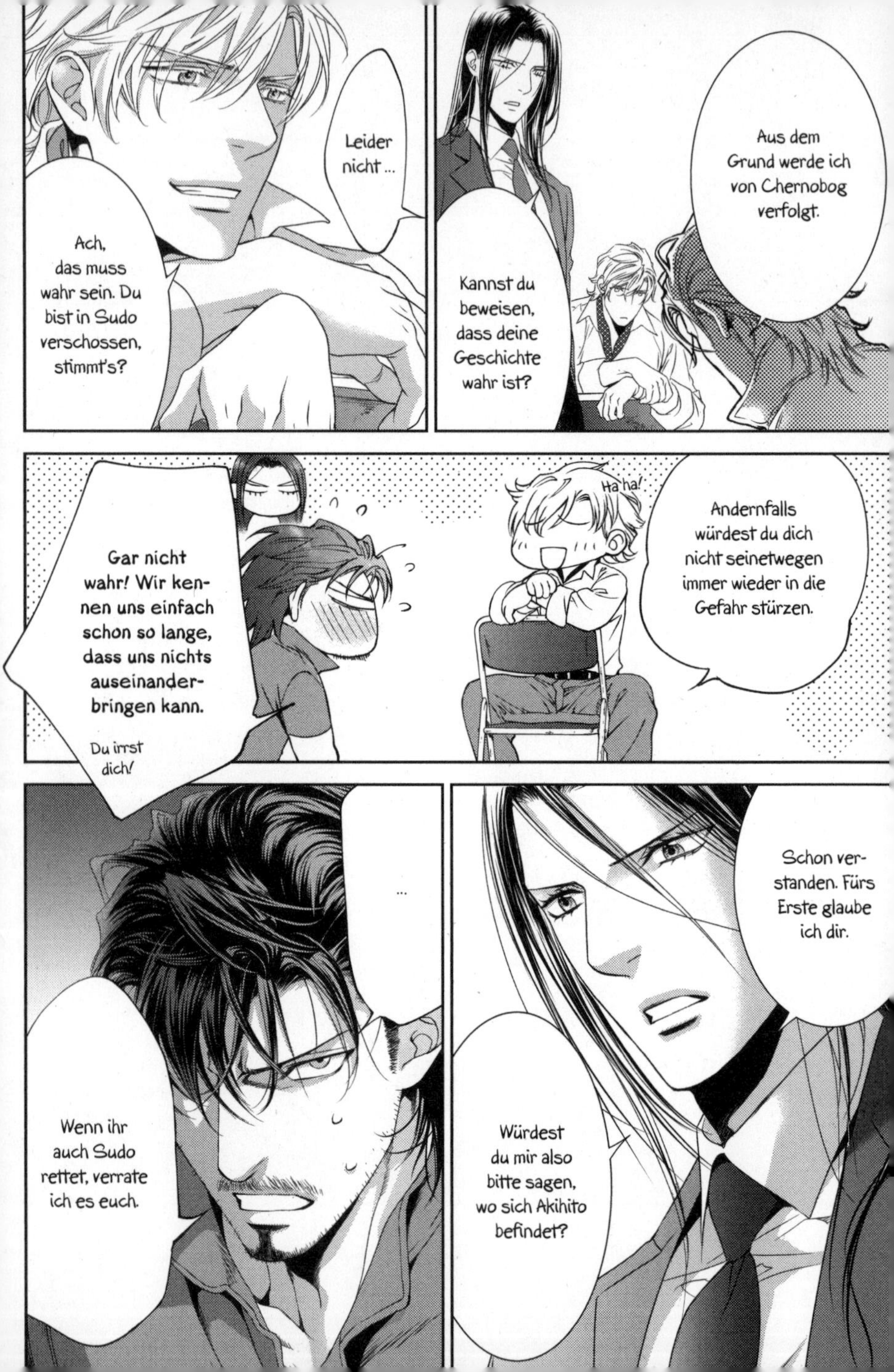
Aus dem Grund werde ich von Chernobog verfolgt.
Kannst du beweisen, dass deine Geschichte wahr ist?
Leider nicht ...
Ach, das muss wahr sein. Du bist in Sudo verschossen, stimmt's?
Andernfalls würdest du dich nicht seinetwegen immer wieder in die Gefahr stürzen.
Ha ha!
Gar nicht wahr! Wir kennen uns einfach schon so lange, dass uns nichts auseinanderbringen kann.
Du irrst dich!
Schon verstanden. Fürs Erste glaube ich dir.
Würdest du mir also bitte sagen, wo sich Akihito befindet?
...
Wenn ihr auch Sudo rettet, verrate ich es euch.

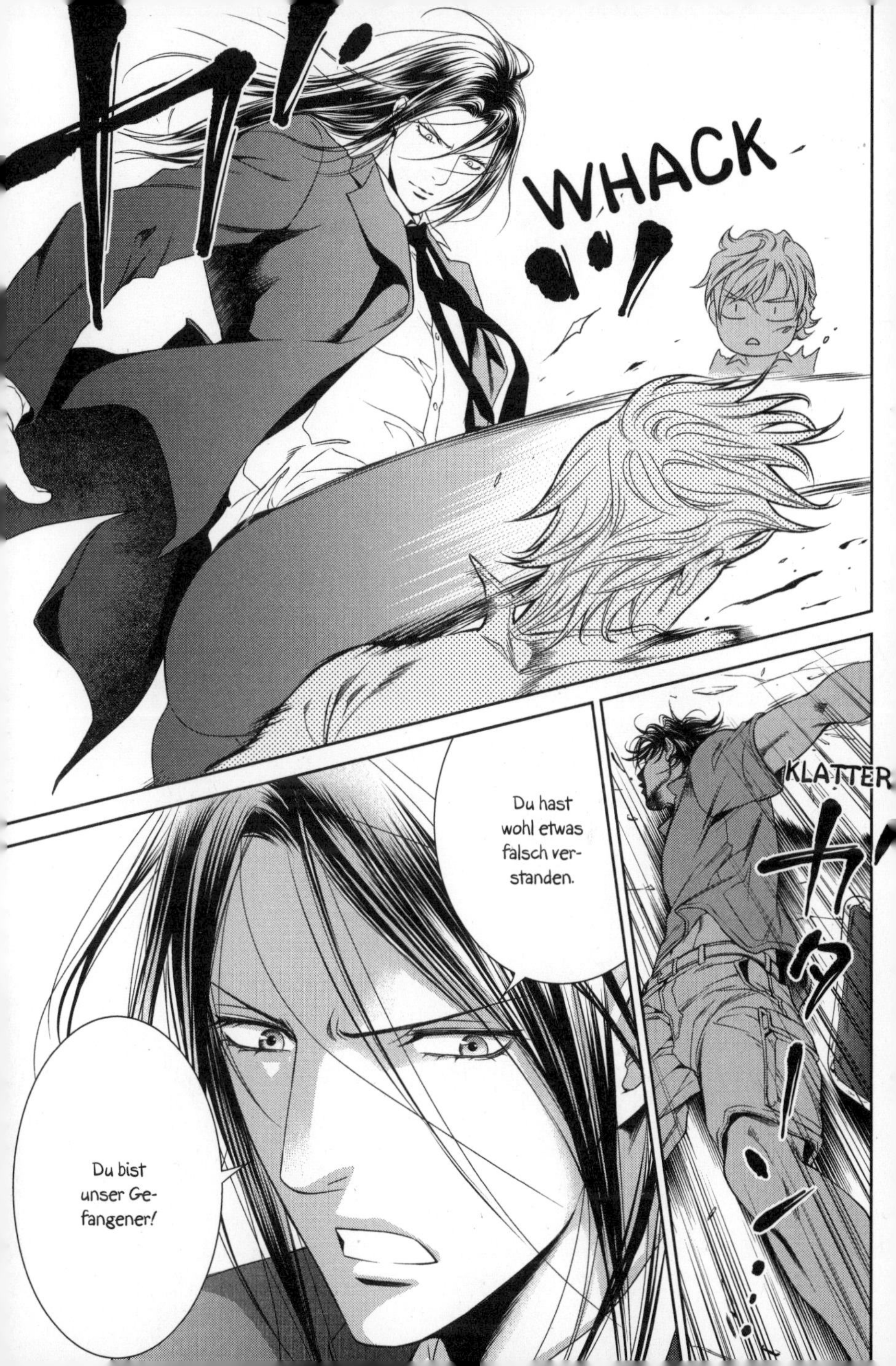
WHACK
KLATTER
Du hast wohl etwas falsch ver-standen.
Du bist unser Ge-fangener!

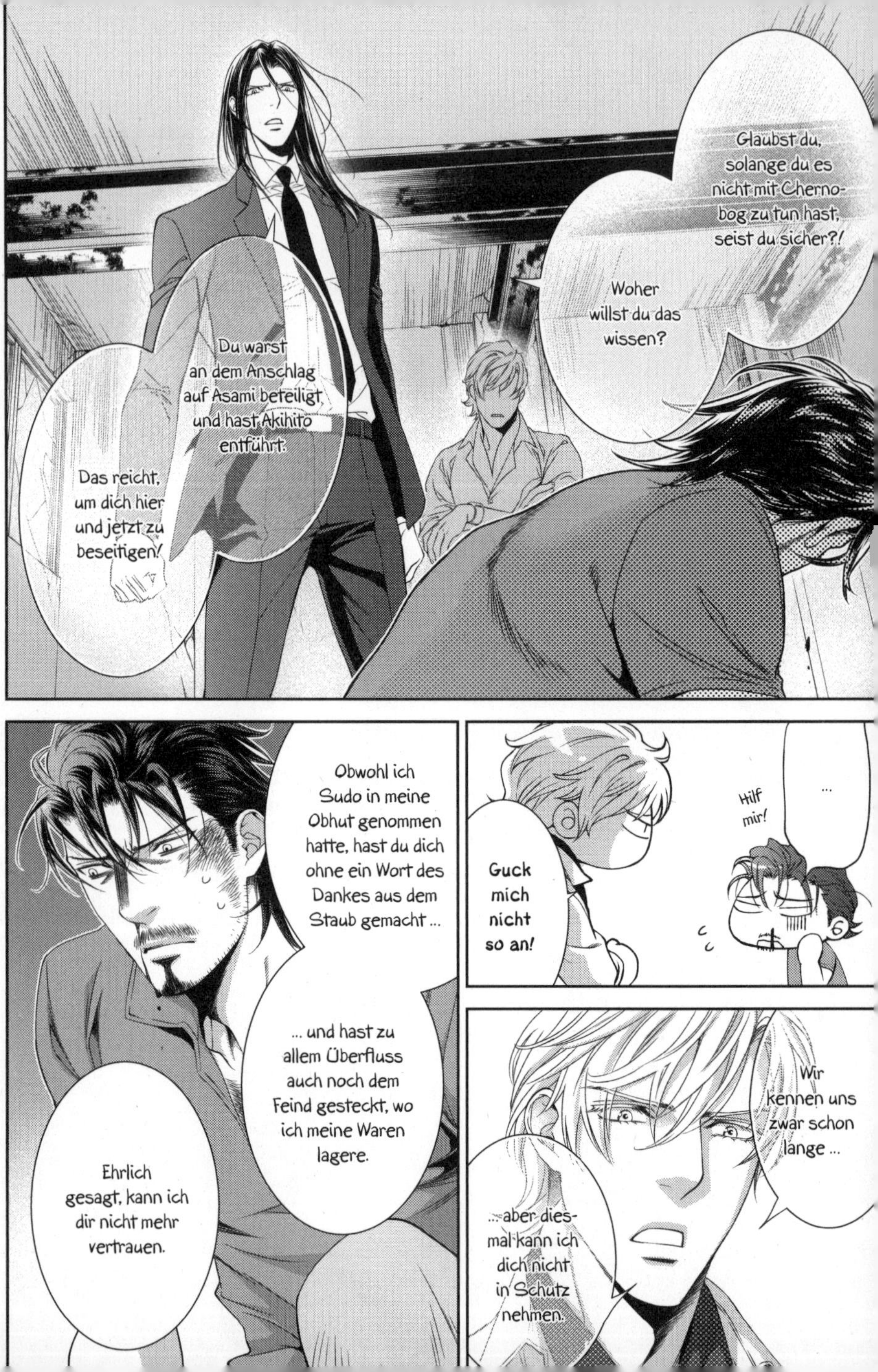
Glaubst du, solange du es nicht mit Chernobog zu tun hast, seist du sicher?!
Woher willst du das wissen?
Du warst an dem Anschlag auf Asami beteiligt und hast Akihito entführt.
Das reicht, um dich hier und jetzt zu beseitigen!
...
Hilf mir!
Guck mich nicht so an!
Wir kennen uns zwar schon lange ...
... aber diesmal kann ich dich nicht in Schutz nehmen.
Obwohl ich Sudo in meine Obhut genommen hatte, hast du dich ohne ein Wort des Dankes aus dem Staub gemacht ...
... und hast zu allem Überfluss auch noch dem Feind gesteckt, wo ich meine Waren lagere.
Ehrlich gesagt, kann ich dir nicht mehr vertrauen.

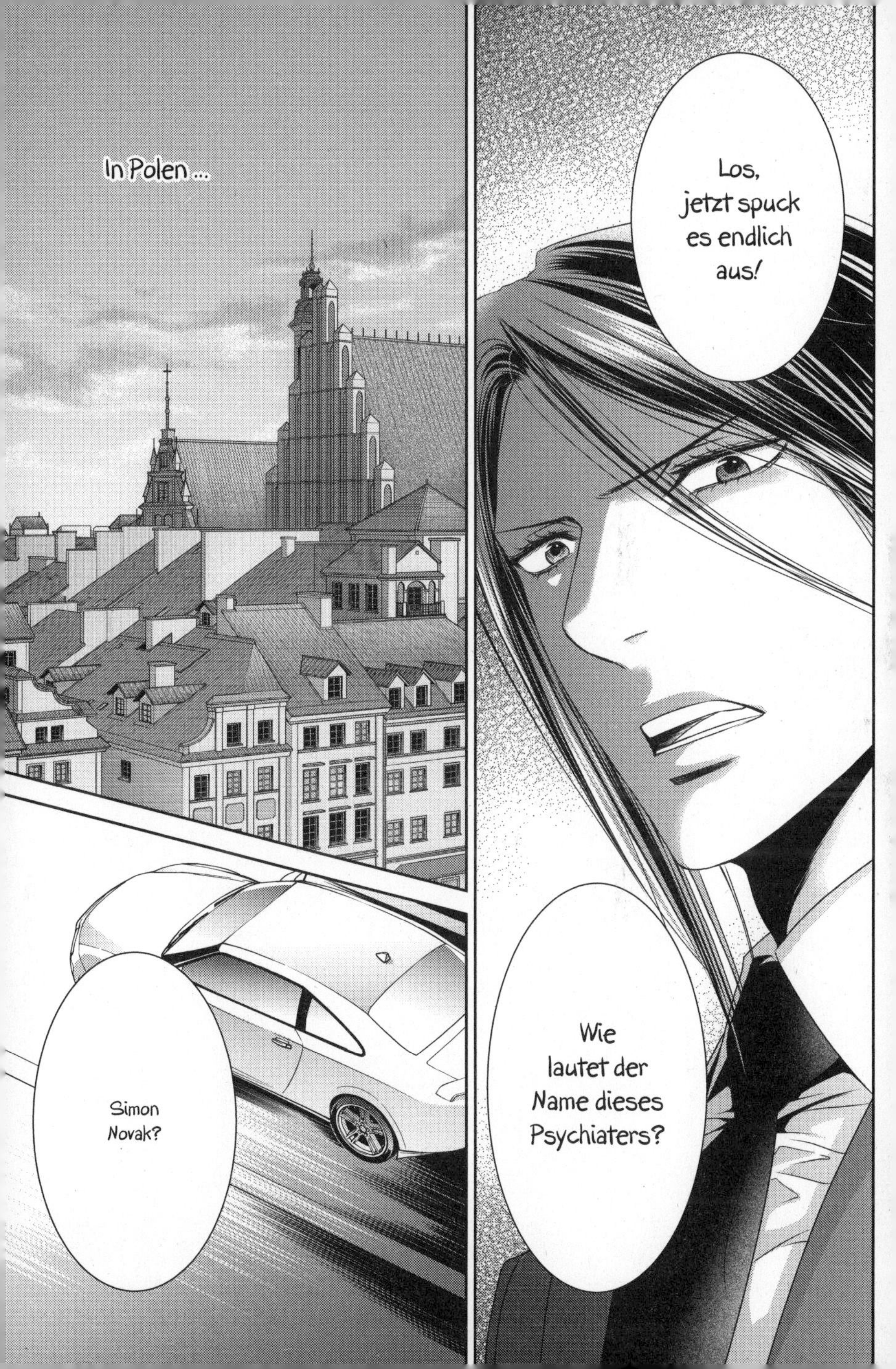
Los, jetzt spuck es endlich aus!
Wie lautet der Name dieses Psychiaters?
In Polen ...
Simon Novak?

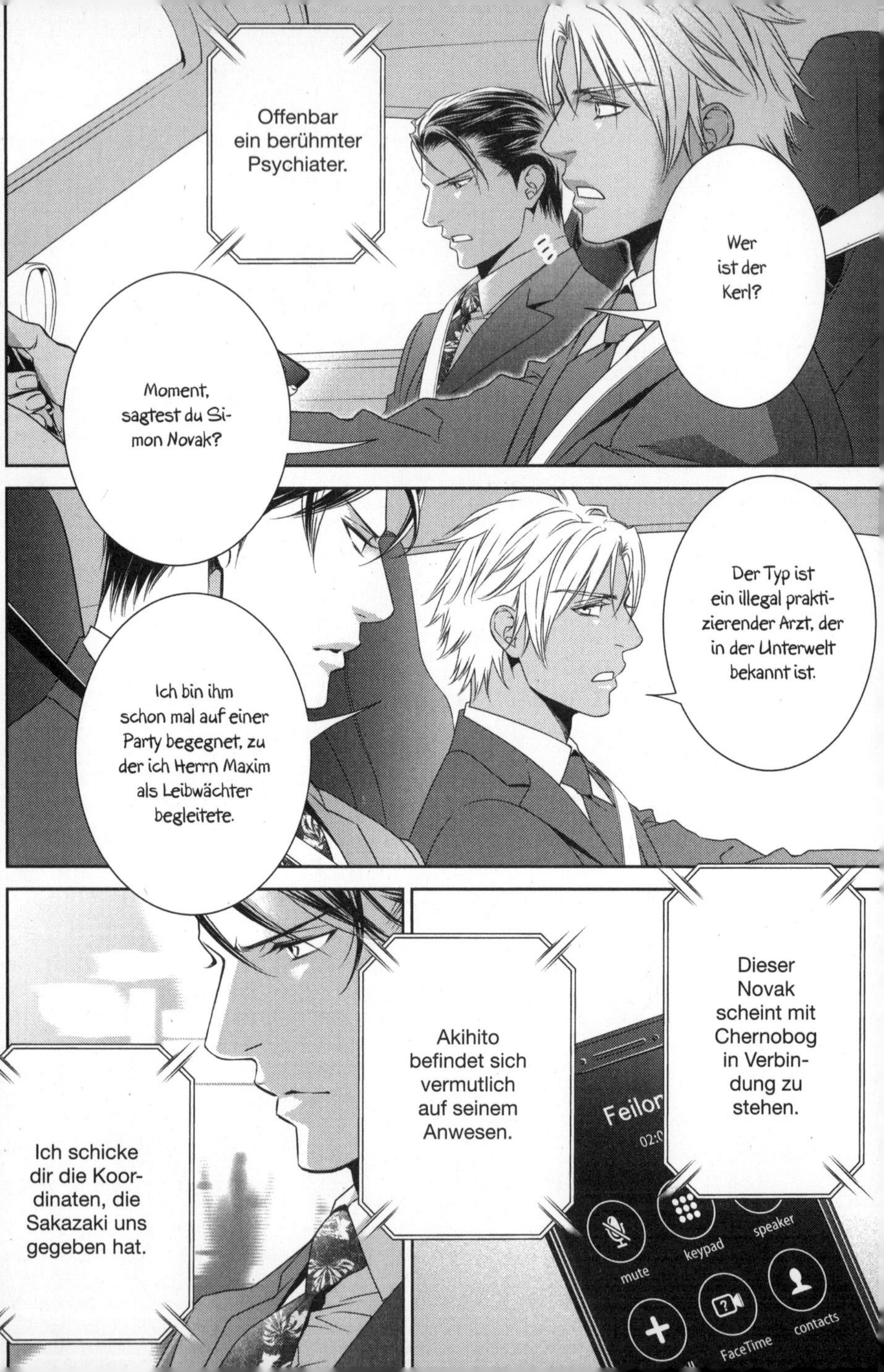
Wer ist der Kerl?
Offenbar ein berühmter Psychiater.
Moment, sagtest du Simon Novak?
Der Typ ist ein illegal praktizierender Arzt, der in der Unterwelt bekannt ist.
Ich bin ihm schon mal auf einer Party begegnet, zu der ich Herrn Maxim als Leibwächter begleitete.
Dieser Novak scheint mit Chernobog in Verbindung zu stehen.
Akihito befindet sich vermutlich auf seinem Anwesen.
Ich schicke dir die Koordinaten, die Sakazaki uns gegeben hat.
mute
keypad
speaker
FaceTime
contacts

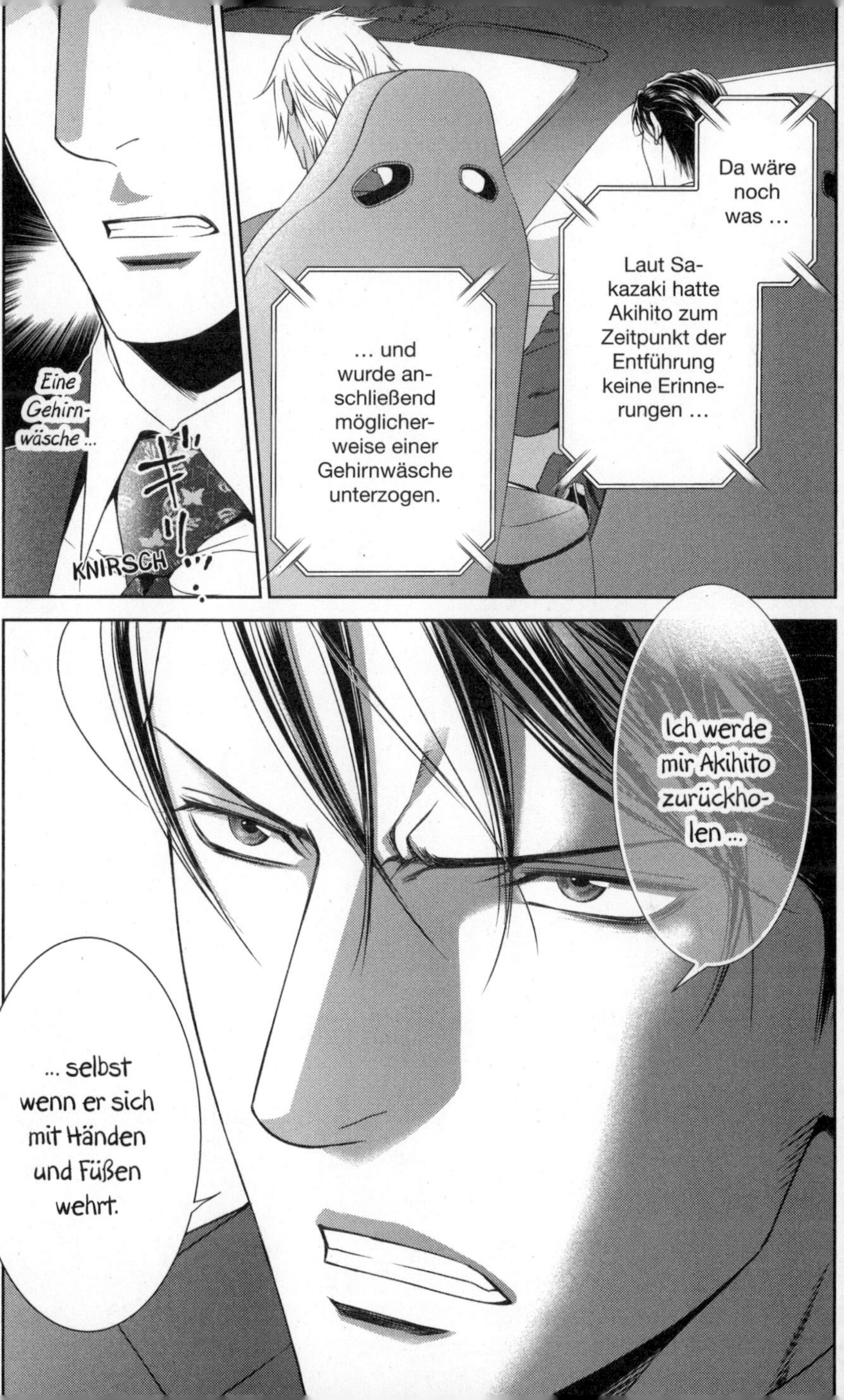
Da wäre noch was …
Laut Sakazaki hatte Akihito zum Zeitpunkt der Entführung keine Erinnerungen …
… und wurde anschließend möglicherweise einer Gehirnwäsche unterzogen.
Eine Gehirnwäsche …
KNIRSCH
Ich werde mir Akihito zurückholen …
… selbst wenn er sich mit Händen und Füßen wehrt.

Innocent Eyes

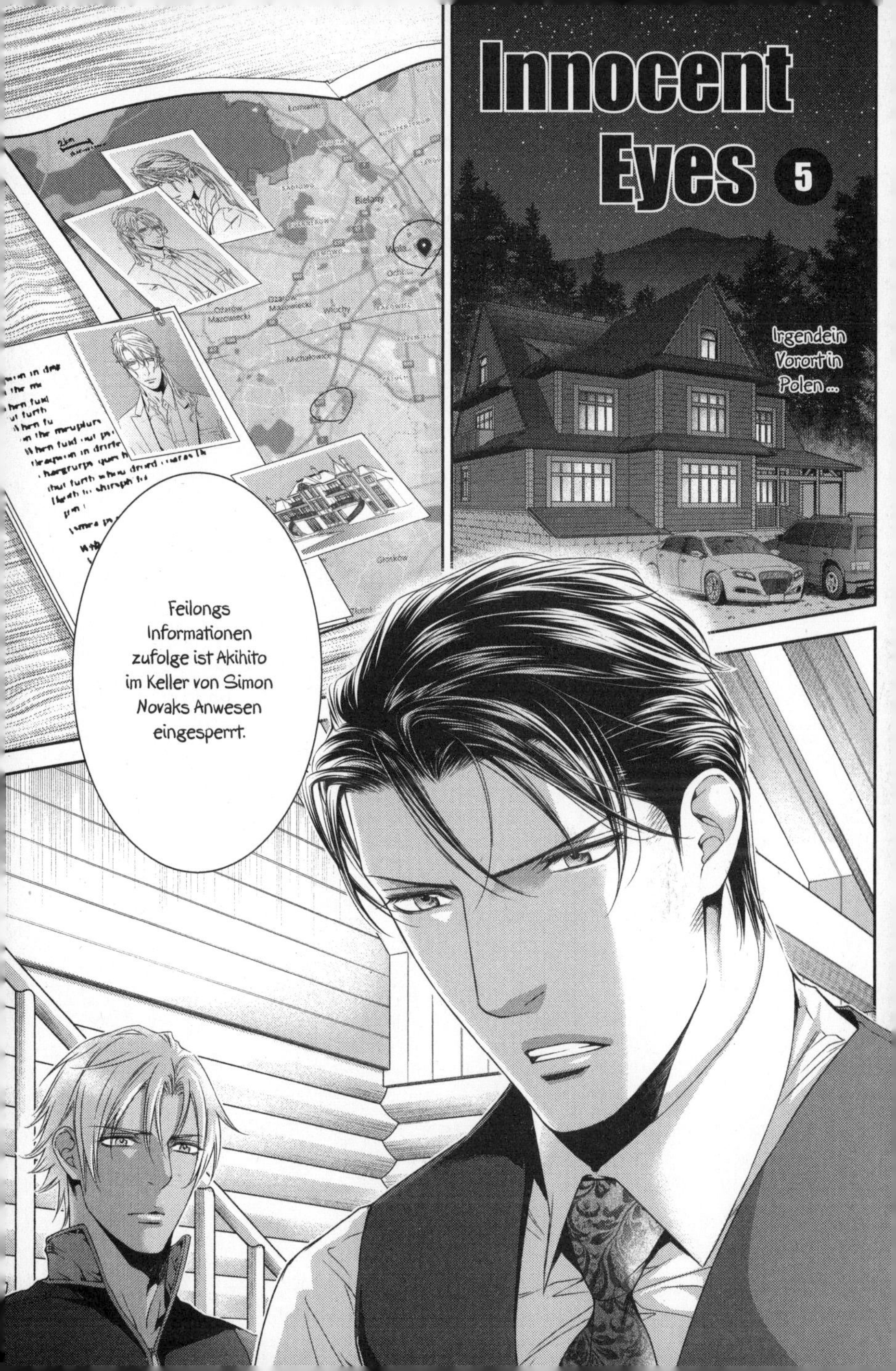
Innocent Eyes 5
Irgendein Vorort in Polen ...
Feilongs Informationen zufolge ist Akihito im Keller von Simon Novaks Anwesen eingesperrt.

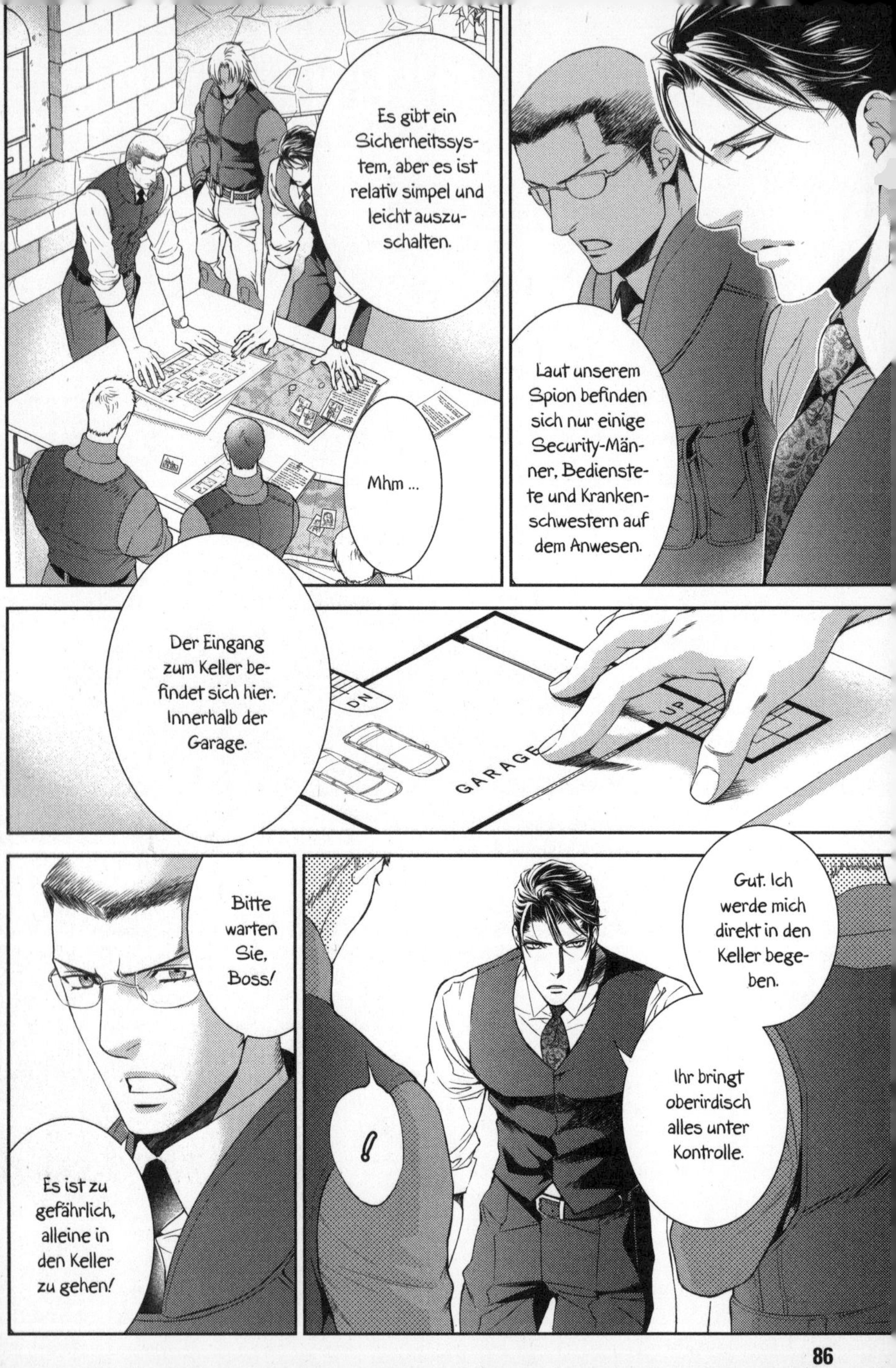
Laut unserem Spion befinden sich nur einige Security-Männer, Bedienstete und Krankenschwestern auf dem Anwesen.
Es gibt ein Sicherheitssystem, aber es ist relativ simpel und leicht auszuschalten.
Mhm ...
Der Eingang zum Keller befindet sich hier. Innerhalb der Garage.
DN
UP
GARAGE
Gut. Ich werde mich direkt in den Keller begeben.
Ihr bringt oberirdisch alles unter Kontrolle.
!
Bitte warten Sie, Boss!
Es ist zu gefährlich, alleine in den Keller zu gehen!

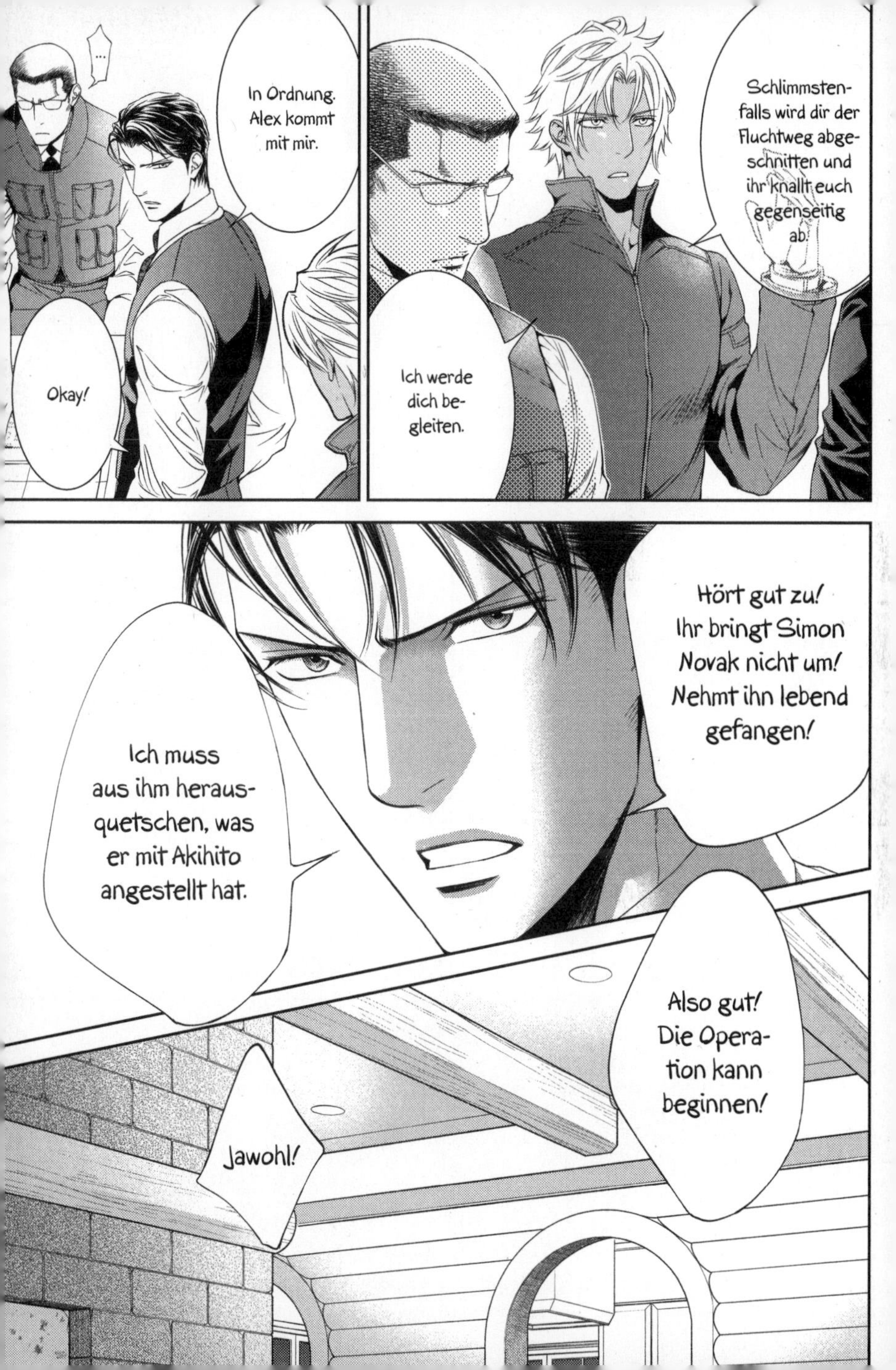
Schlimmstenfalls wird dir der Fluchtweg abgeschnitten und ihr knallt euch gegenseitig ab.
Ich werde dich begleiten.
In Ordnung. Alex kommt mit mir.
...
Okay!
Hört gut zu! Ihr bringt Simon Novak nicht um! Nehmt ihn lebend gefangen!
Ich muss aus ihm herausquetschen, was er mit Akihito angestellt hat.
Also gut! Die Operation kann beginnen!
Jawohl!

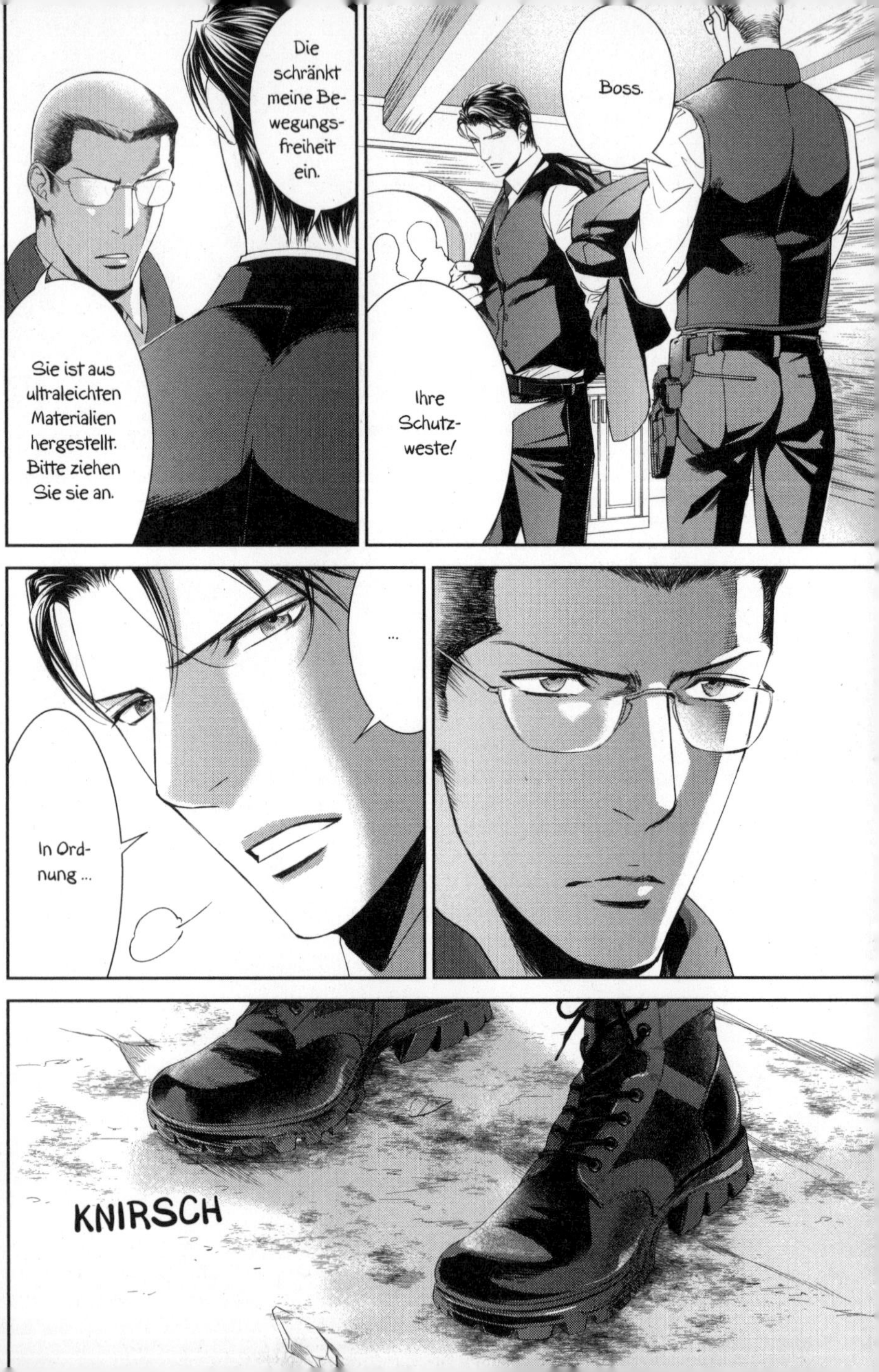
Boss.
Ihre Schutzweste!
Die schränkt meine Bewegungsfreiheit ein.
Sie ist aus ultraleichten Materialien hergestellt. Bitte ziehen Sie sie an.
...
In Ordnung ...
KNIRSCH

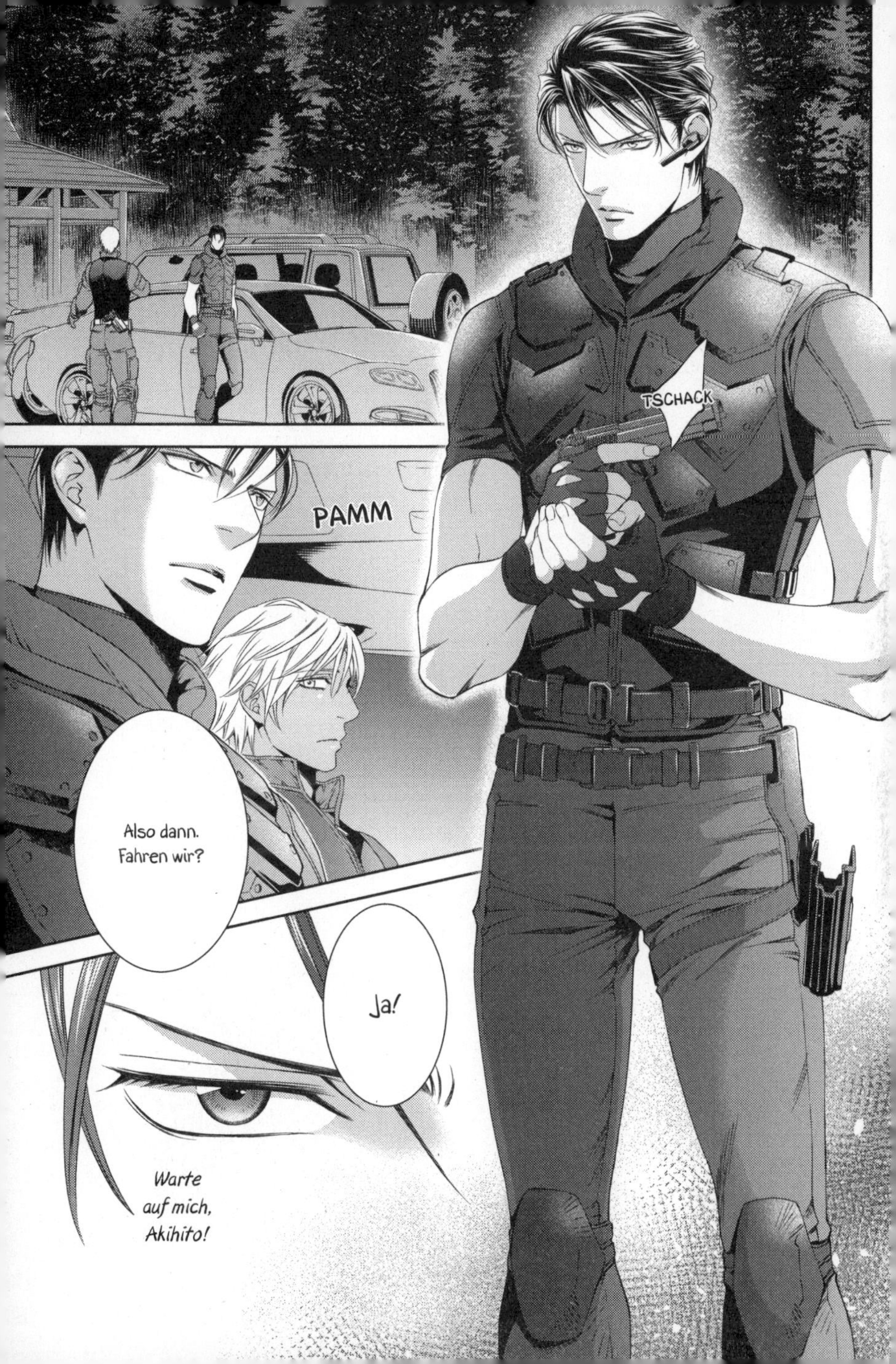

TSCHACK
PAMM
Also dann. Fahren wir?
Ja!
Warte auf mich, Akihito!

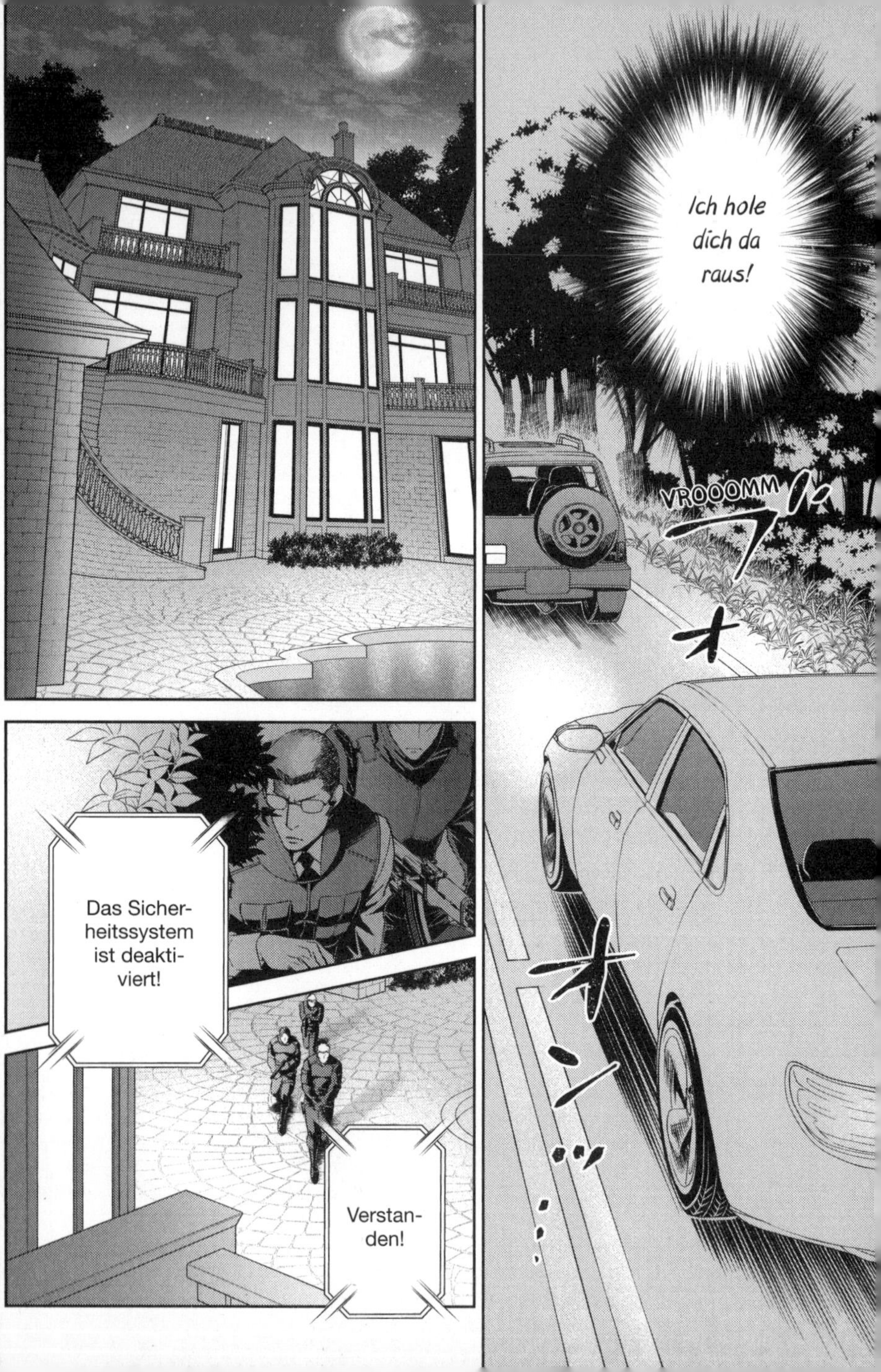
Ich hole dich da raus!
VROOOMM
Das Sicherheitssystem ist deaktiviert!
Verstanden!

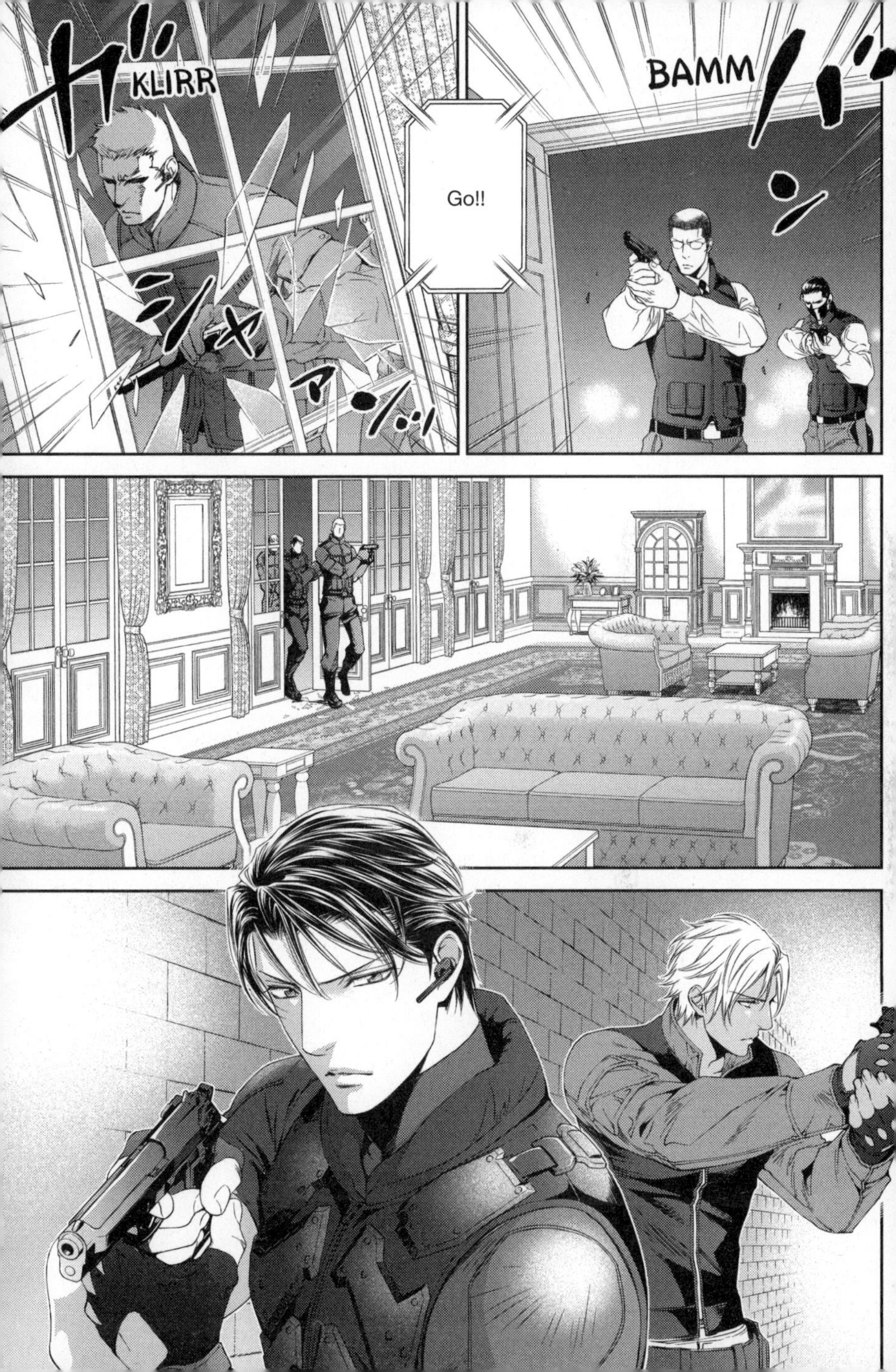
BAMM
Go!!
KLIRR

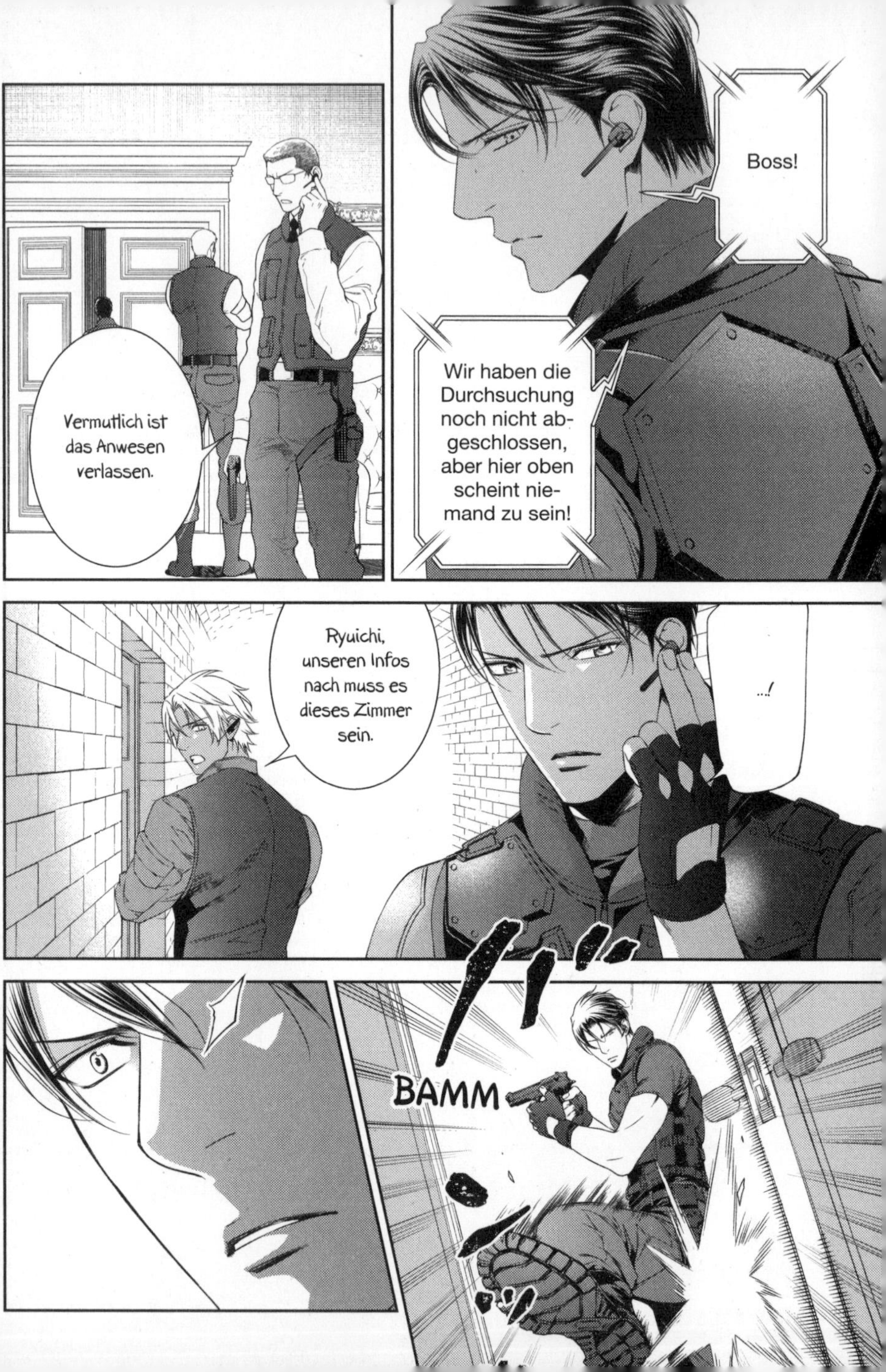
Boss!
Wir haben die Durchsuchung noch nicht abgeschlossen, aber hier oben scheint niemand zu sein!
Vermutlich ist das Anwesen verlassen.
...!
Ryuichi, unseren Infos nach muss es dieses Zimmer sein.
BAMM

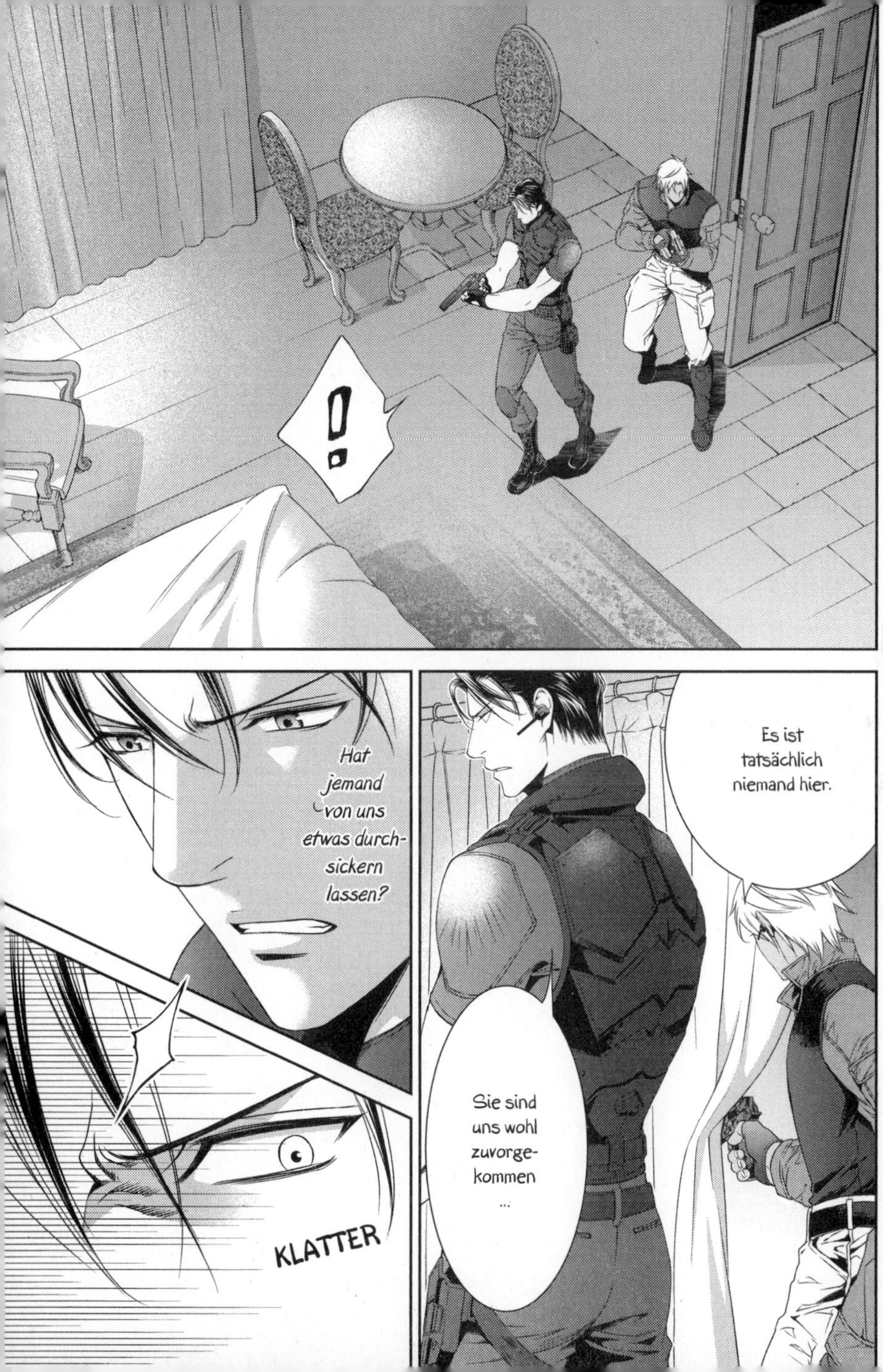
!
Es ist tatsächlich niemand hier.
Hat jemand von uns etwas durchsickern lassen?
Sie sind uns wohl zuvorgekommen ...
KLATTER

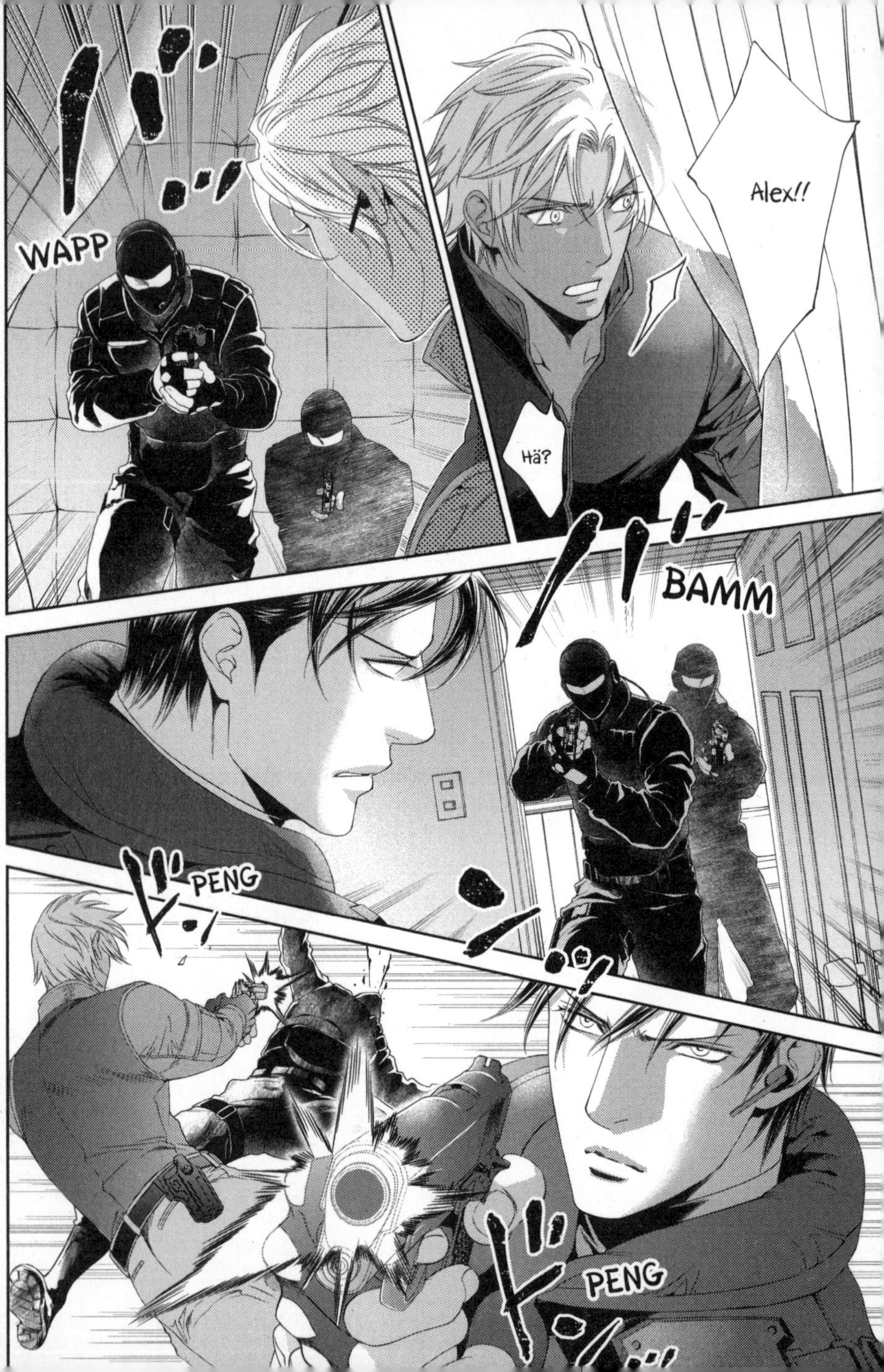

Alex!!
Hä?
WAPP
BAMM
PENG
PENG

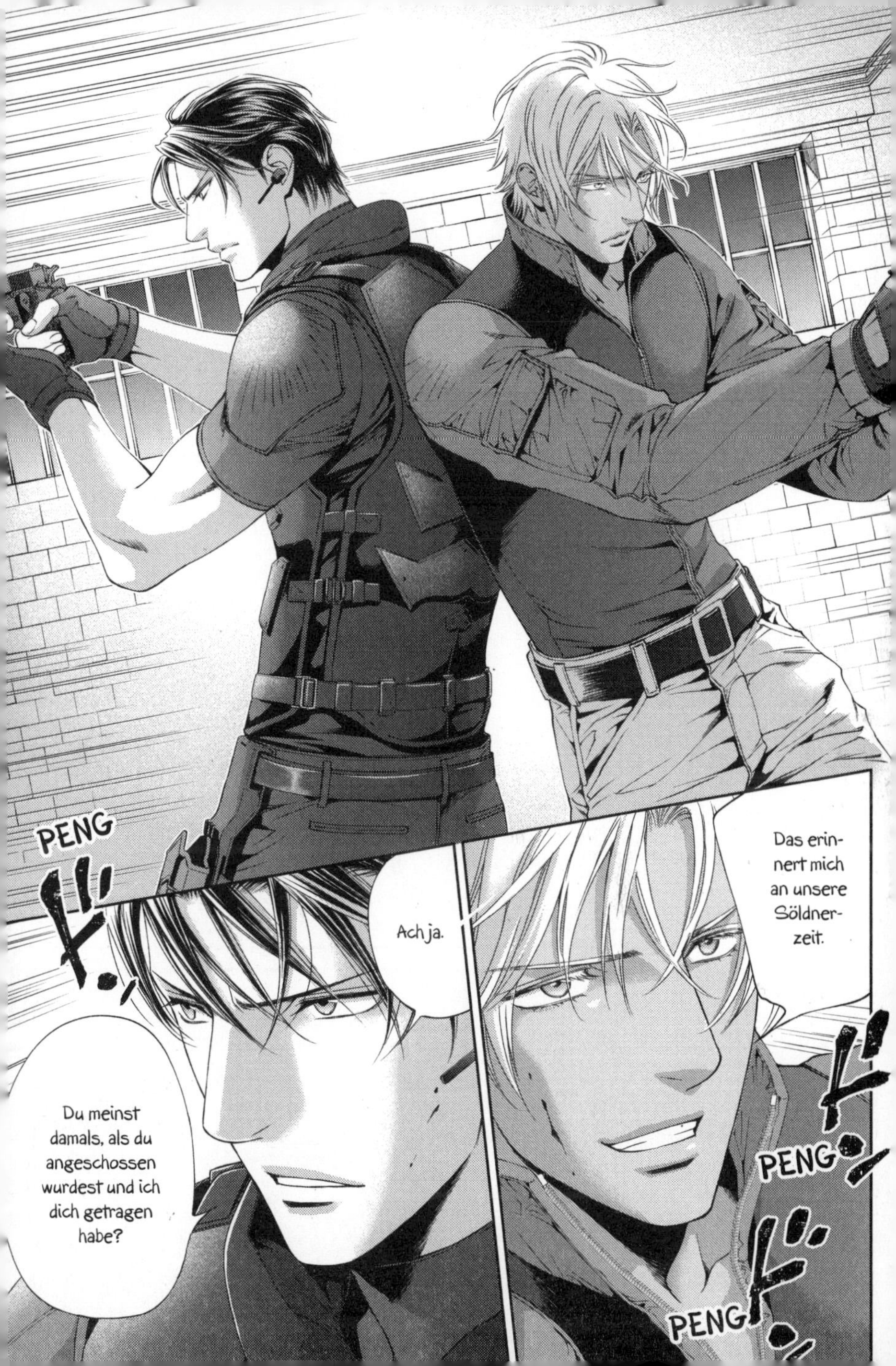
Das erinnert mich an unsere Söldnerzeit.
Ach ja.
PENG
Du meinst damals, als du angeschossen wurdest und ich dich getragen habe?
PENG
PENG

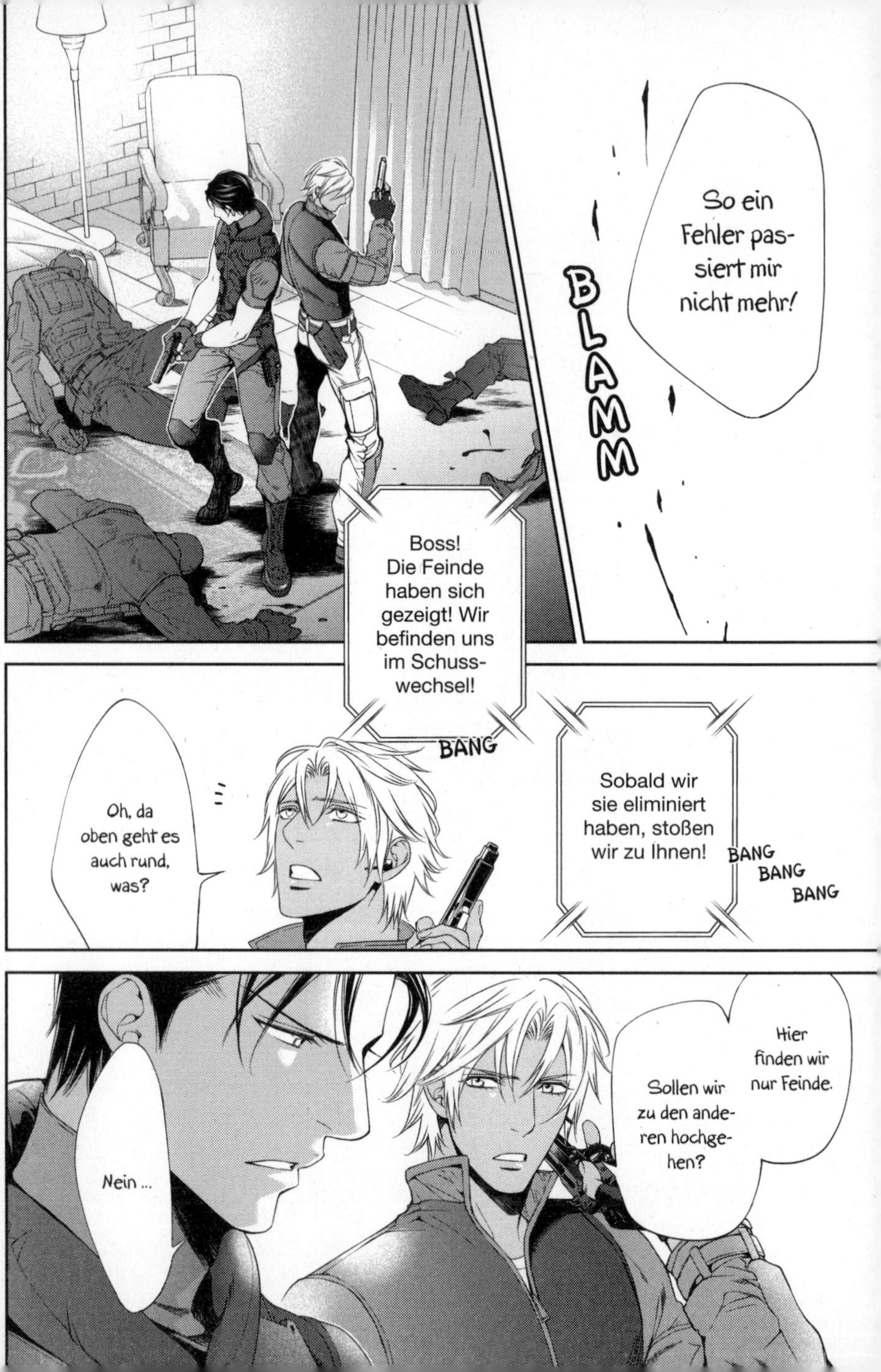
So ein Fehler passiert mir nicht mehr!
BLAMM
Boss! Die Feinde haben sich gezeigt! Wir befinden uns im Schusswechsel!
BANG
Sobald wir sie eliminiert haben, stoßen wir zu Ihnen!
BANG BANG BANG
Oh, da oben geht es auch rund, was?
Hier finden wir nur Feinde.
Sollen wir zu den anderen hochgehen?
Nein ...

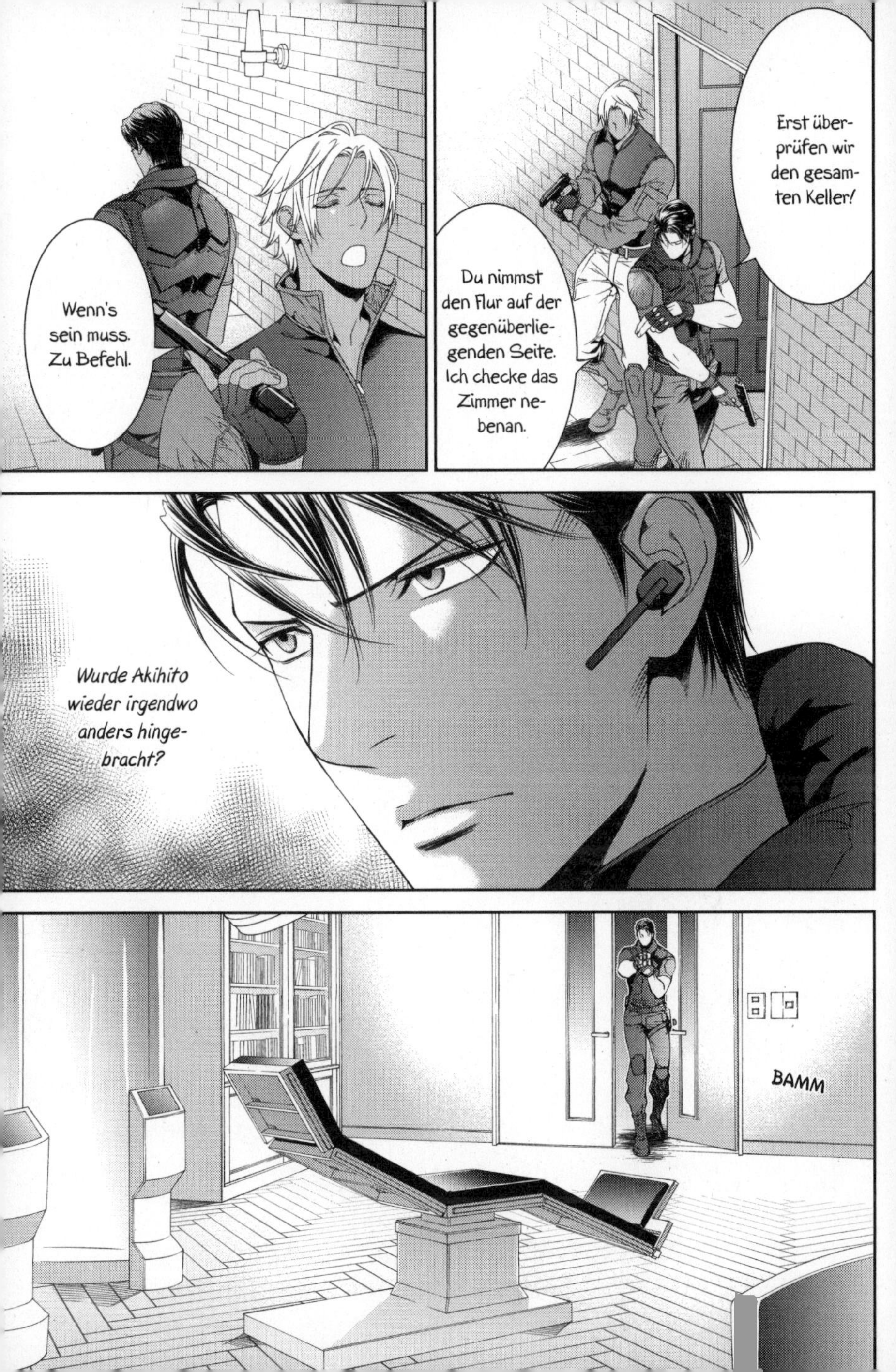
Erst überprüfen wir den gesamten Keller!
Du nimmst den Flur auf der gegenüberliegenden Seite. Ich checke das Zimmer nebenan.
Wenn's sein muss. Zu Befehl.
Wurde Akihito wieder irgendwo anders hingebracht?
BAMM

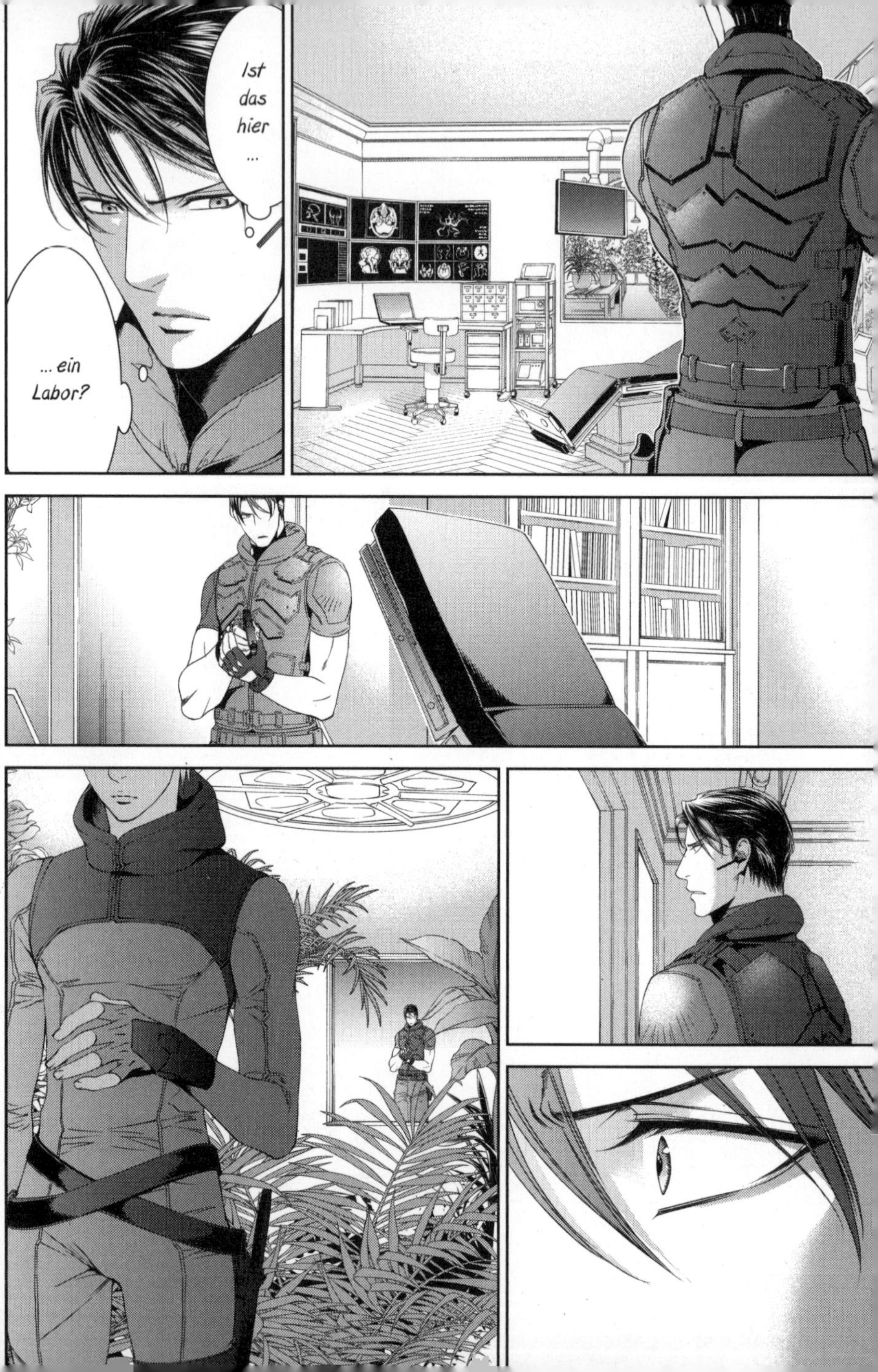
Ist das hier ...
... ein Labor?

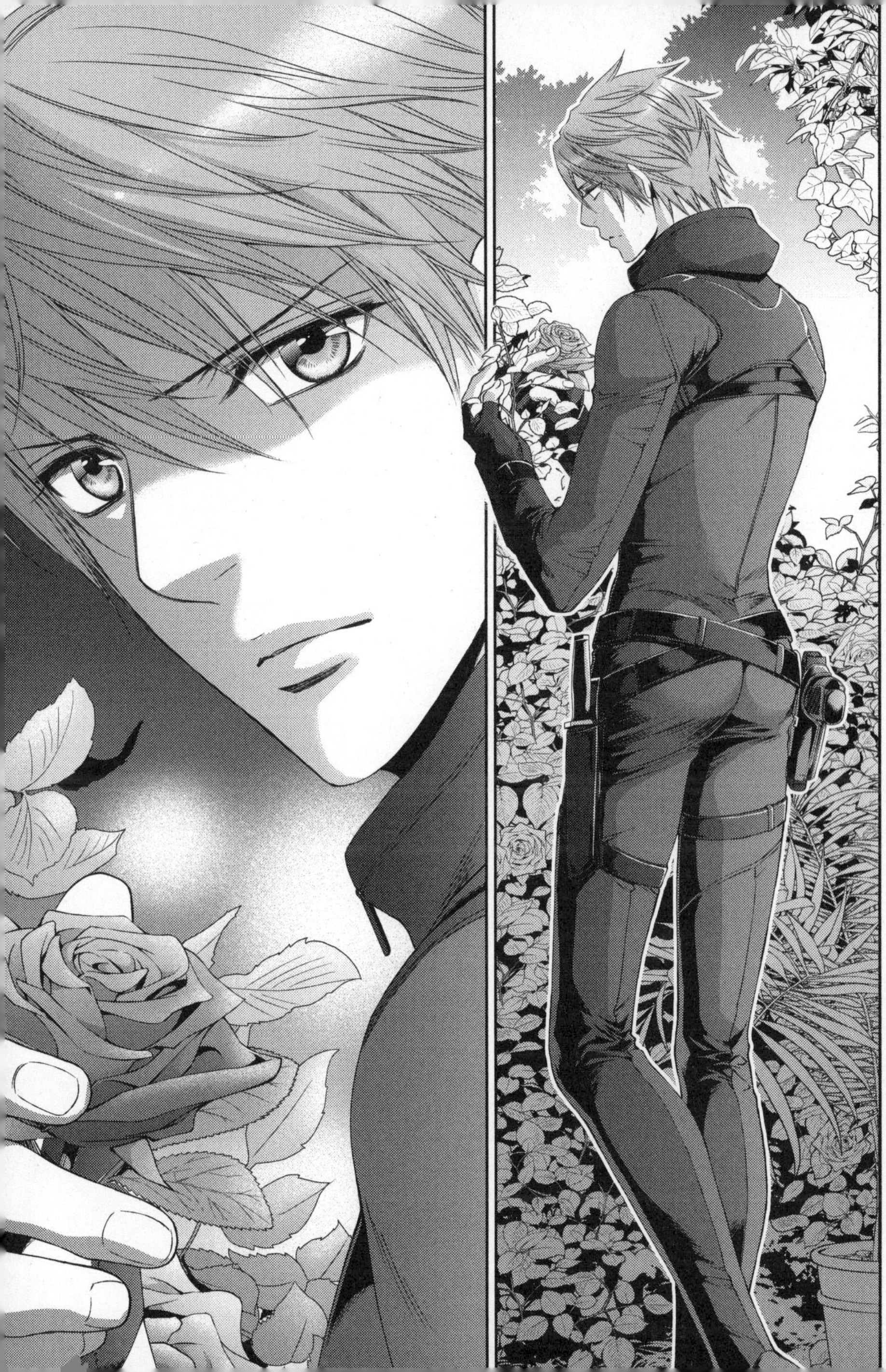

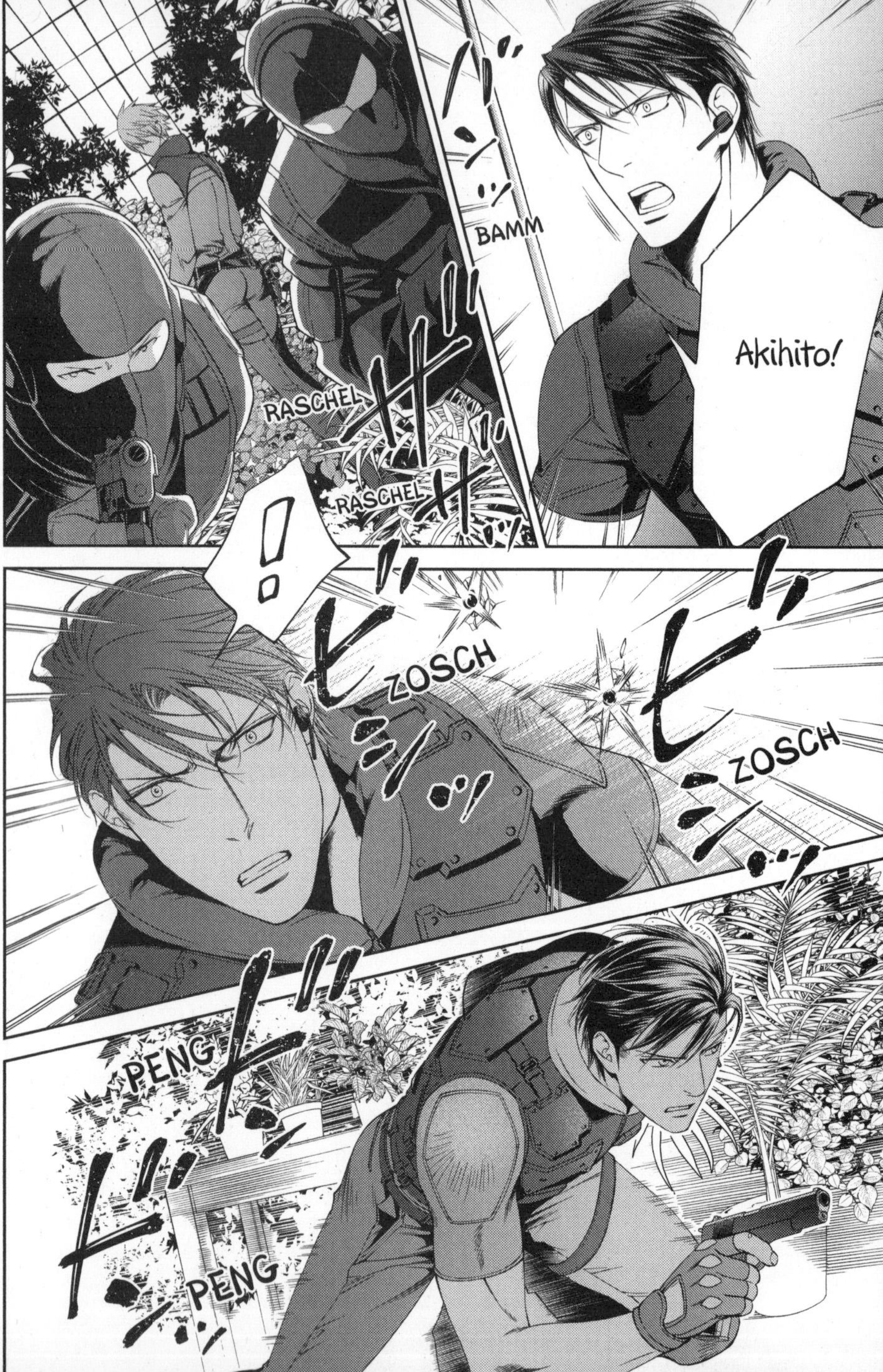

BAMM
Akihito!
RASCHEL
RASCHEL
!
ZOSCH
ZOSCH
PENG
PENG

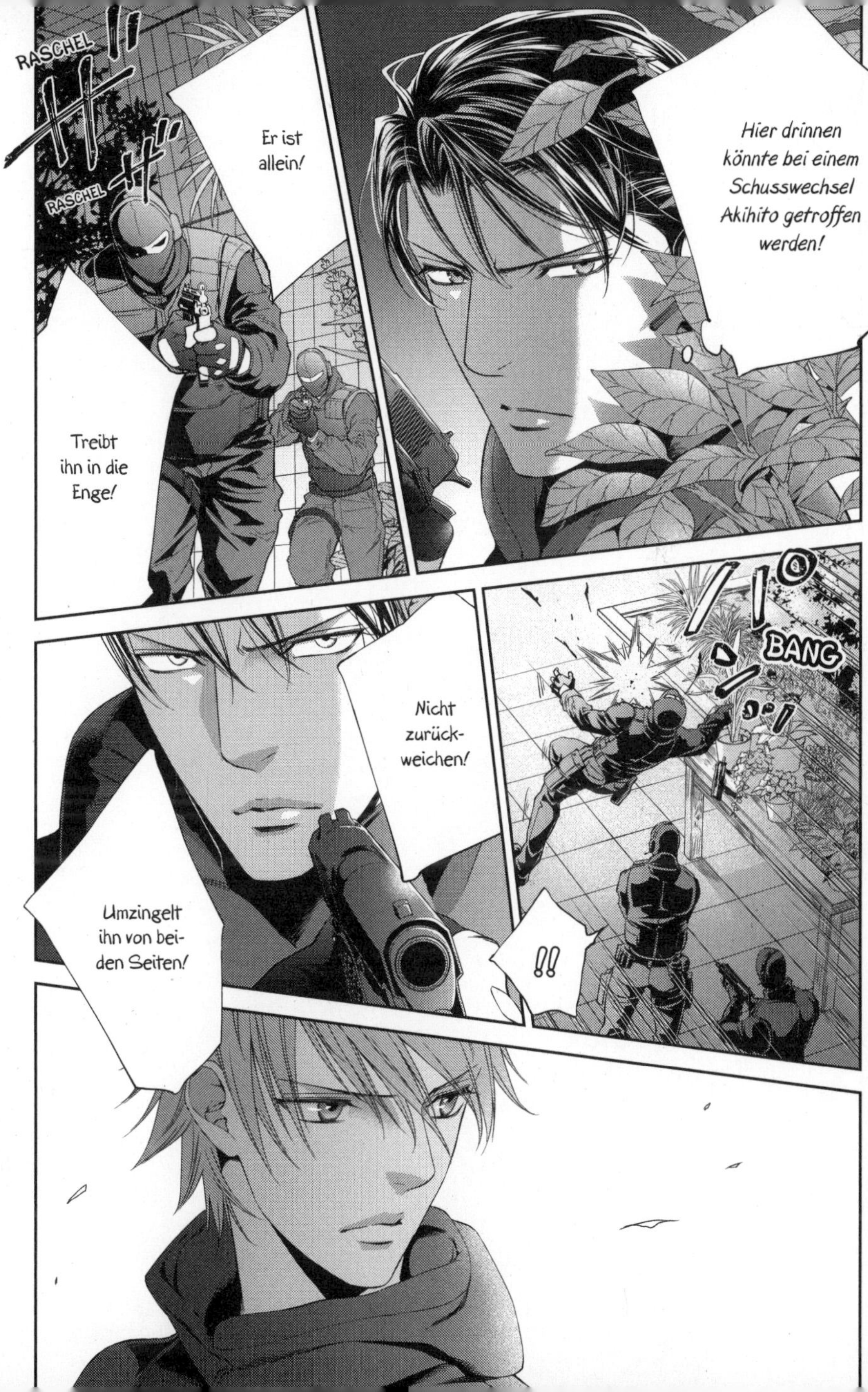
Hier drinnen könnte bei einem Schusswechsel Akihito getroffen werden!
RASCHEL
RASCHEL
Er ist allein!
Treibt ihn in die Enge!
BANG
!!
Nicht zurück-weichen!
Umzingelt ihn von bei-den Seiten!

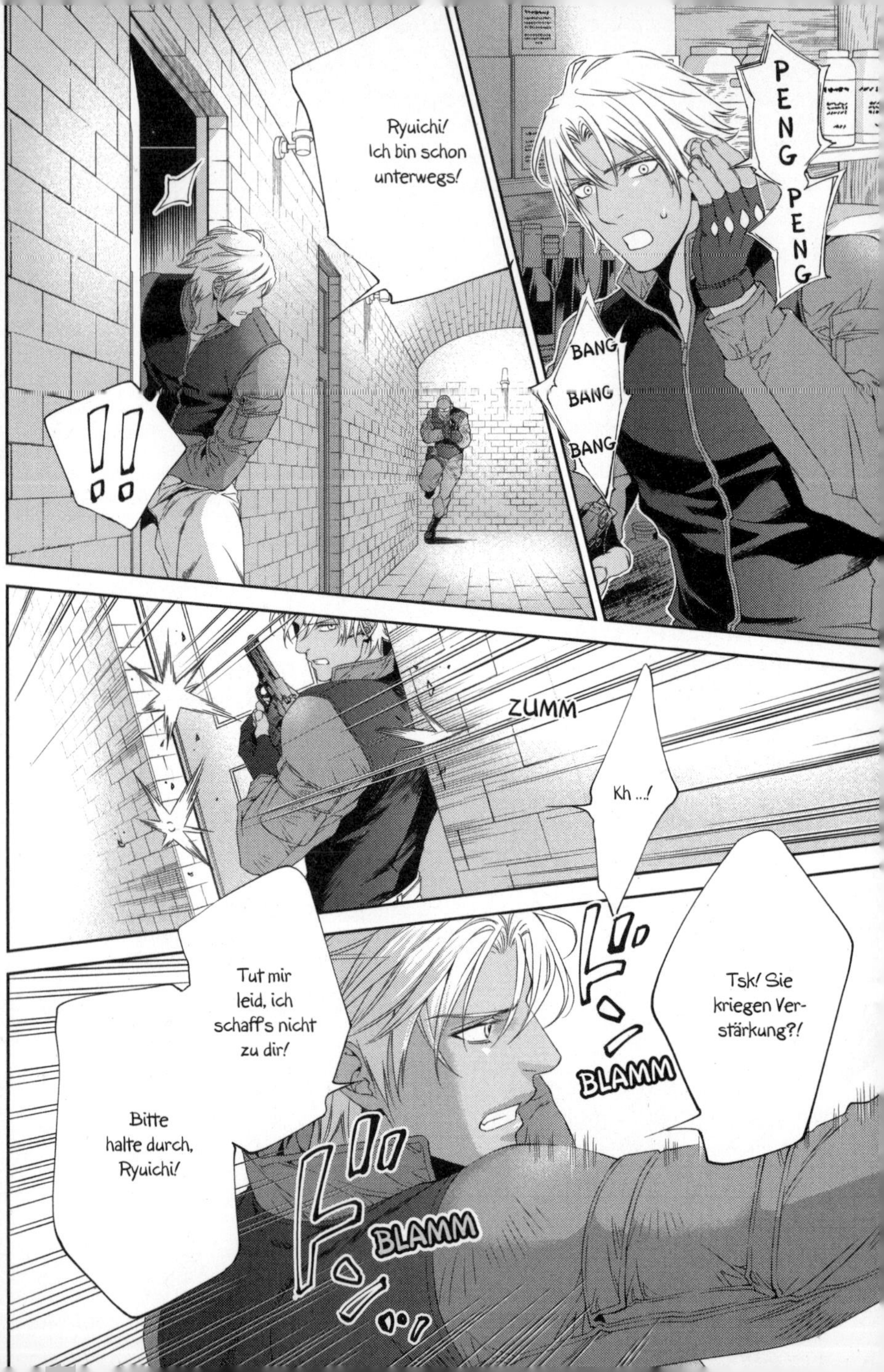
PENG PENG
BANG BANG BANG
Ryuichi! Ich bin schon unterwegs!
!!
ZUMM
Kh ...!
Tsk! Sie kriegen Verstärkung?!
BLAMM
Tut mir leid, ich schaff's nicht zu dir!
Bitte halte durch, Ryuichi!
BLAMM

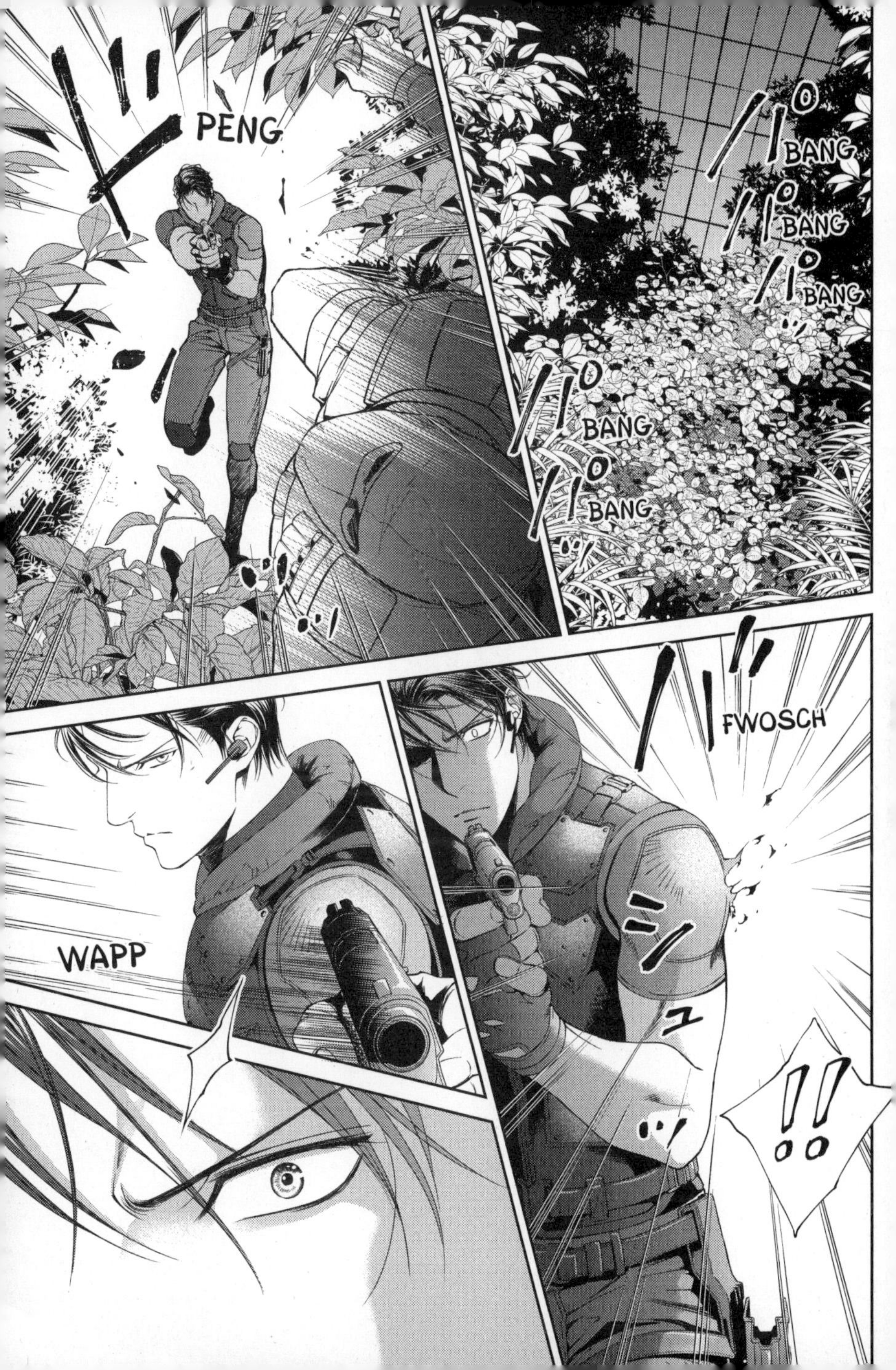
BANG
BANG
BANG
BANG
BANG
PENG
FWOSCH
!!
WAPP

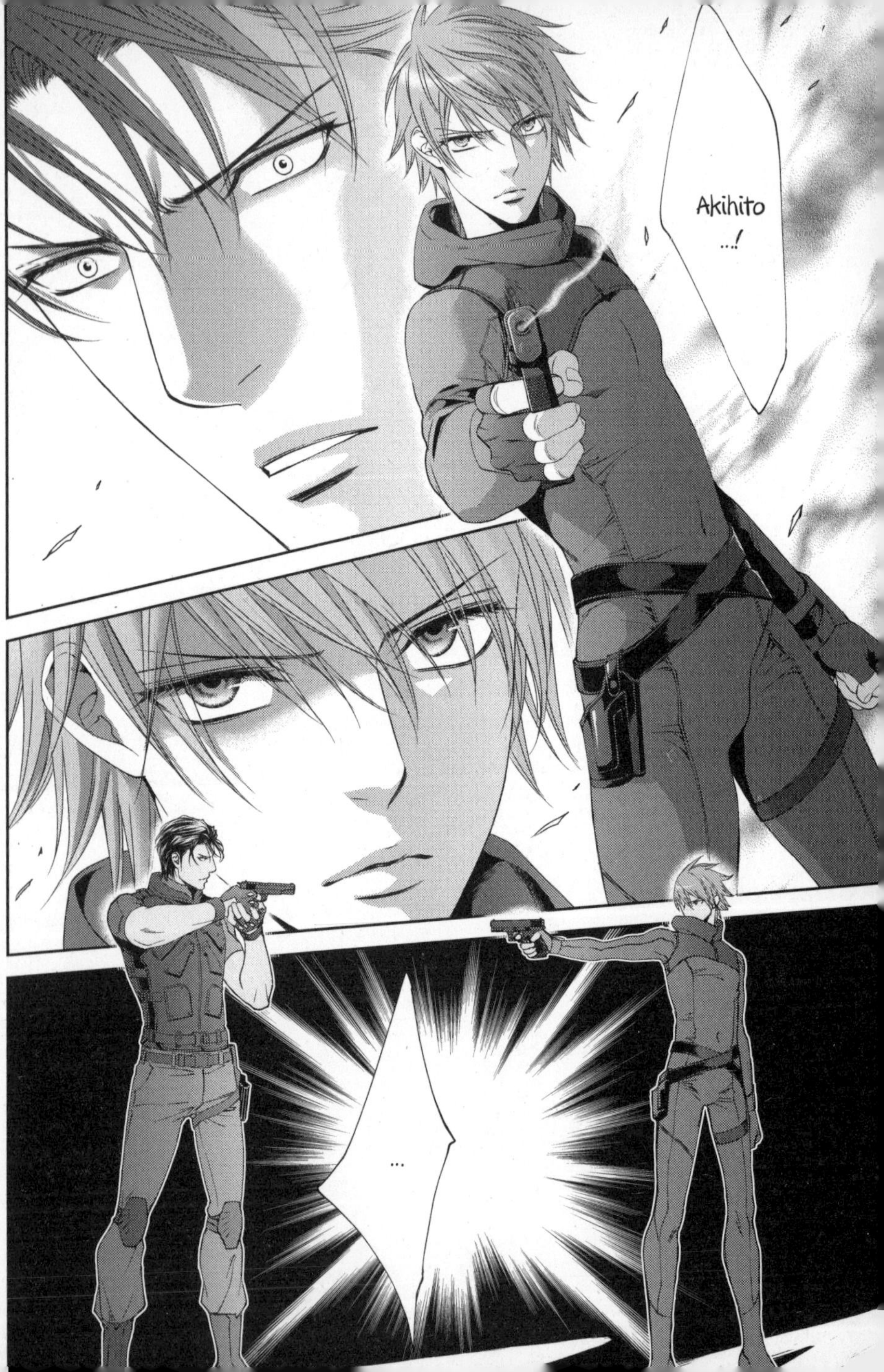
Akihito
...!
...

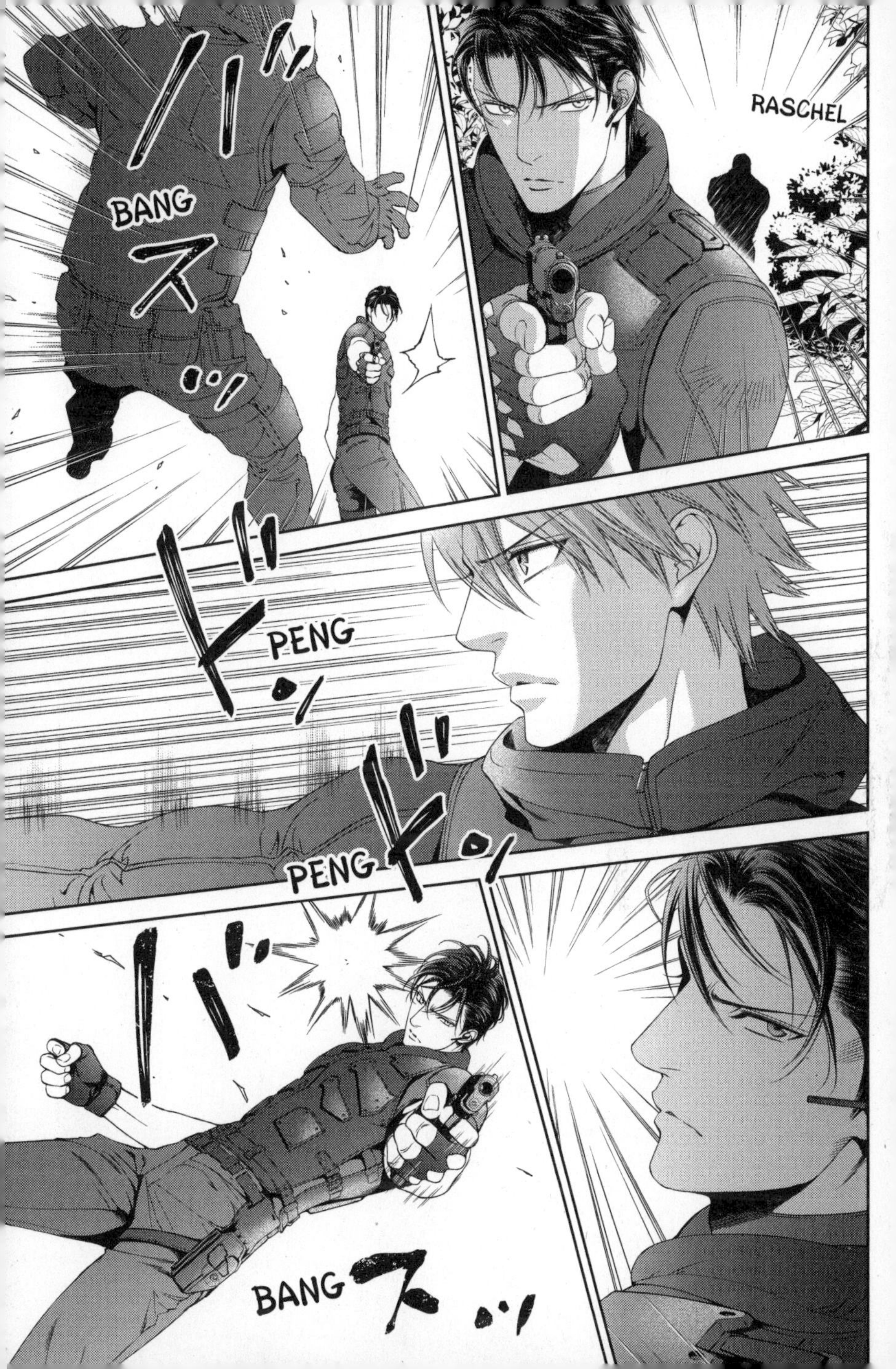
RASCHEL
BANG
PENG
PENG
BANG

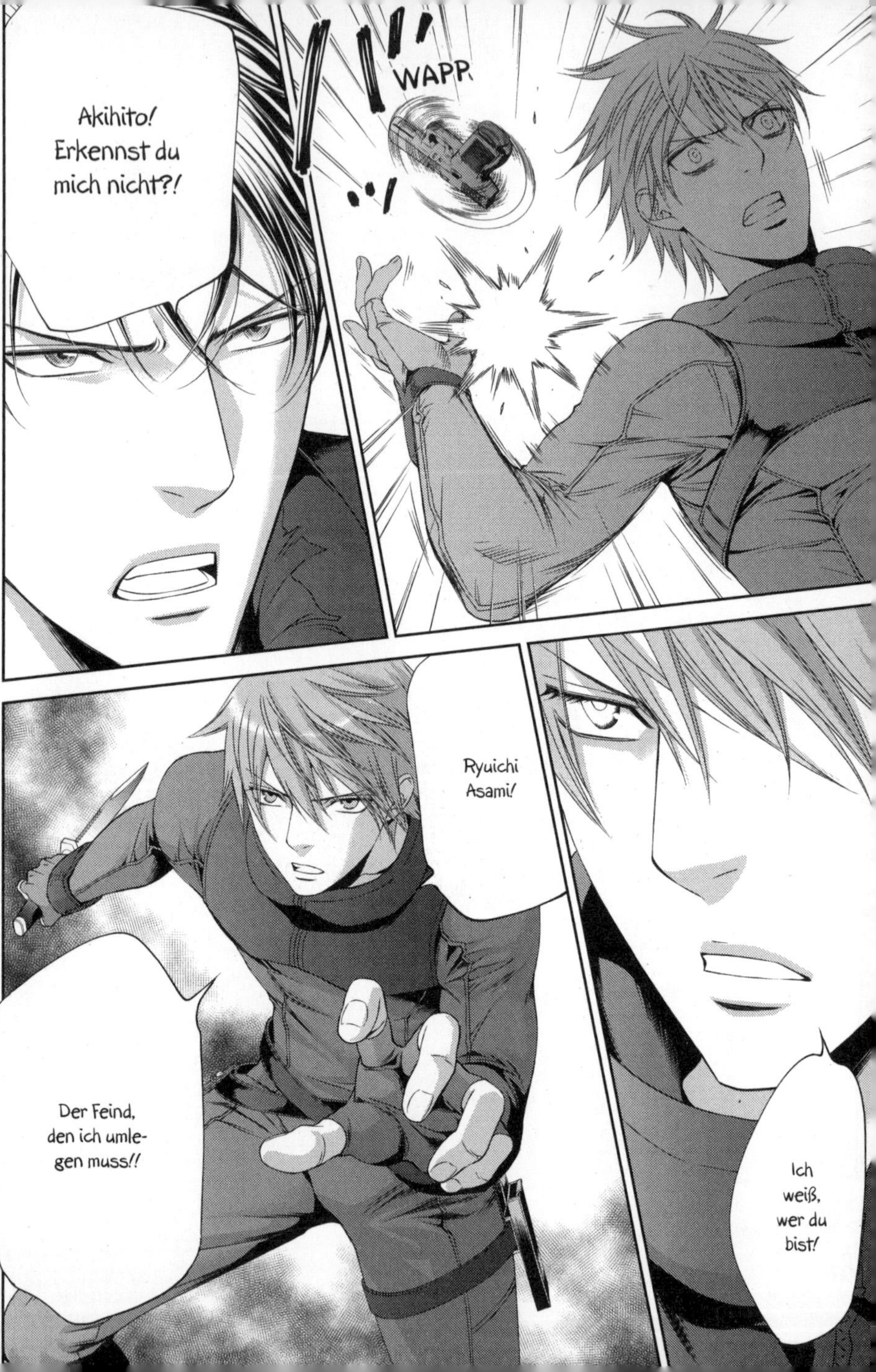
WAPP
Akihito! Erkennst du mich nicht?!
Ryuichi Asami!
Ich weiß, wer du bist!
Der Feind, den ich umle-gen muss!!

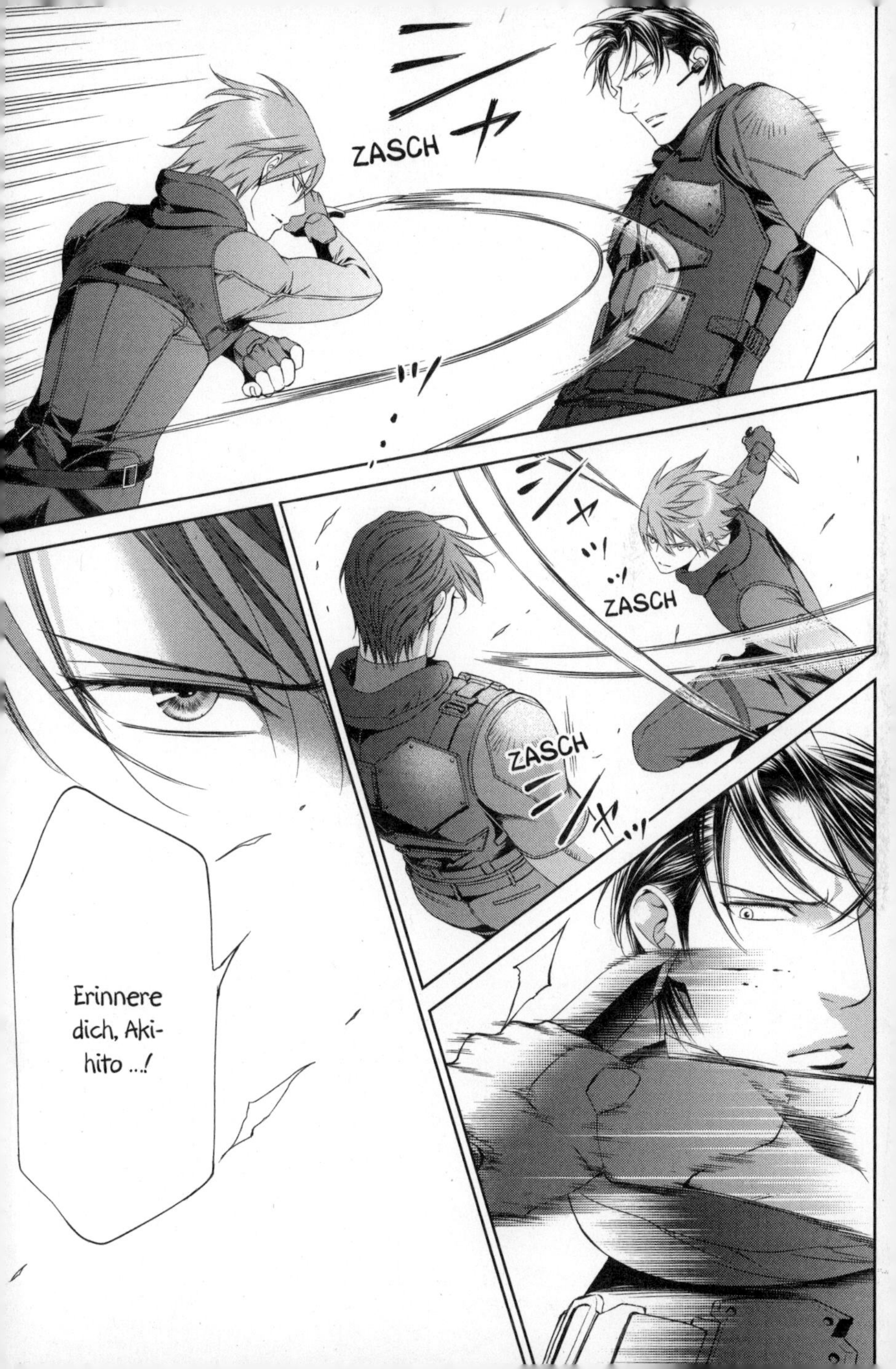
ZASCH
ZASCH
ZASCH
Erinnere dich, Aki-hito ...!

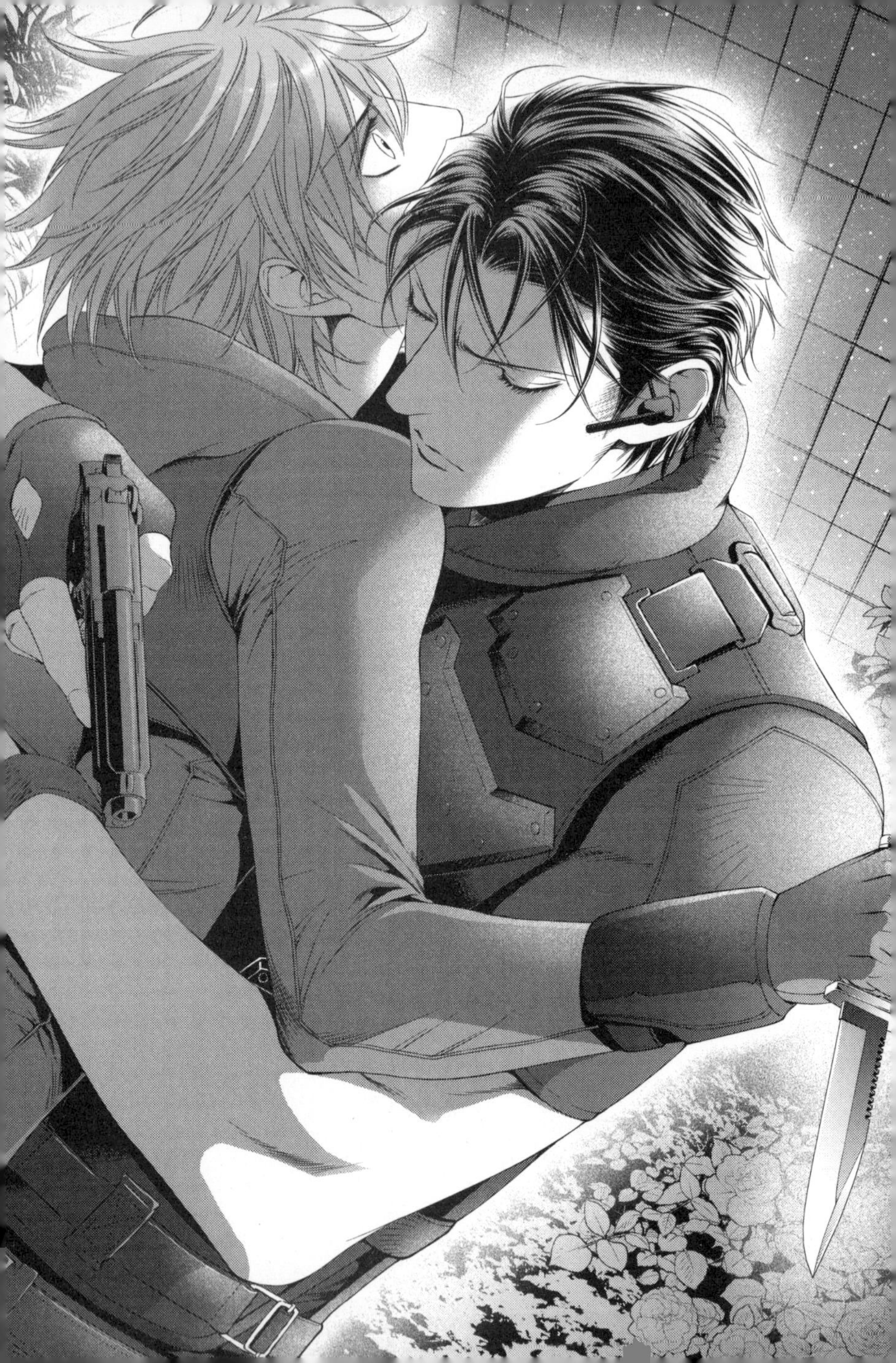

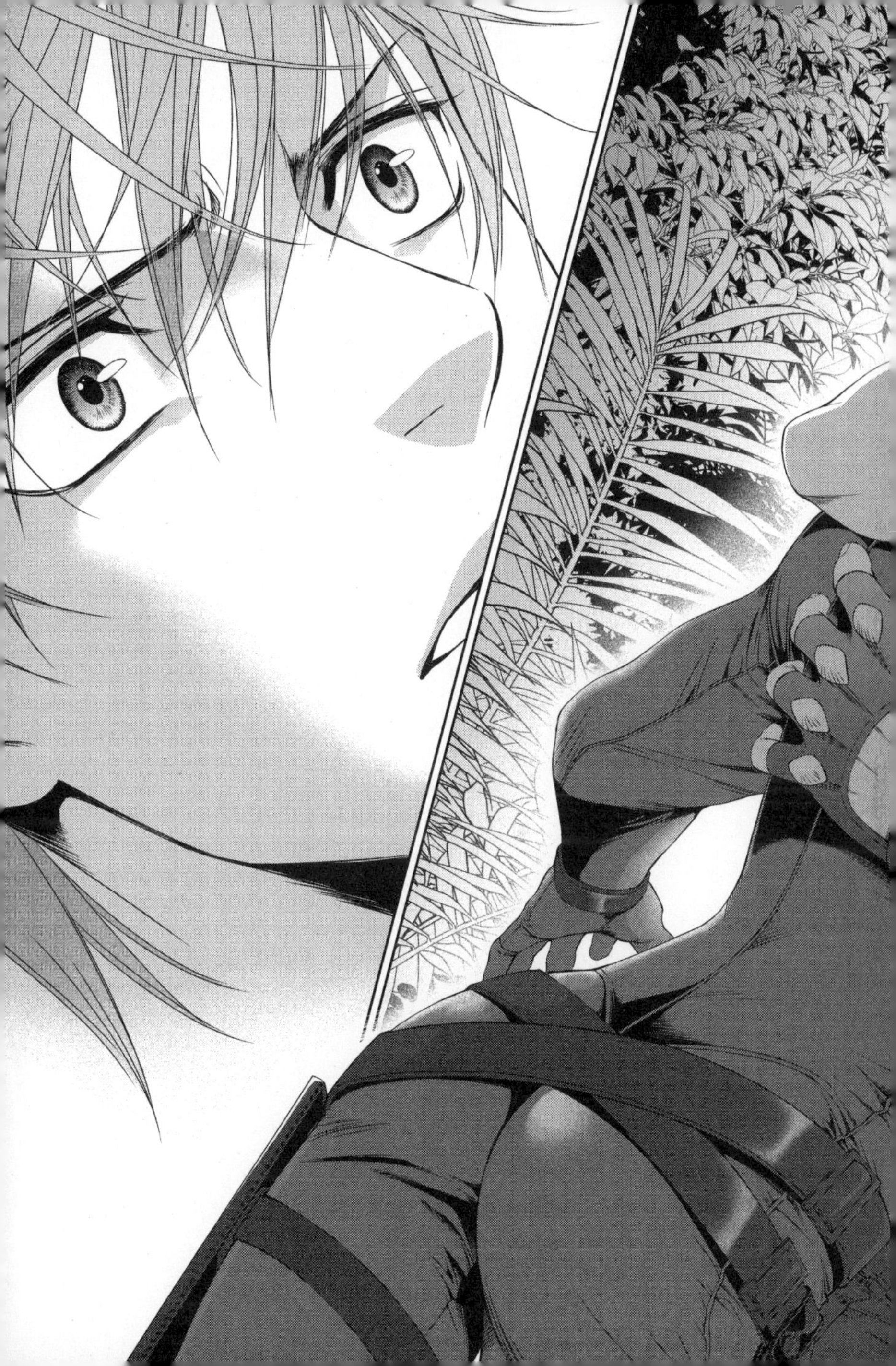

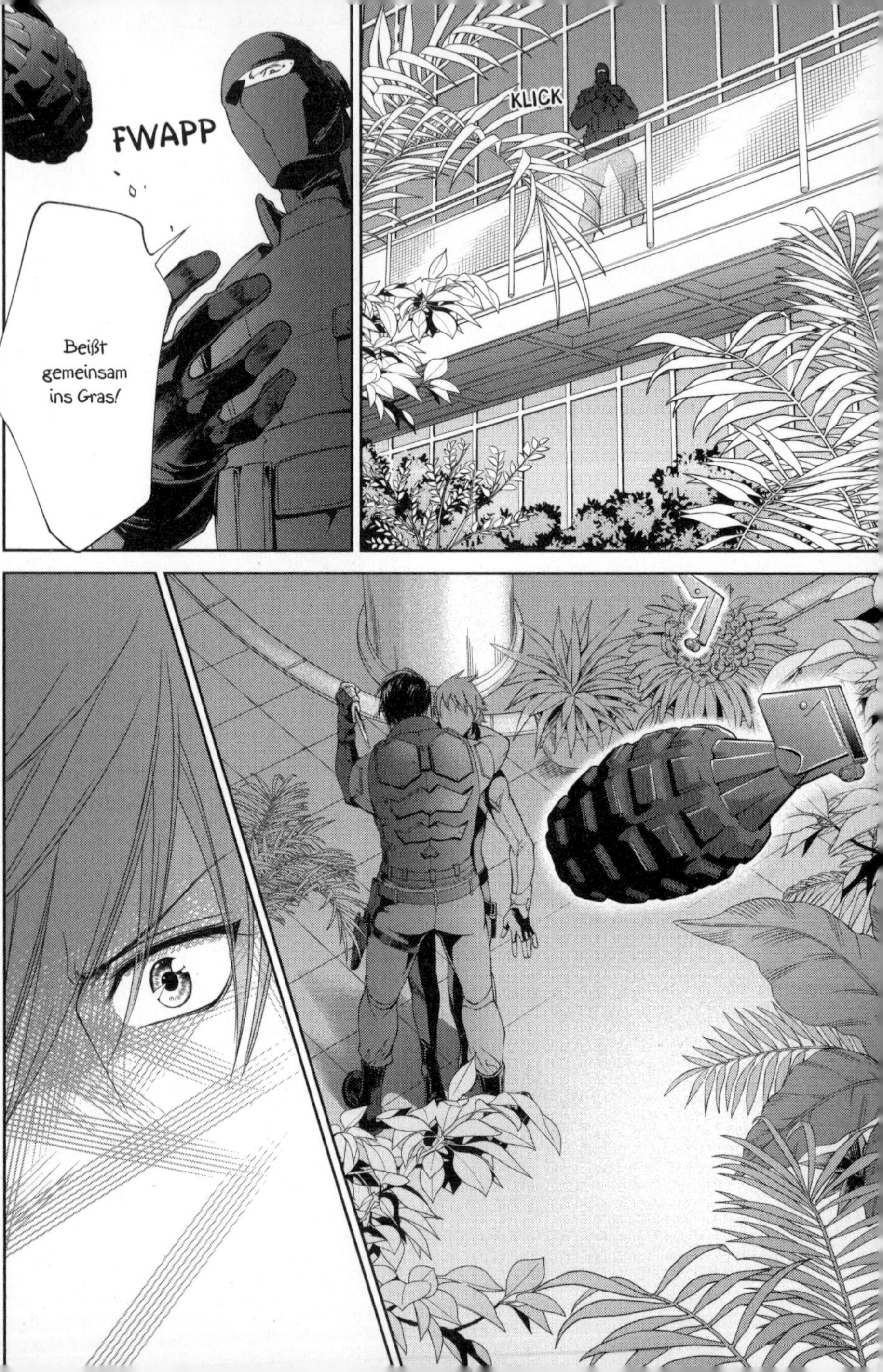
KLICK
FWAPP
Beißt gemeinsam ins Gras!

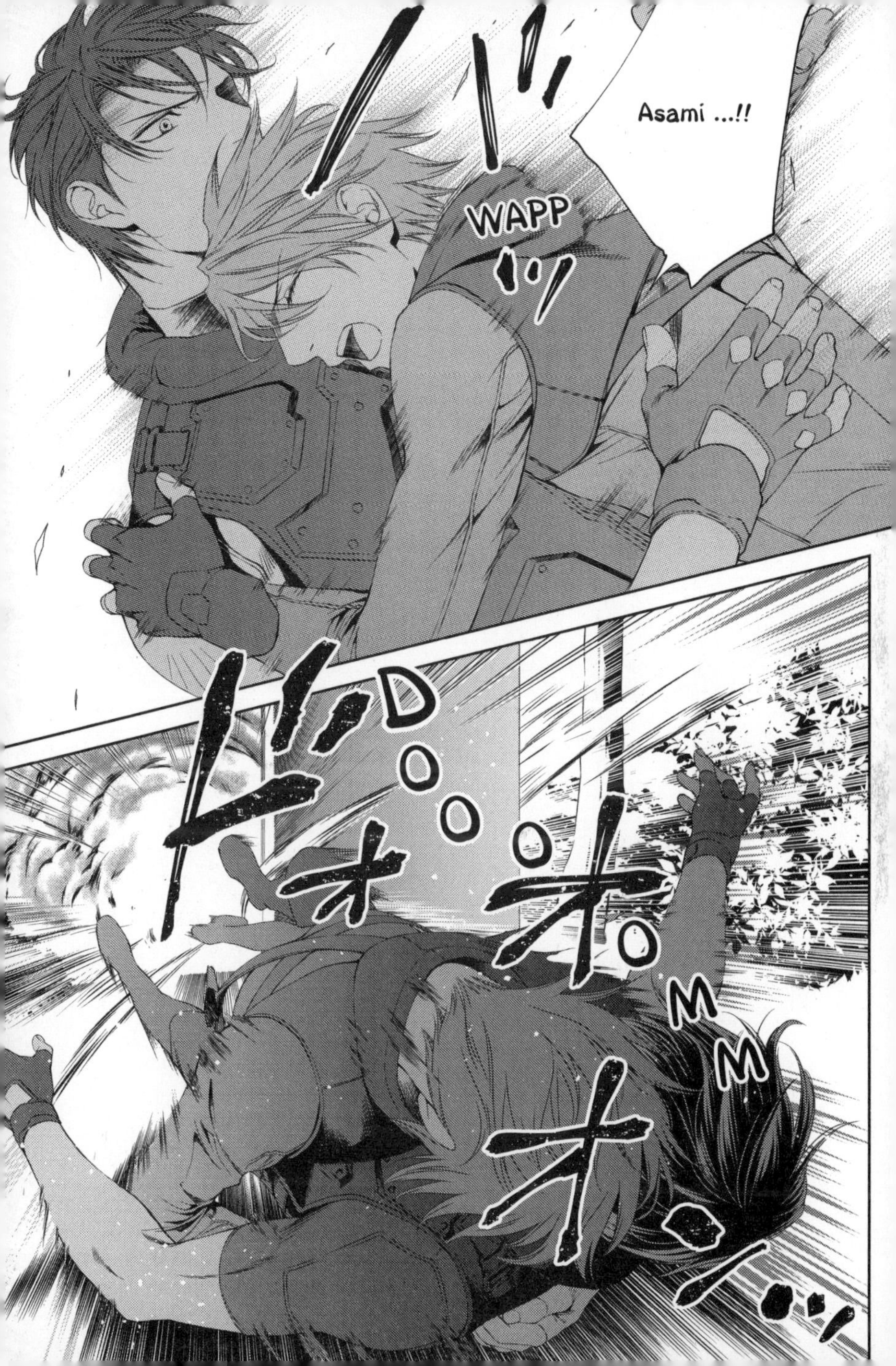
Asami ...!!
WAPP
DOOOOMMM

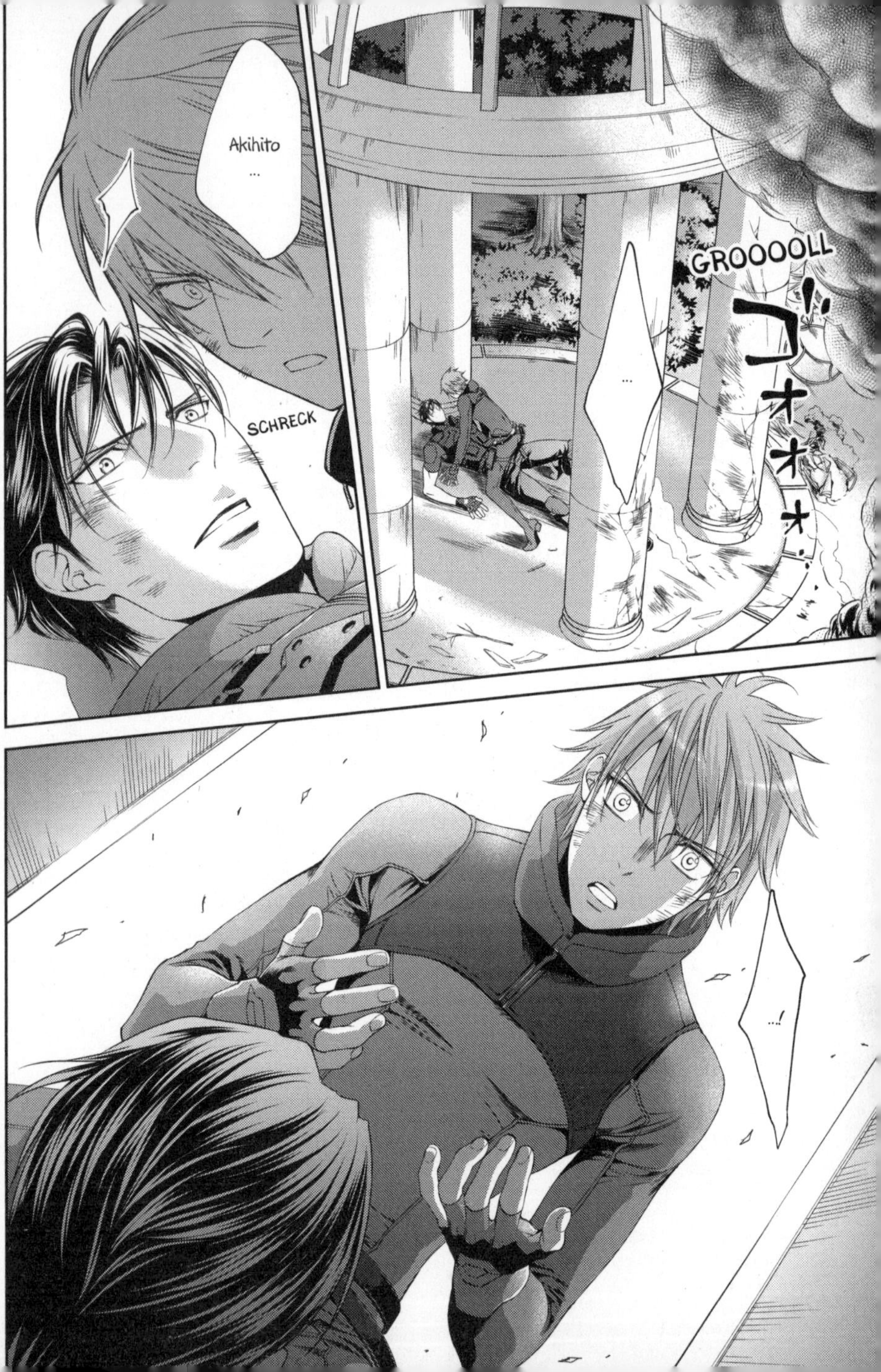
Akihito
...
SCHRECK
...
GROOOOLL
ゴォォォ
...!

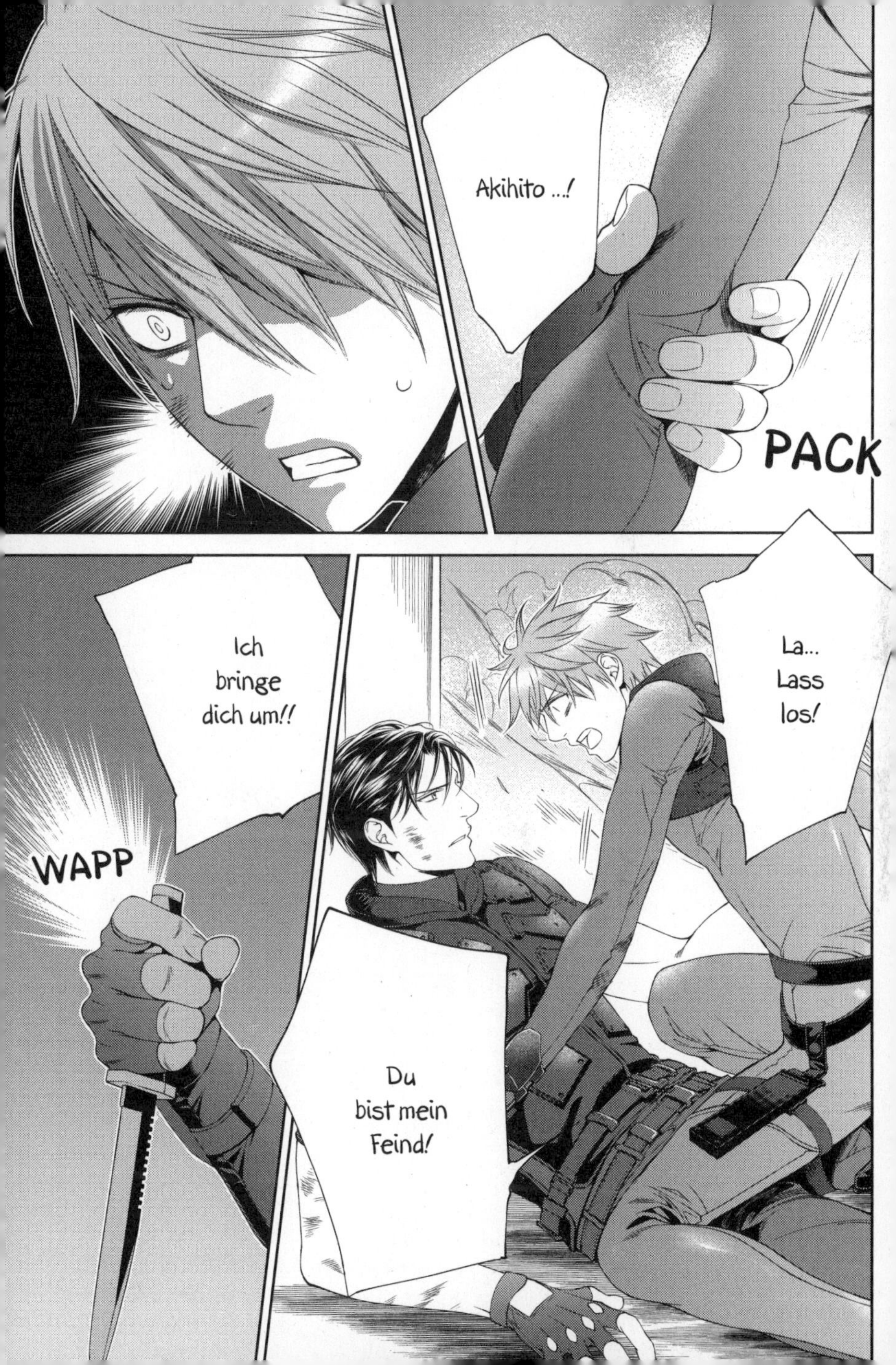
Akihito ...!
PACK
La...
Lass
los!
Ich
bringe
dich um!!
Du
bist mein
Feind!
WAPP

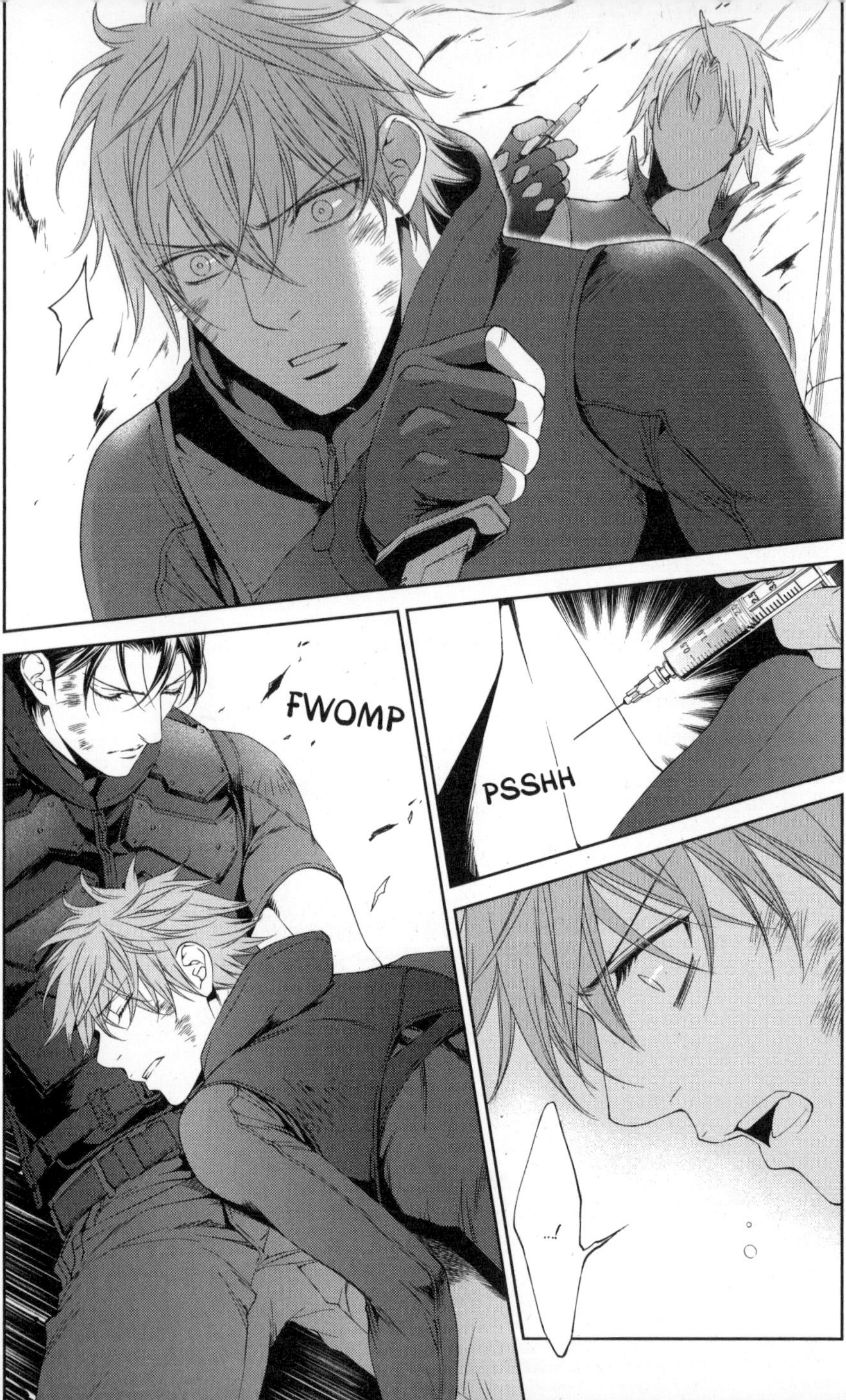
PSSHH
...!
FWOMP

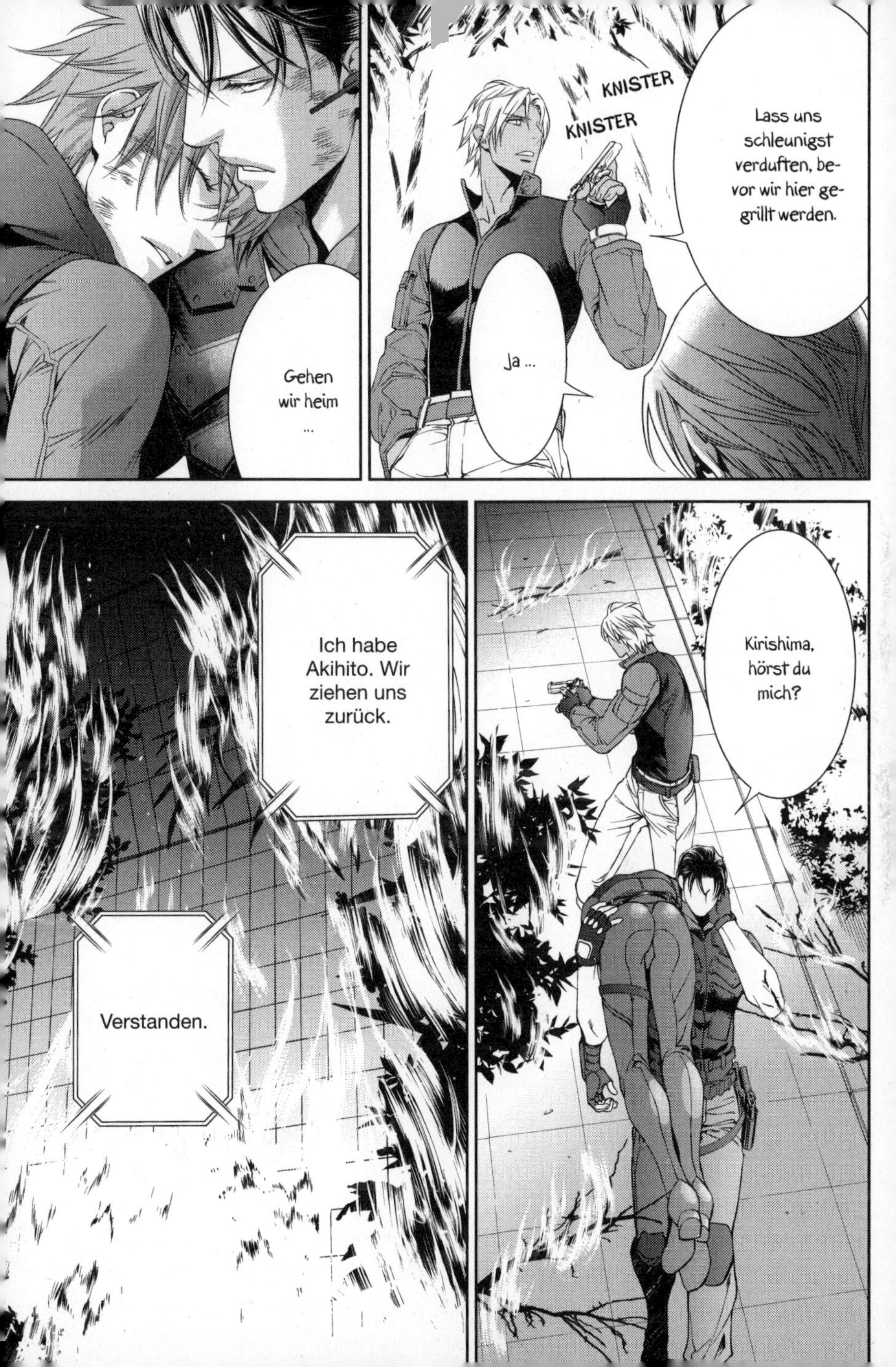

KNISTER
KNISTER
Lass uns schleunigst verduften, bevor wir hier gegrillt werden.
Ja ...
Gehen wir heim ...
Kirishima, hörst du mich?
Ich habe Akihito. Wir ziehen uns zurück.
Verstanden.

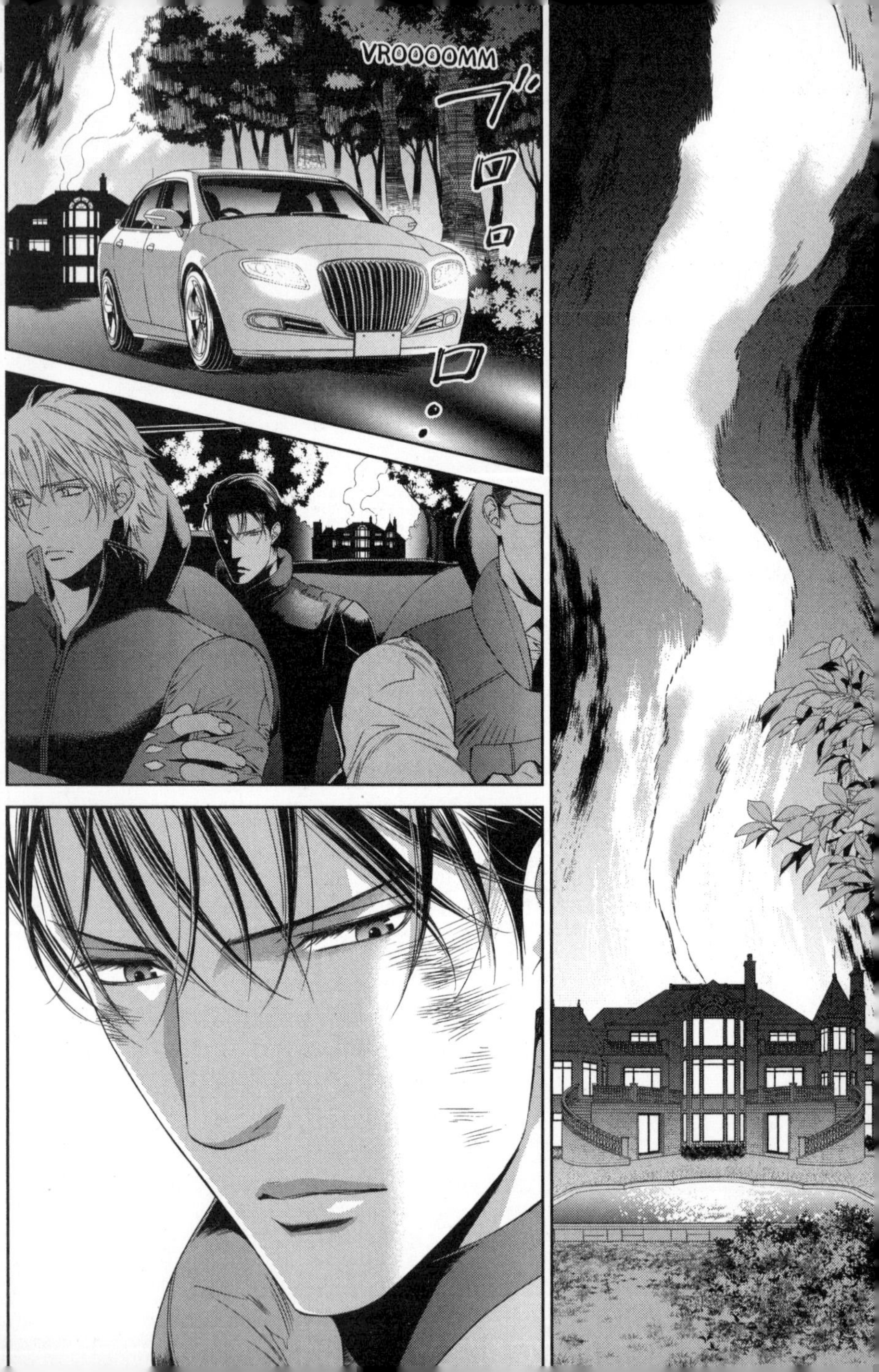
VROOOOMM
ブロロロ・・

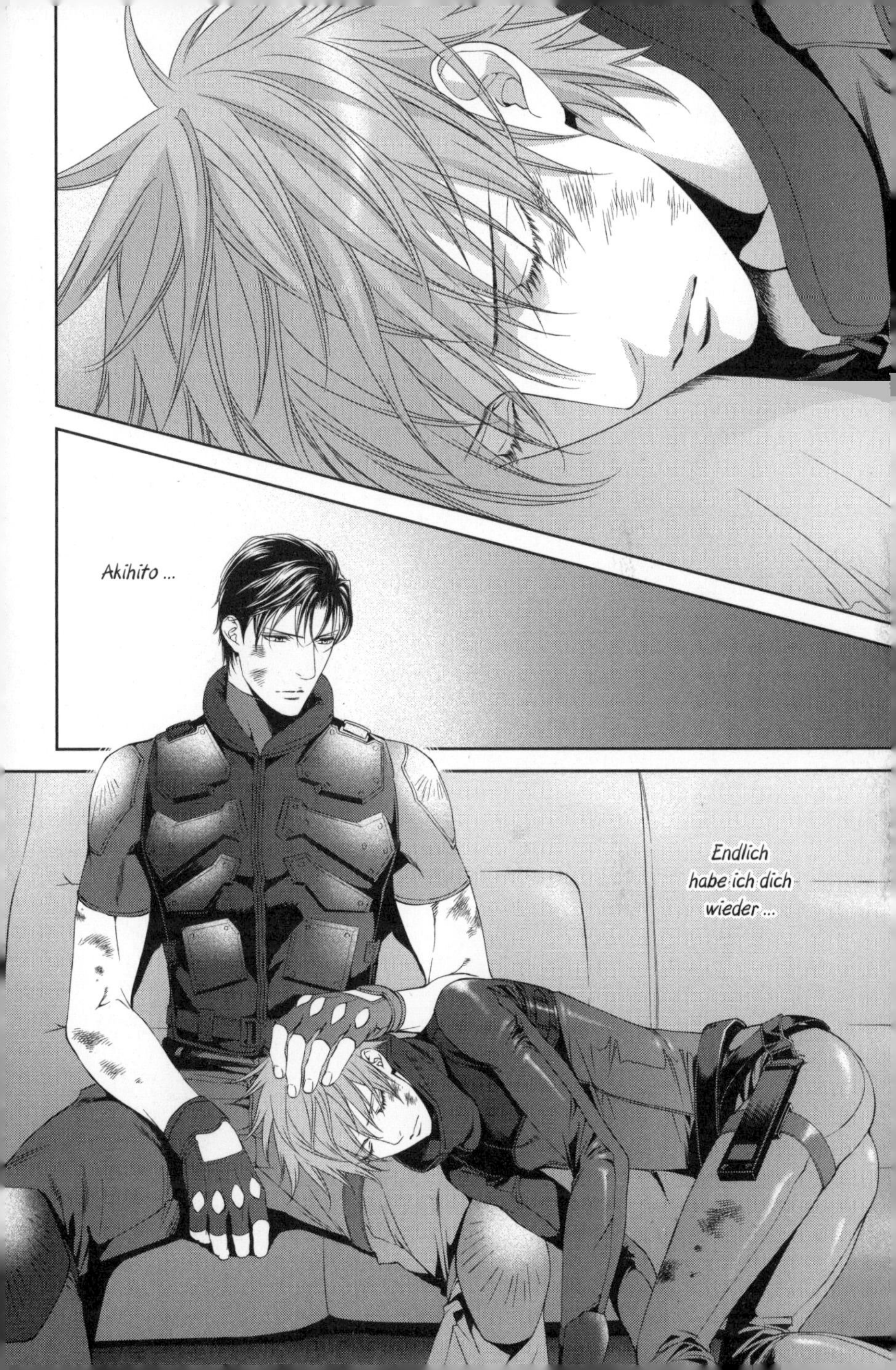
Akihito ...
Endlich habe ich dich wieder ...

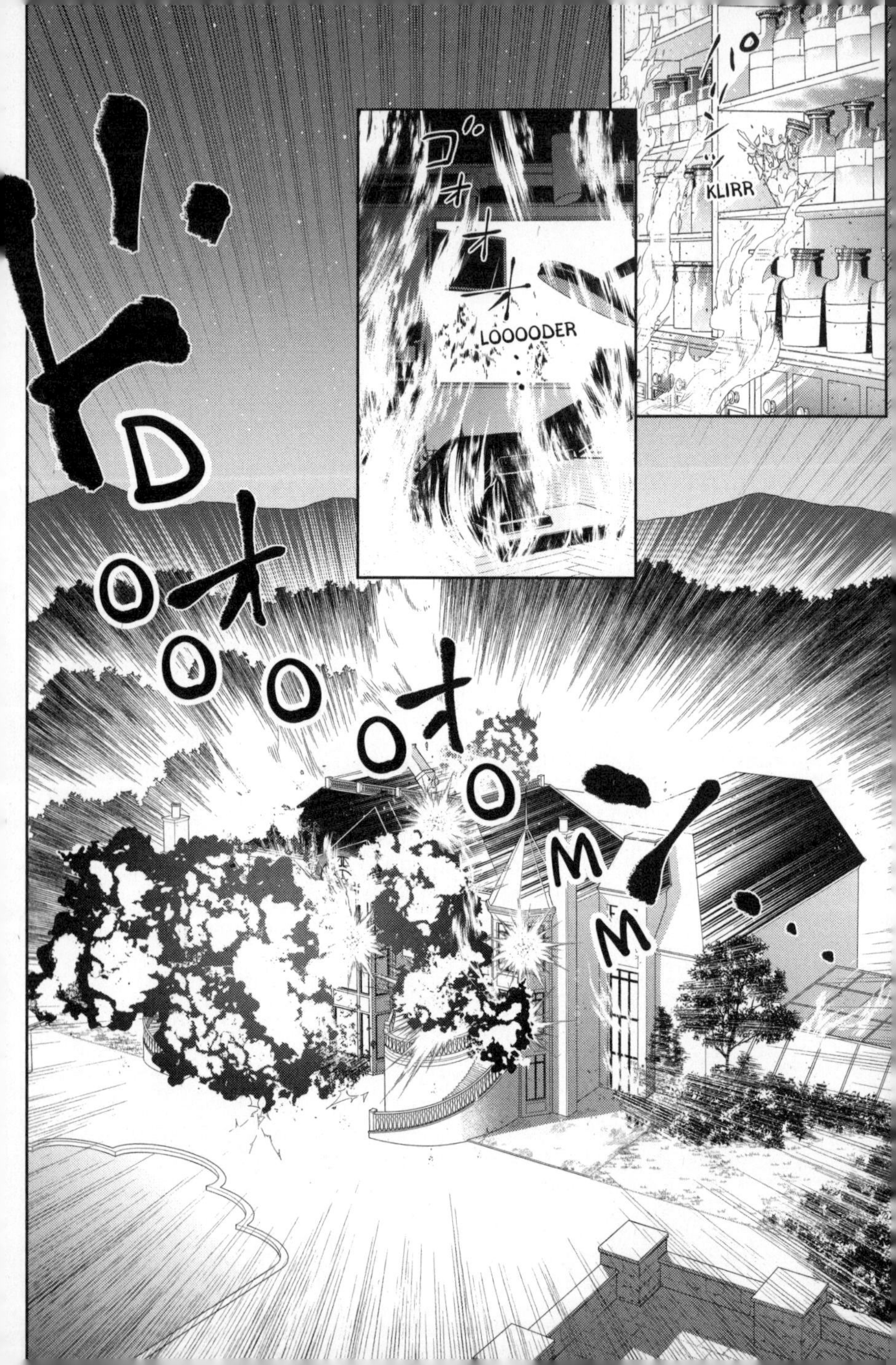
KLIRR
LOOOODER
DOOOOOMM

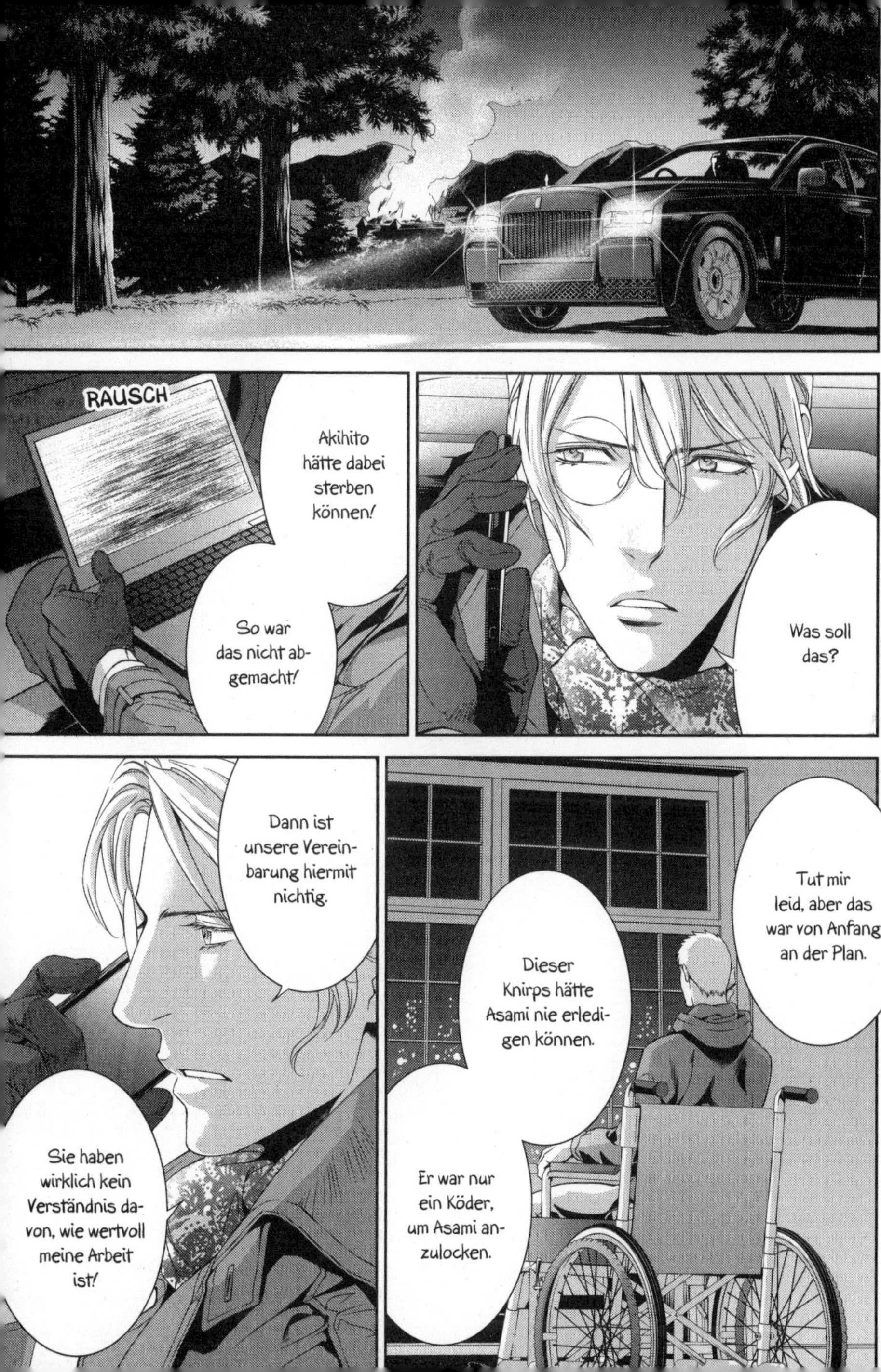
RAUSCH
Was soll das?
Akihito hätte dabei sterben können!
So war das nicht abgemacht!
Tut mir leid, aber das war von Anfang an der Plan.
Dieser Knirps hätte Asami nie erledigen können.
Er war nur ein Köder, um Asami anzulocken.
Dann ist unsere Vereinbarung hiermit nichtig.
Sie haben wirklich kein Verständnis davon, wie wertvoll meine Arbeit ist!

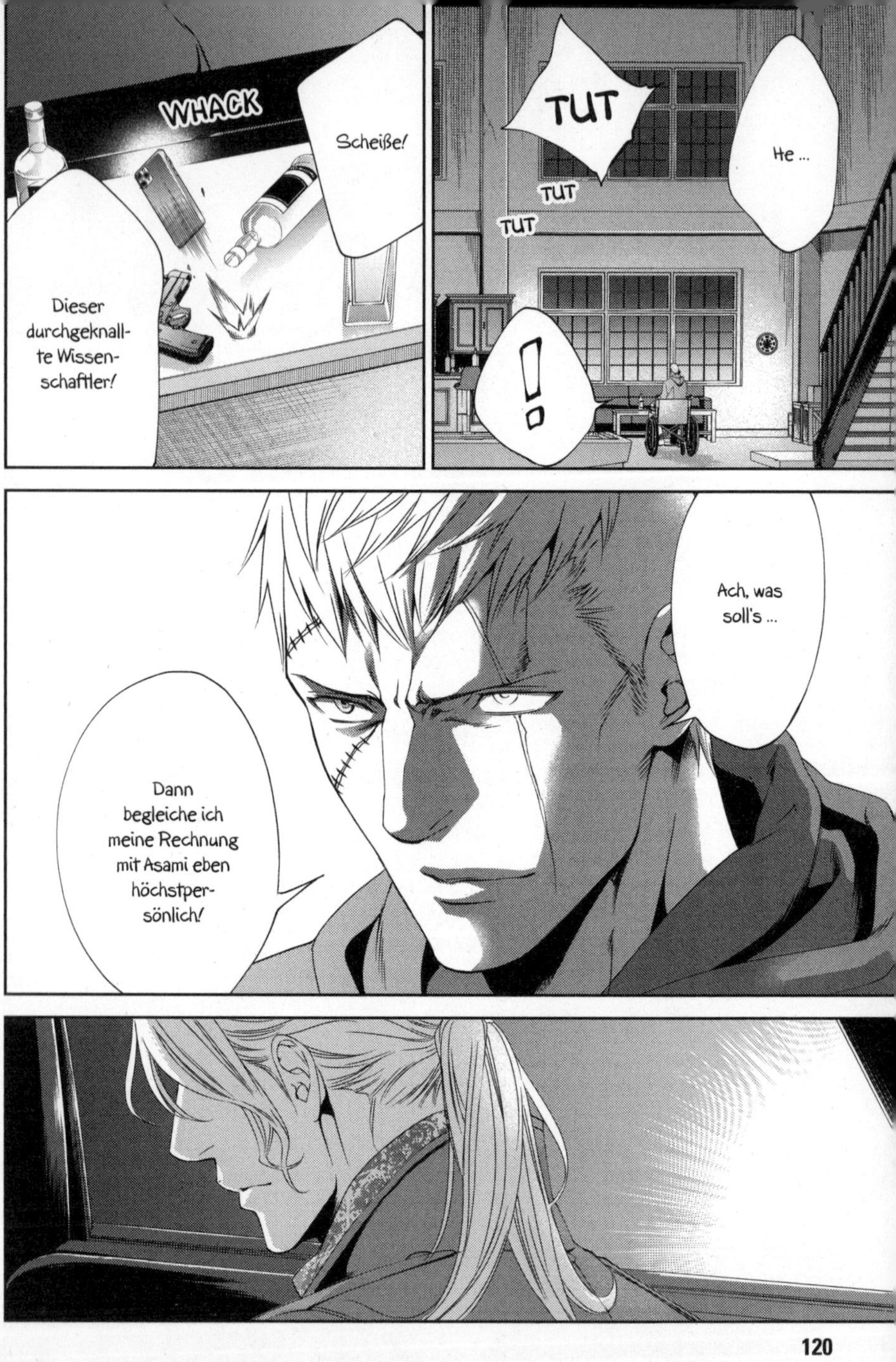
TUT
TUT
TUT
He ...
!
WHACK
Scheiße!
Dieser durchgeknallte Wissenschaftler!
Ach, was soll's ...
Dann begleiche ich meine Rechnung mit Asami eben höchstpersönlich!

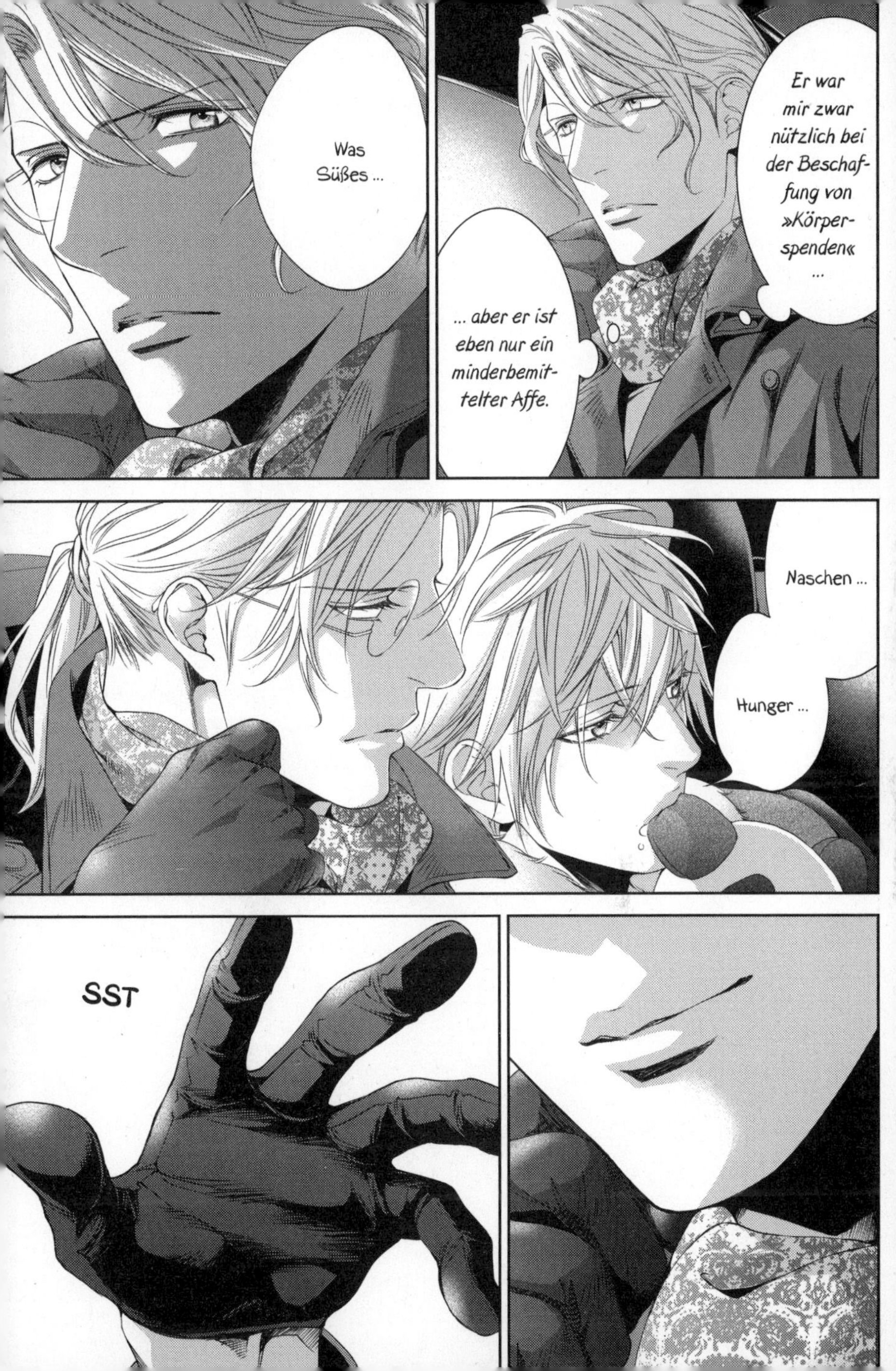
Er war mir zwar nützlich bei der Beschaffung von »Körperspenden« ...
... aber er ist eben nur ein minderbemittelter Affe.
Was Süßes ...
Naschen ...
Hunger ...
SST

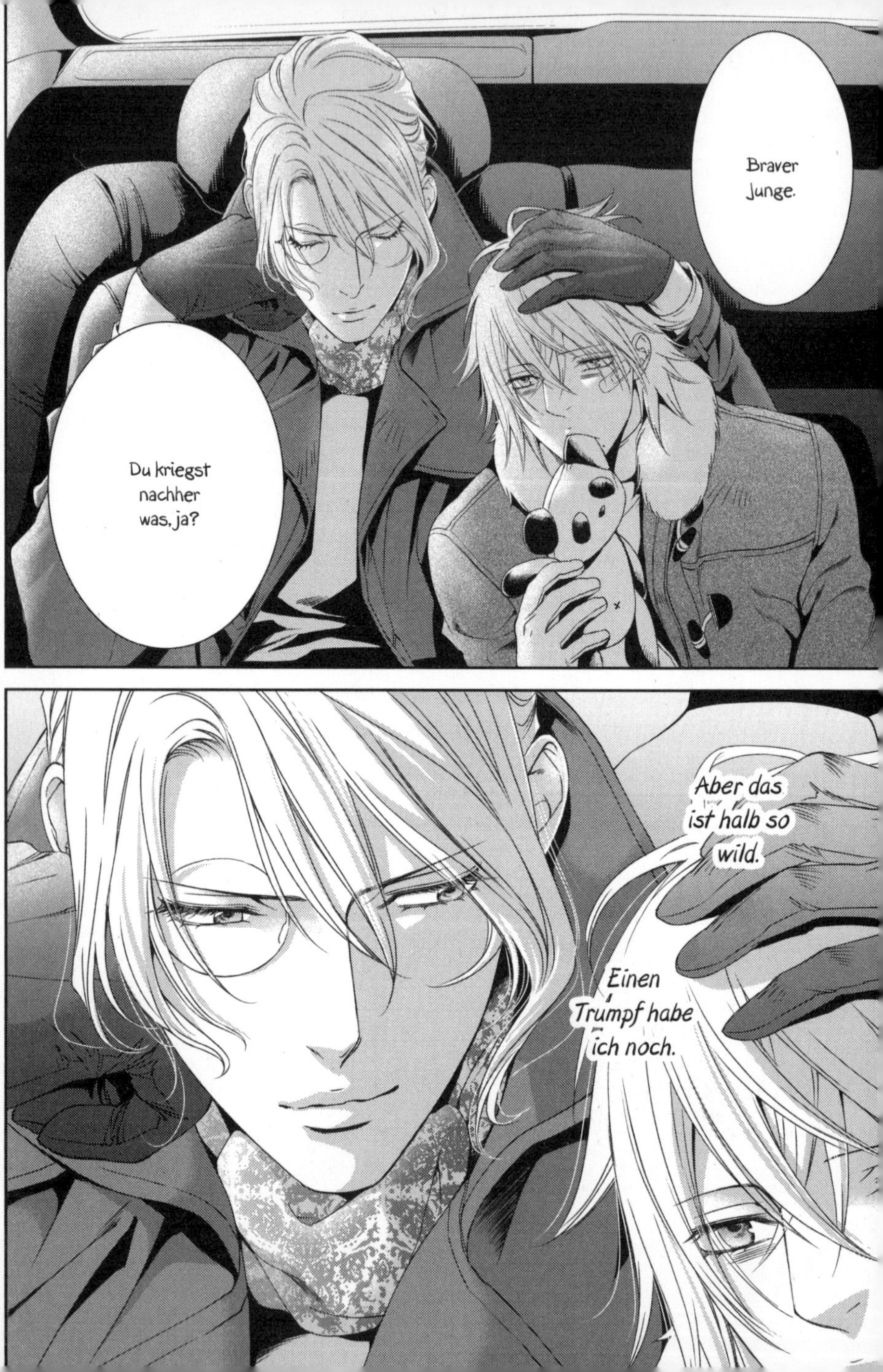
Braver Junge.
Du kriegst nachher was, ja?
Aber das ist halb so wild.
Einen Trumpf habe ich noch.

Innocent Eyes

Innocent Eyes

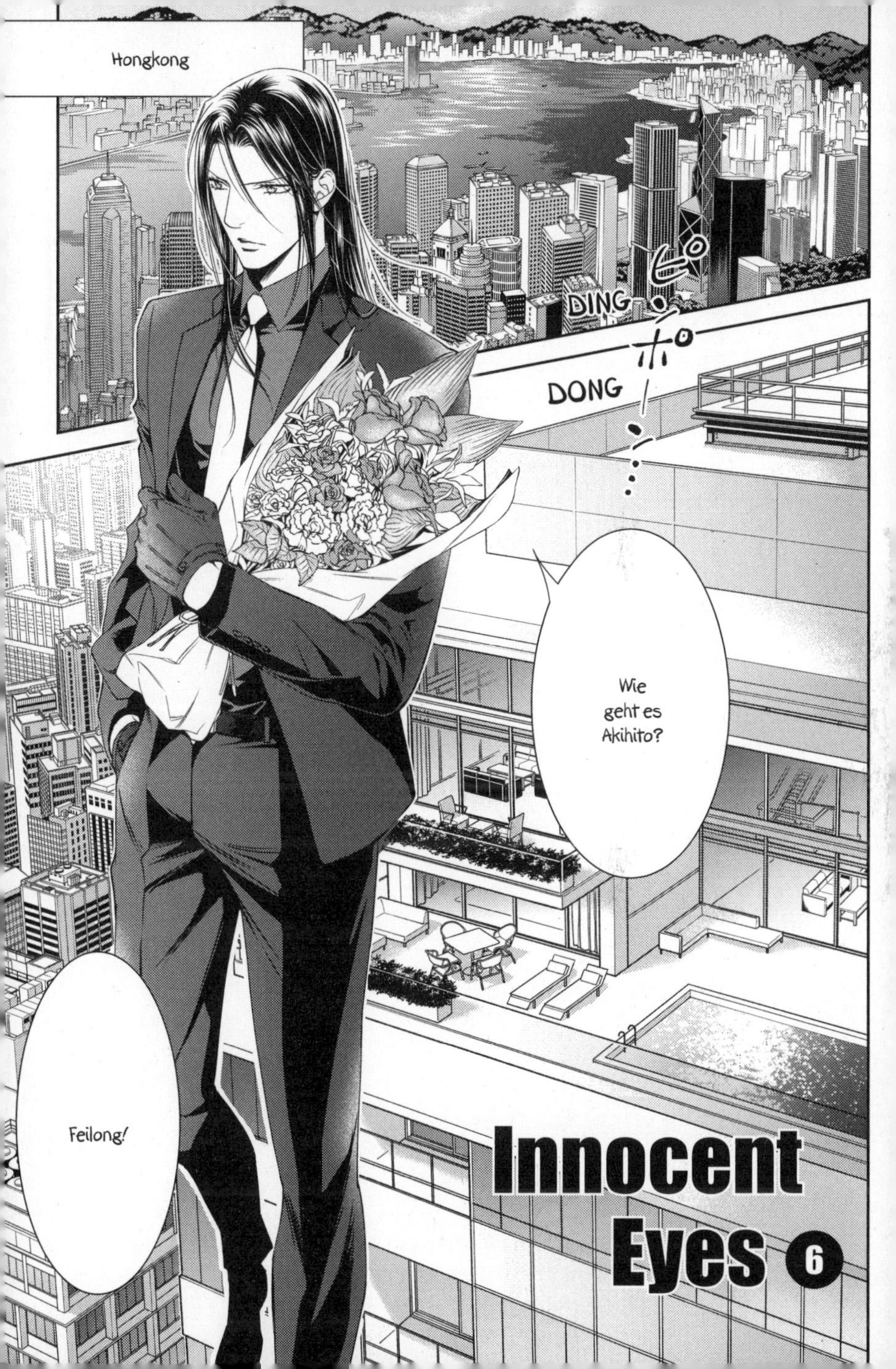

Hongkong
DING
DONG
Wie geht es Akihito?
Feilong!
Innocent Eyes 6

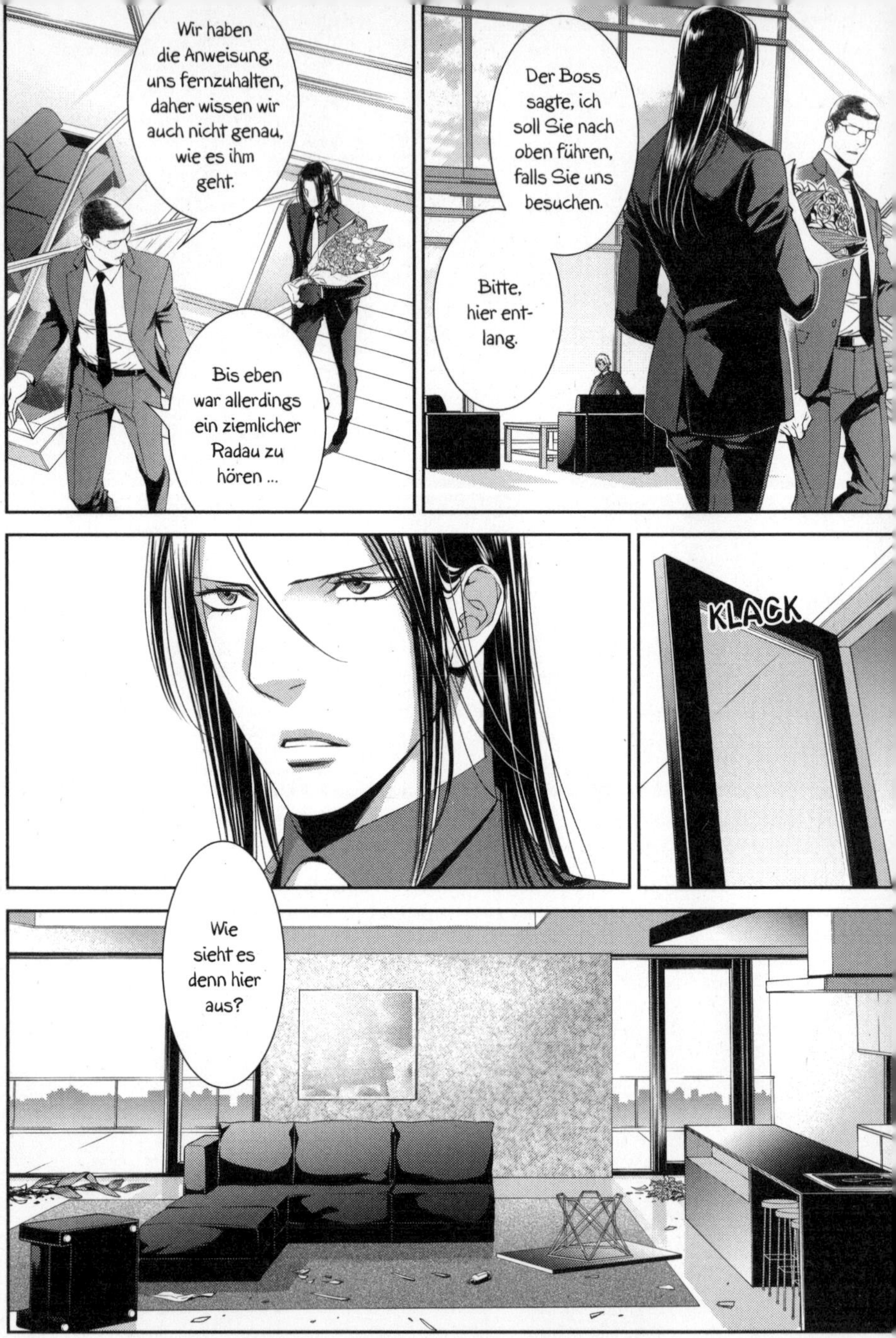
Der Boss sagte, ich soll Sie nach oben führen, falls Sie uns besuchen.
Bitte, hier entlang.
Wir haben die Anweisung, uns fernzuhalten, daher wissen wir auch nicht genau, wie es ihm geht.
Bis eben war allerdings ein ziemlicher Radau zu hören ...
KLACK
Wie sieht es denn hier aus?

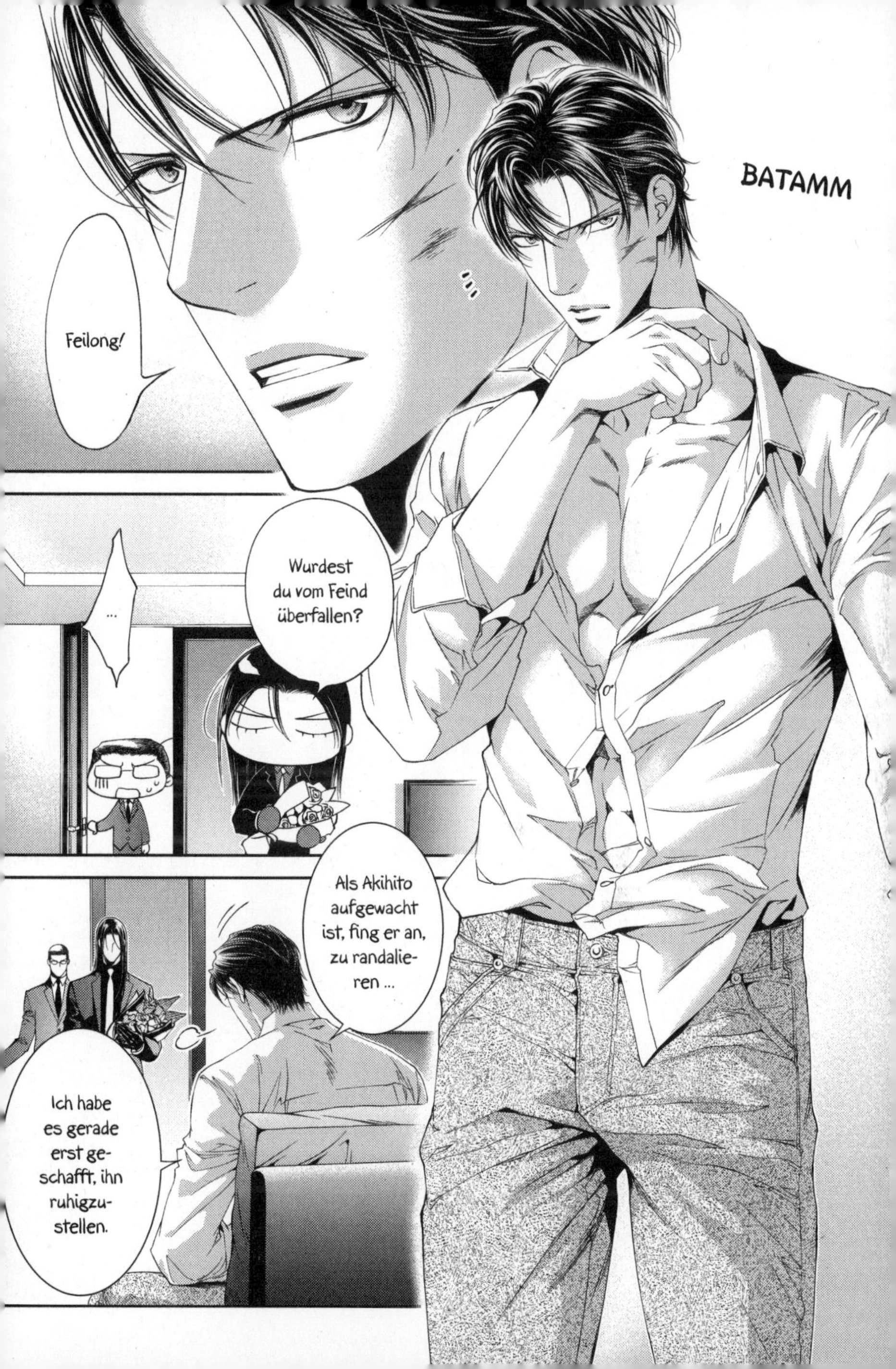
BATAMM
...
Feilong!
Wurdest du vom Feind überfallen?
...
Als Akihito aufgewacht ist, fing er an, zu randalieren ...
Ich habe es gerade erst geschafft, ihn ruhigzustellen.

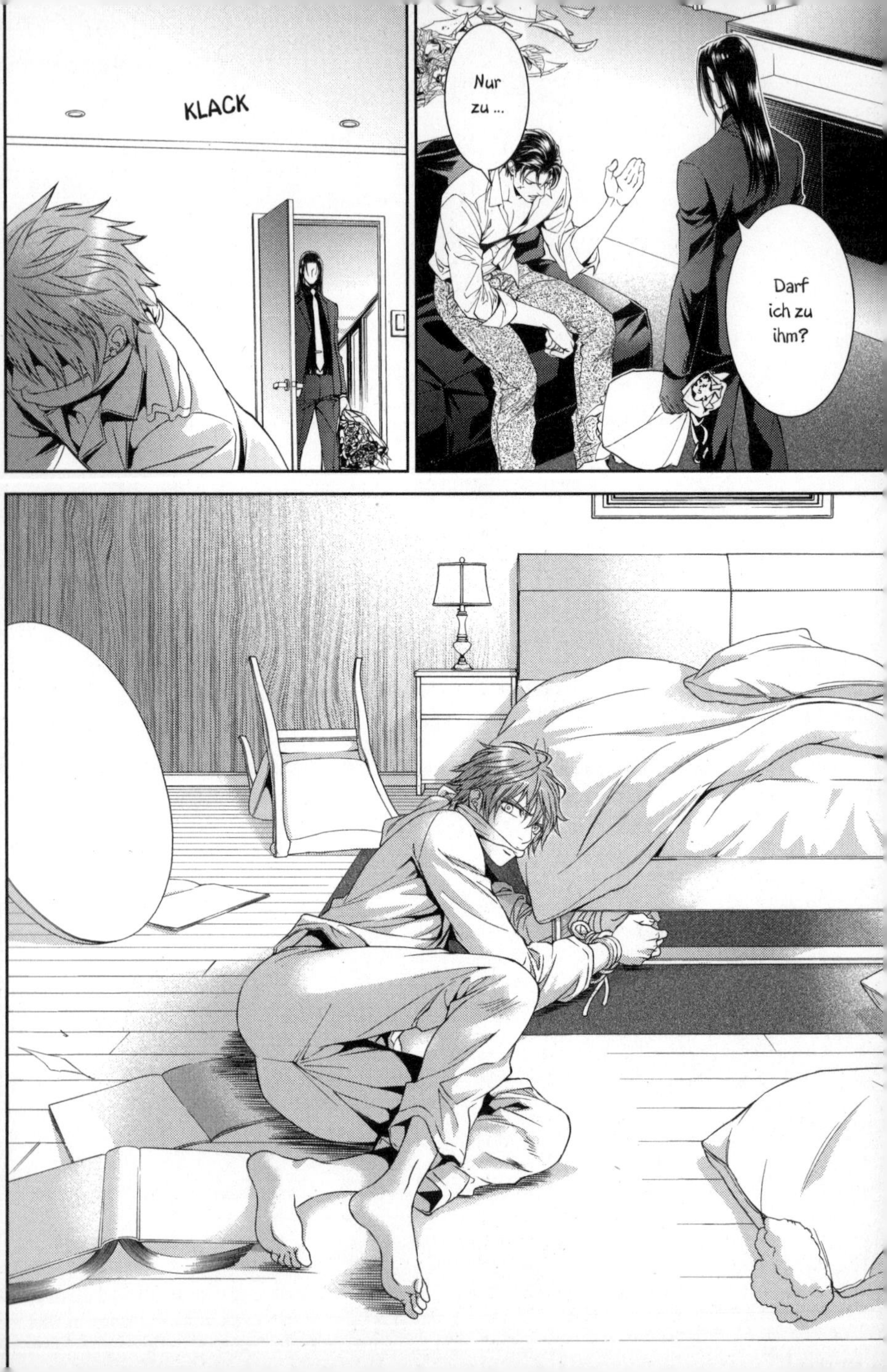

Darf ich zu ihm?
Nur zu ...
KLACK

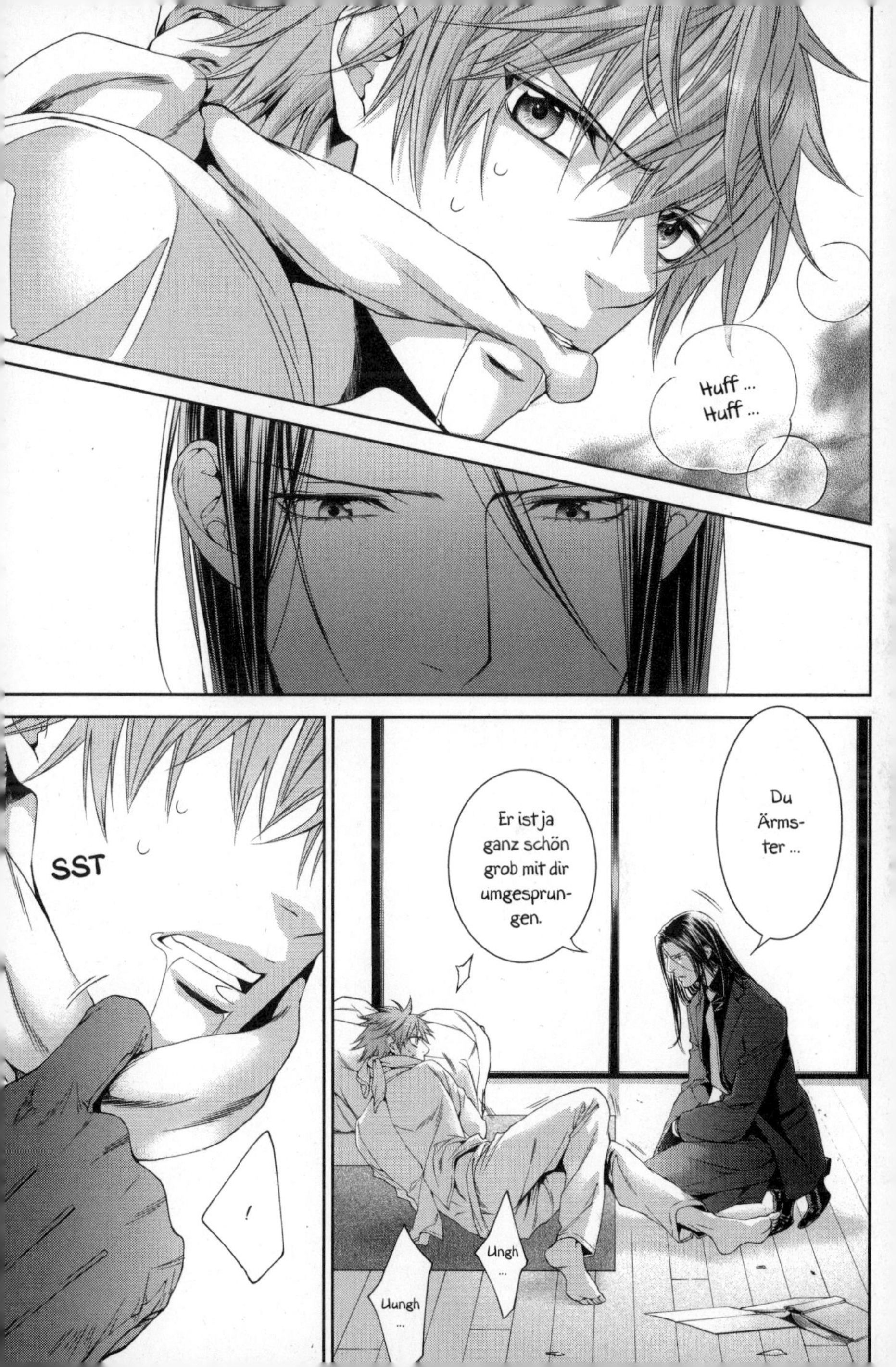
Huff ...
Huff ...
Du Ärms-ter ...
Er ist ja ganz schön grob mit dir umgesprun-gen.
SST
!
Ungh ...
Uungh ...

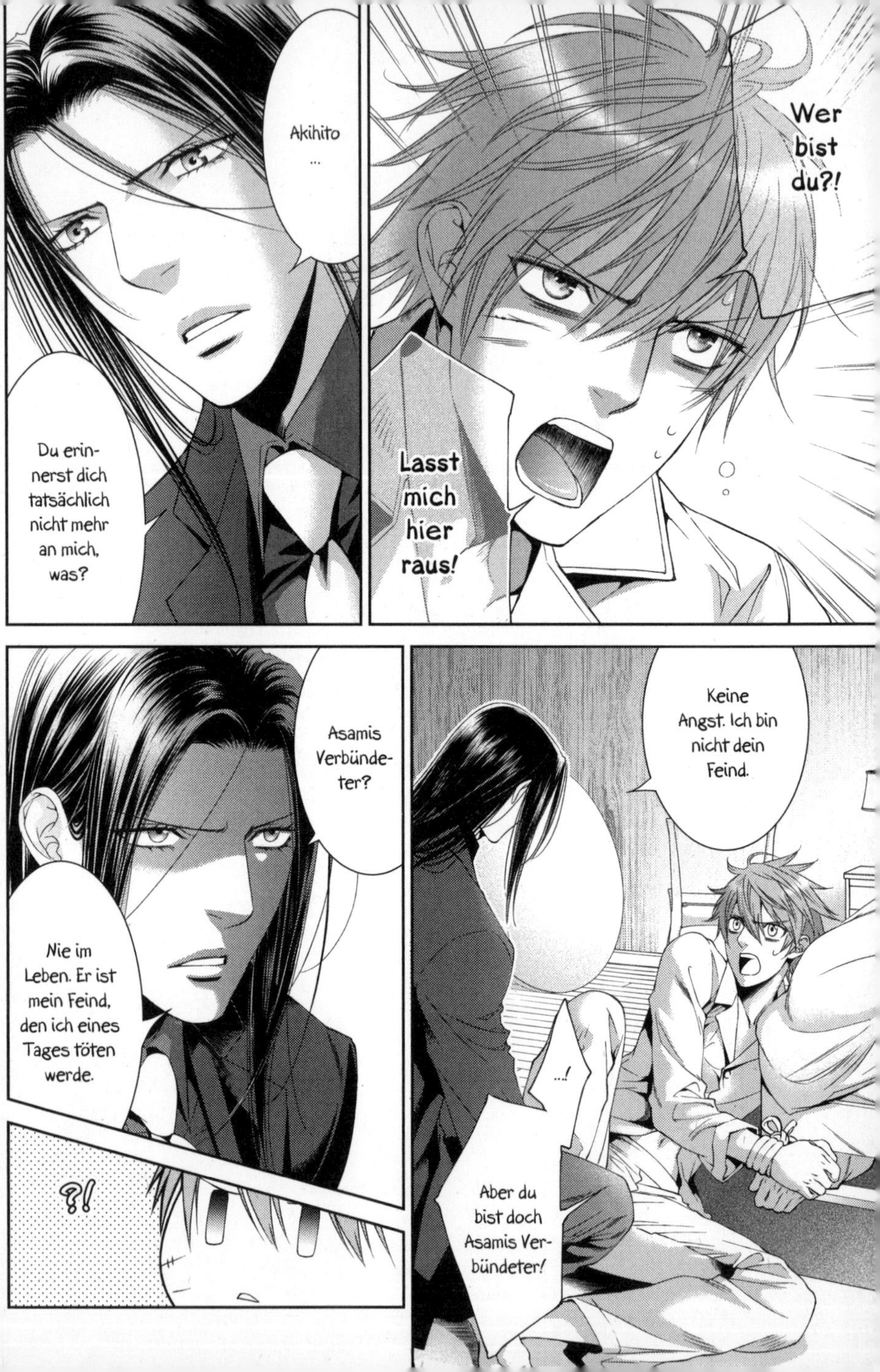
Wer bist du?!
Lasst mich hier raus!
Akihito ...
Du erinnerst dich tatsächlich nicht mehr an mich, was?
Keine Angst. Ich bin nicht dein Feind.
...!
Aber du bist doch Asamis Verbündeter!
Asamis Verbündeter?
Nie im Leben. Er ist mein Feind, den ich eines Tages töten werde.
?!

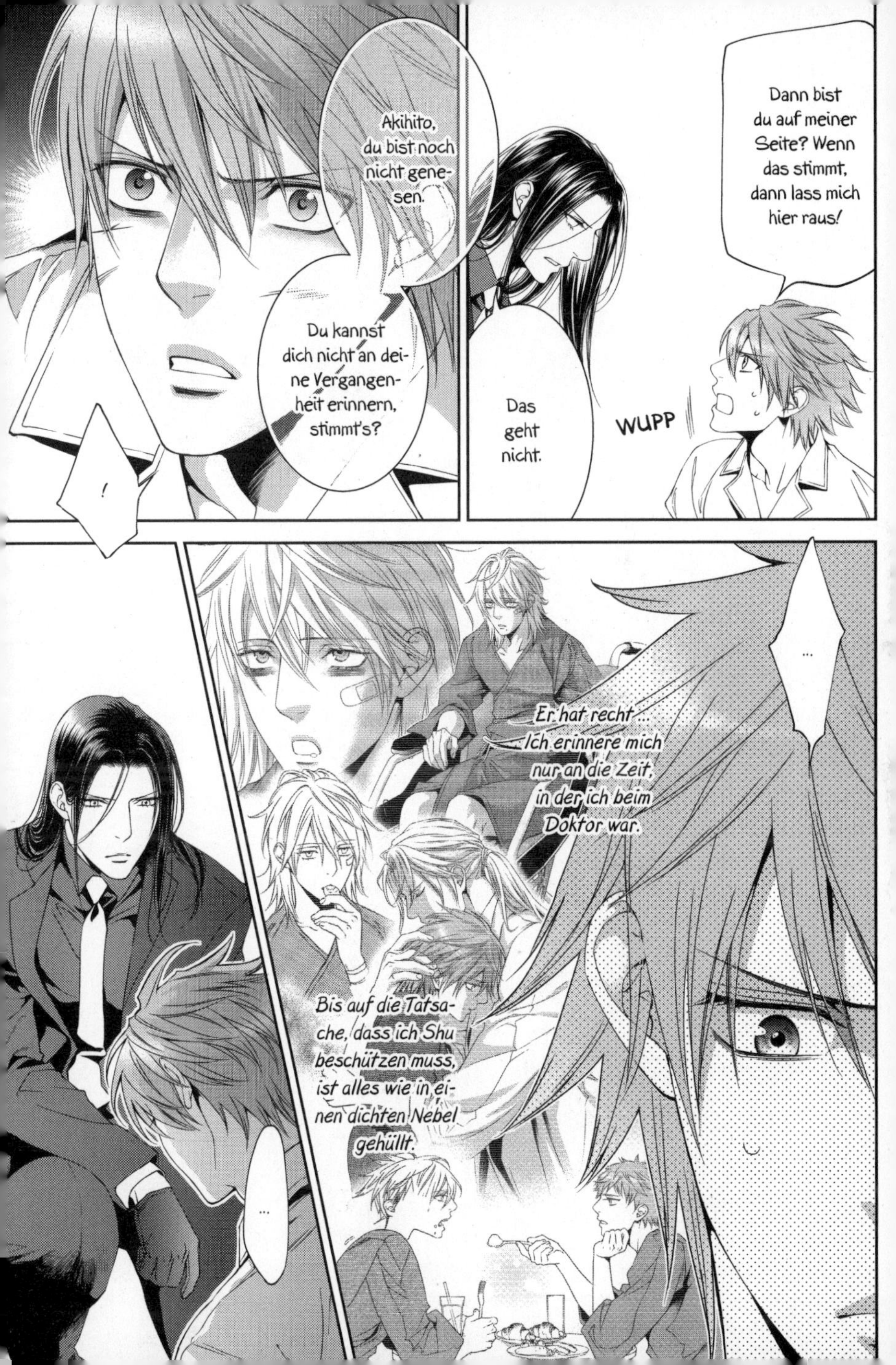
Dann bist du auf meiner Seite? Wenn das stimmt, dann lass mich hier raus!
WUPP
Das geht nicht.
Akihito, du bist noch nicht genesen.
Du kannst dich nicht an deine Vergangenheit erinnern, stimmt's?
!
...
Er hat recht ... Ich erinnere mich nur an die Zeit, in der ich beim Doktor war.
Bis auf die Tatsache, dass ich Shu beschützen muss, ist alles wie in einen dichten Nebel gehüllt.
...

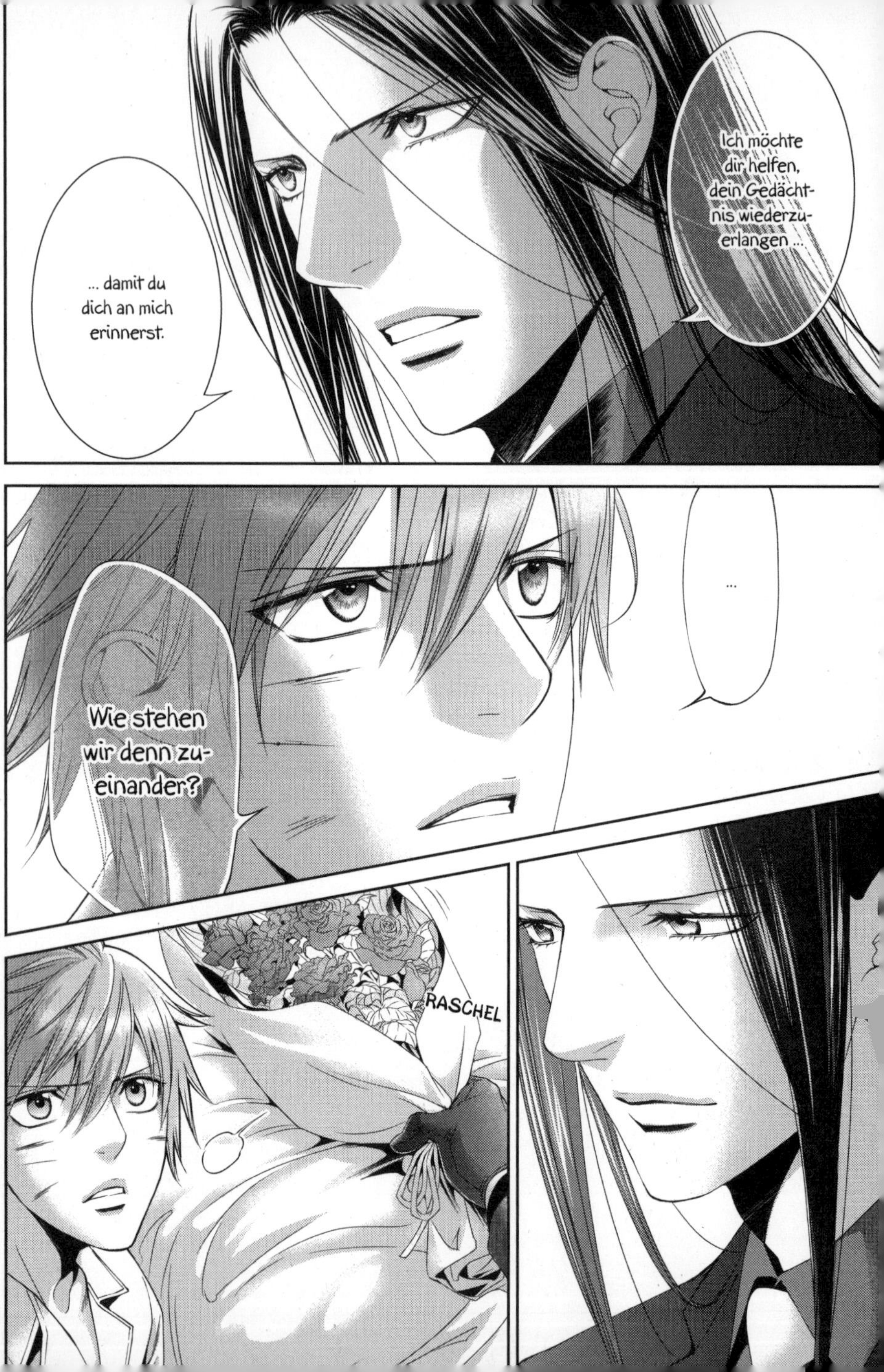
Ich möchte dir helfen, dein Gedächtnis wiederzuerlangen ...
... damit du dich an mich erinnerst.
...
Wie stehen wir denn zueinander?
RASCHEL

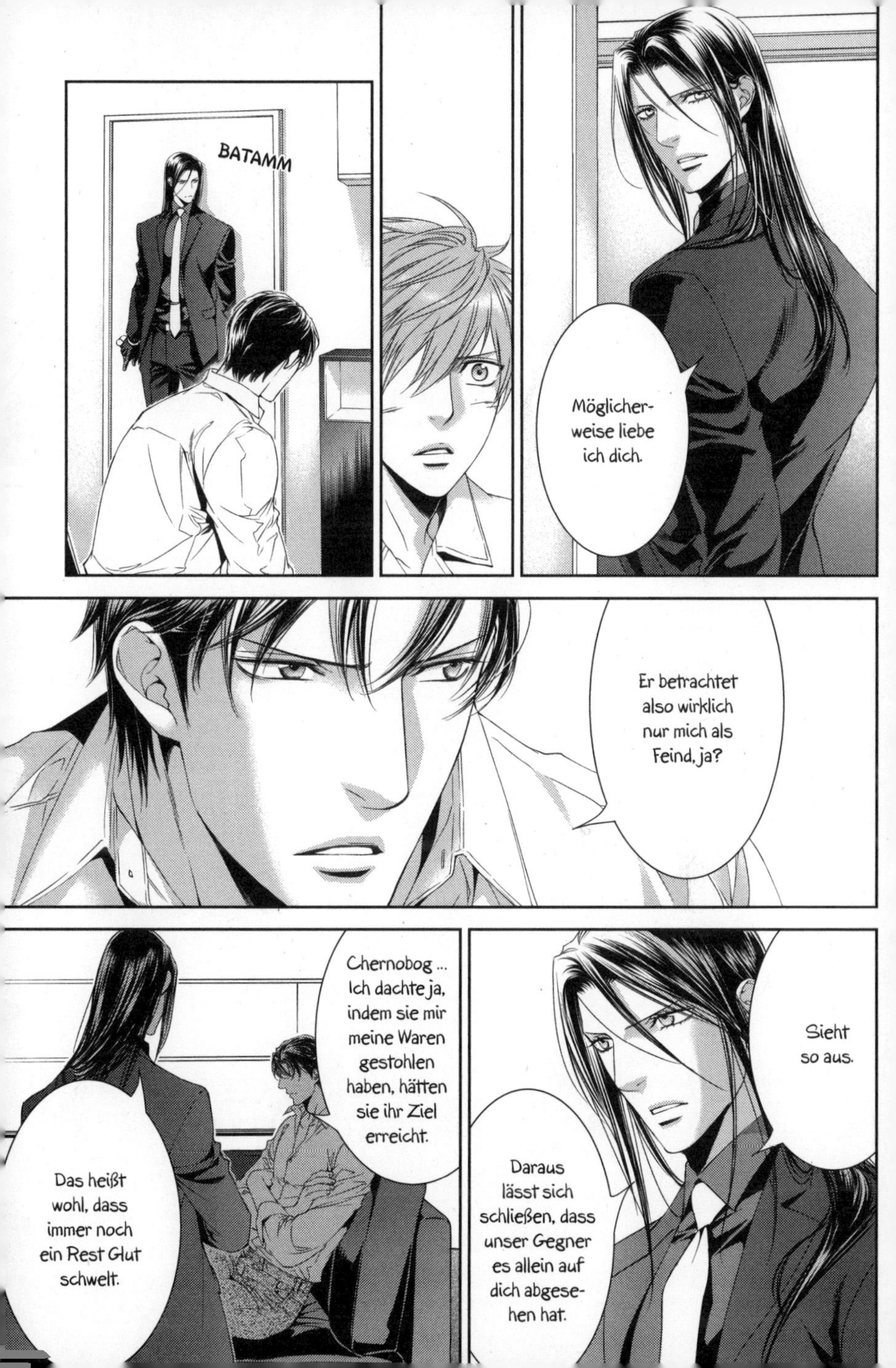
Möglicherweise liebe ich dich.
BATAMM
Er betrachtet also wirklich nur mich als Feind, ja?
Sieht so aus.
Daraus lässt sich schließen, dass unser Gegner es allein auf dich abgesehen hat.
Chernobog ... Ich dachte ja, indem sie mir meine Waren gestohlen haben, hätten sie ihr Ziel erreicht.
Das heißt wohl, dass immer noch ein Rest Glut schwelt.

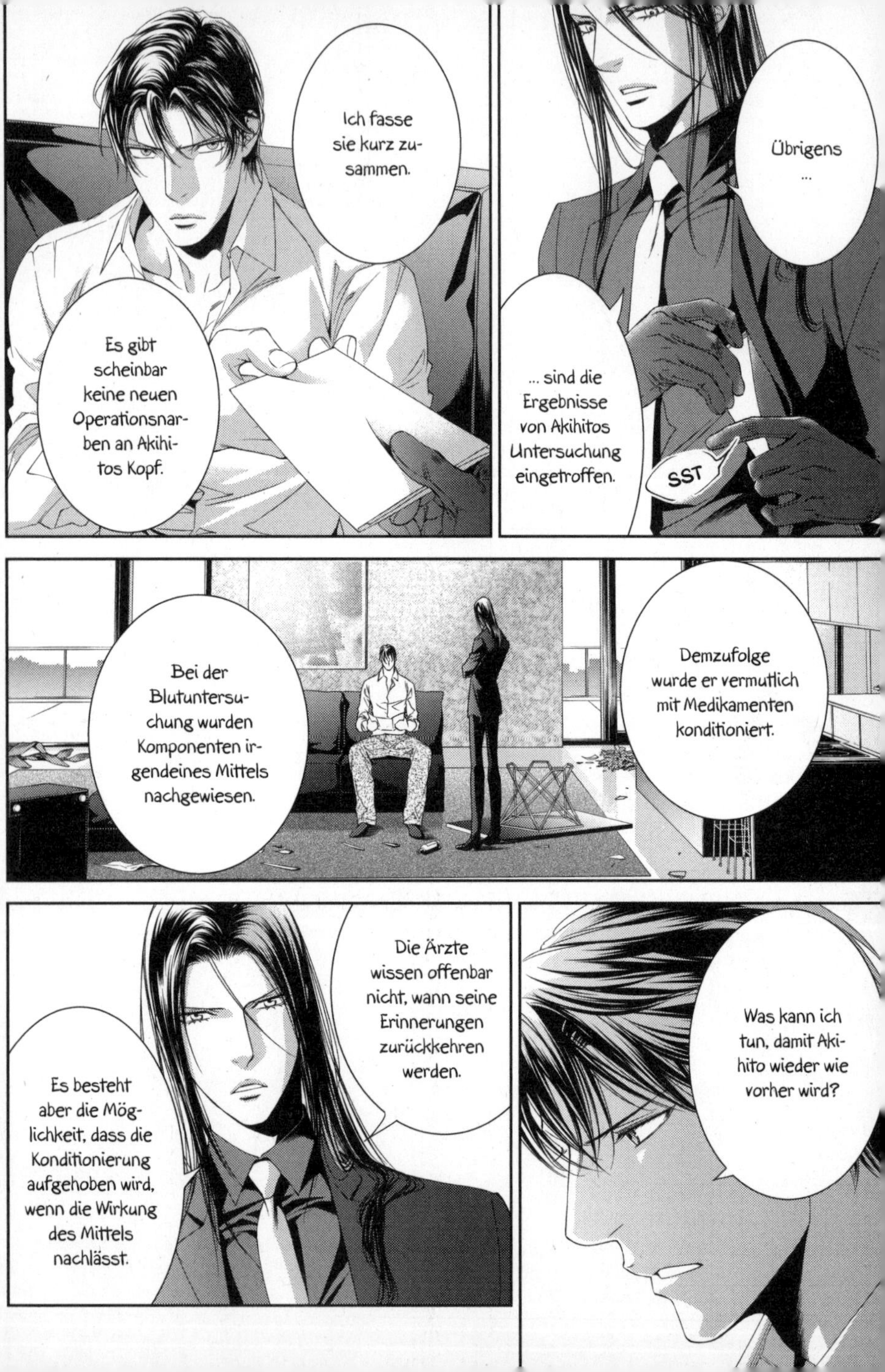
Übrigens ...
... sind die Ergebnisse von Akihitos Untersuchung eingetroffen.
SST
Ich fasse sie kurz zusammen.
Es gibt scheinbar keine neuen Operationsnarben an Akihitos Kopf.
Demzufolge wurde er vermutlich mit Medikamenten konditioniert.
Bei der Bluntuntersuchung wurden Komponenten irgendeines Mittels nachgewiesen.
Was kann ich tun, damit Akihito wieder wie vorher wird?
Die Ärzte wissen offenbar nicht, wann seine Erinnerungen zurückkehren werden.
Es besteht aber die Möglichkeit, dass die Konditionierung aufgehoben wird, wenn die Wirkung des Mittels nachlässt.

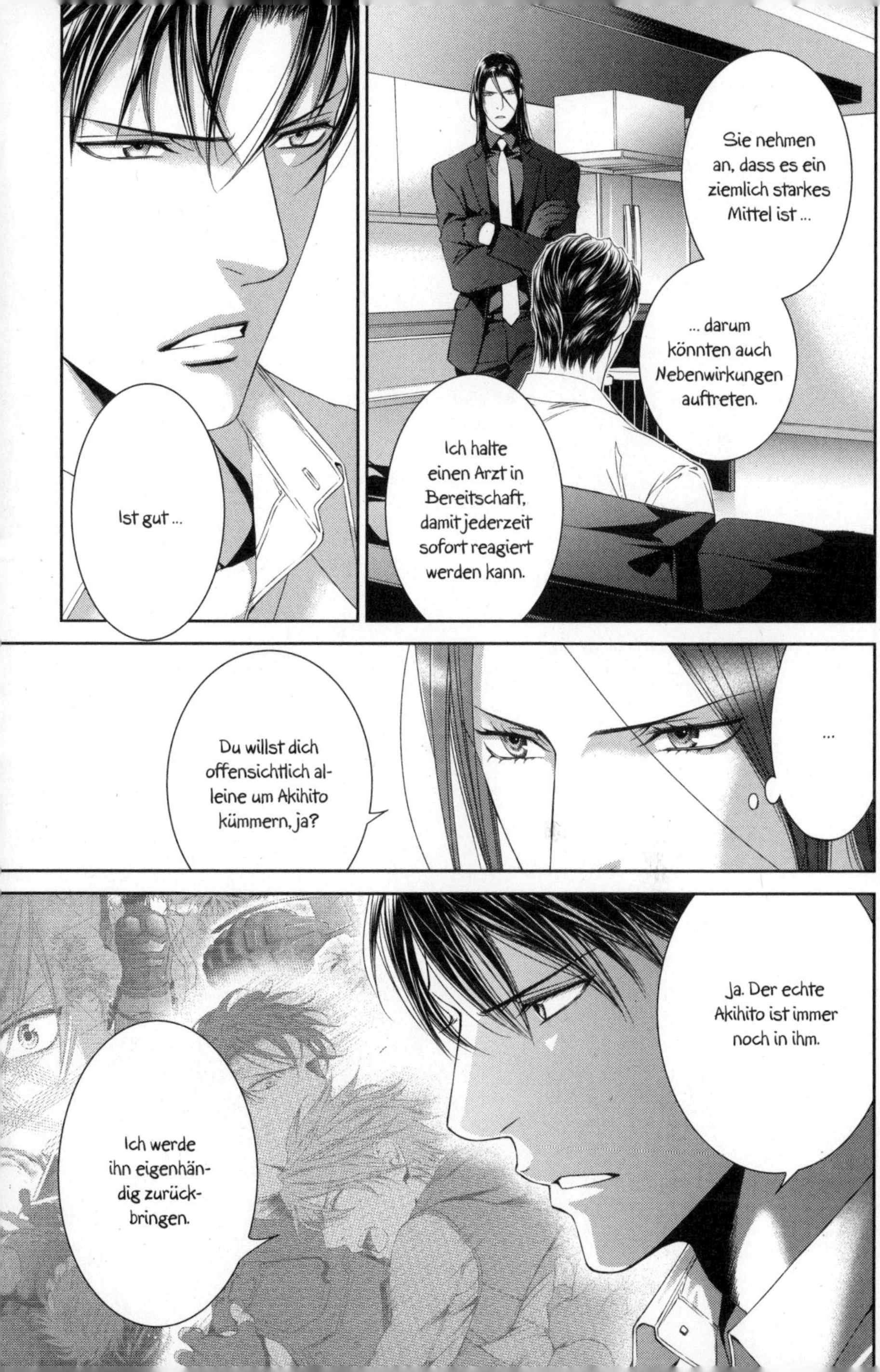
Sie nehmen an, dass es ein ziemlich starkes Mittel ist ...
... darum könnten auch Nebenwirkungen auftreten.
Ich halte einen Arzt in Bereitschaft, damit jederzeit sofort reagiert werden kann.
Ist gut ...
...
Du willst dich offensichtlich al-leine um Akihito kümmern, ja?
Ja. Der echte Akihito ist immer noch in ihm.
Ich werde ihn eigenhän-dig zurück-bringen.

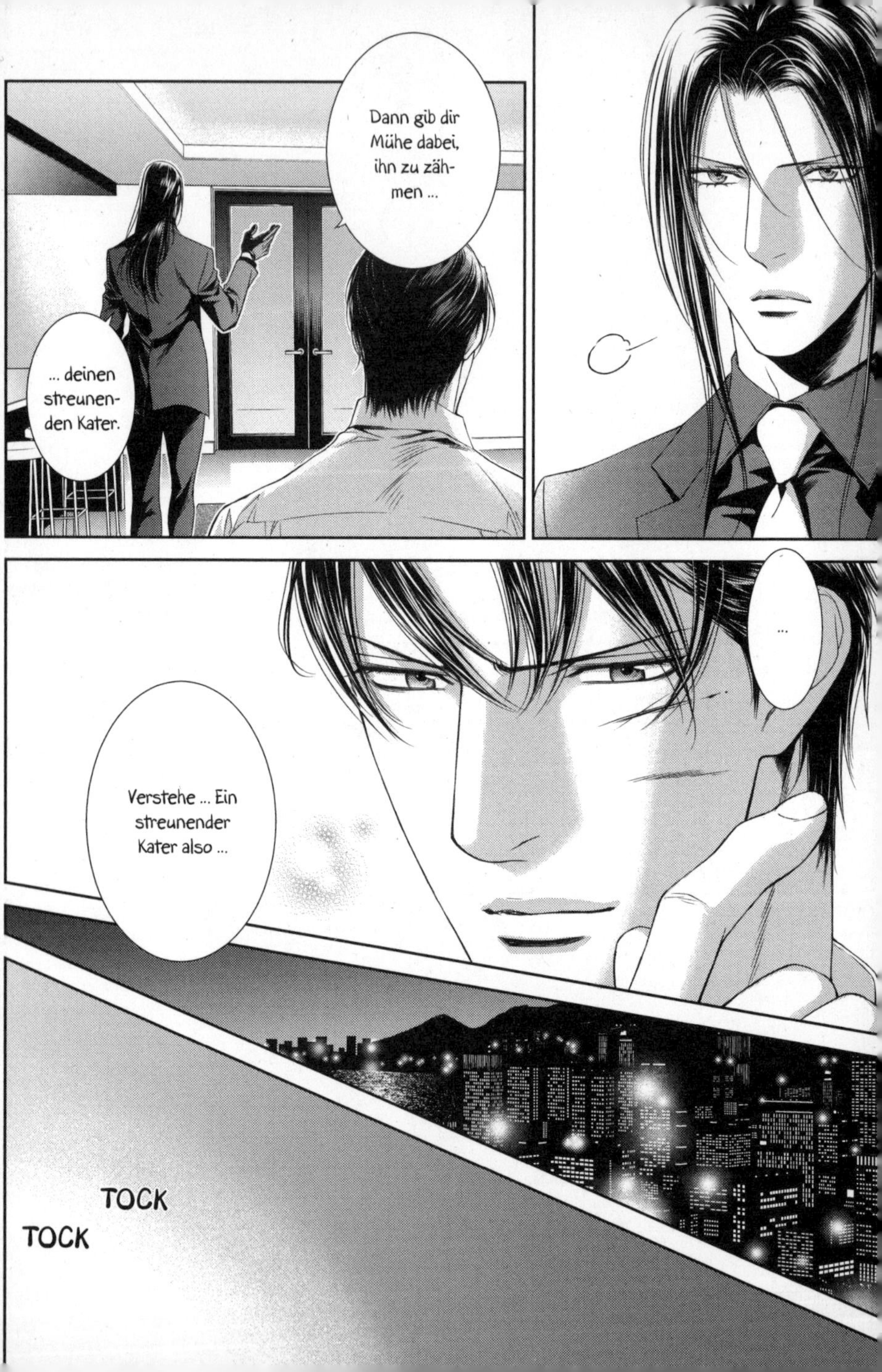

Dann gib dir Mühe dabei, ihn zu zähmen ...
... deinen streunenden Kater.
...
Verstehe ... Ein streunender Kater also ...
TOCK
TOCK

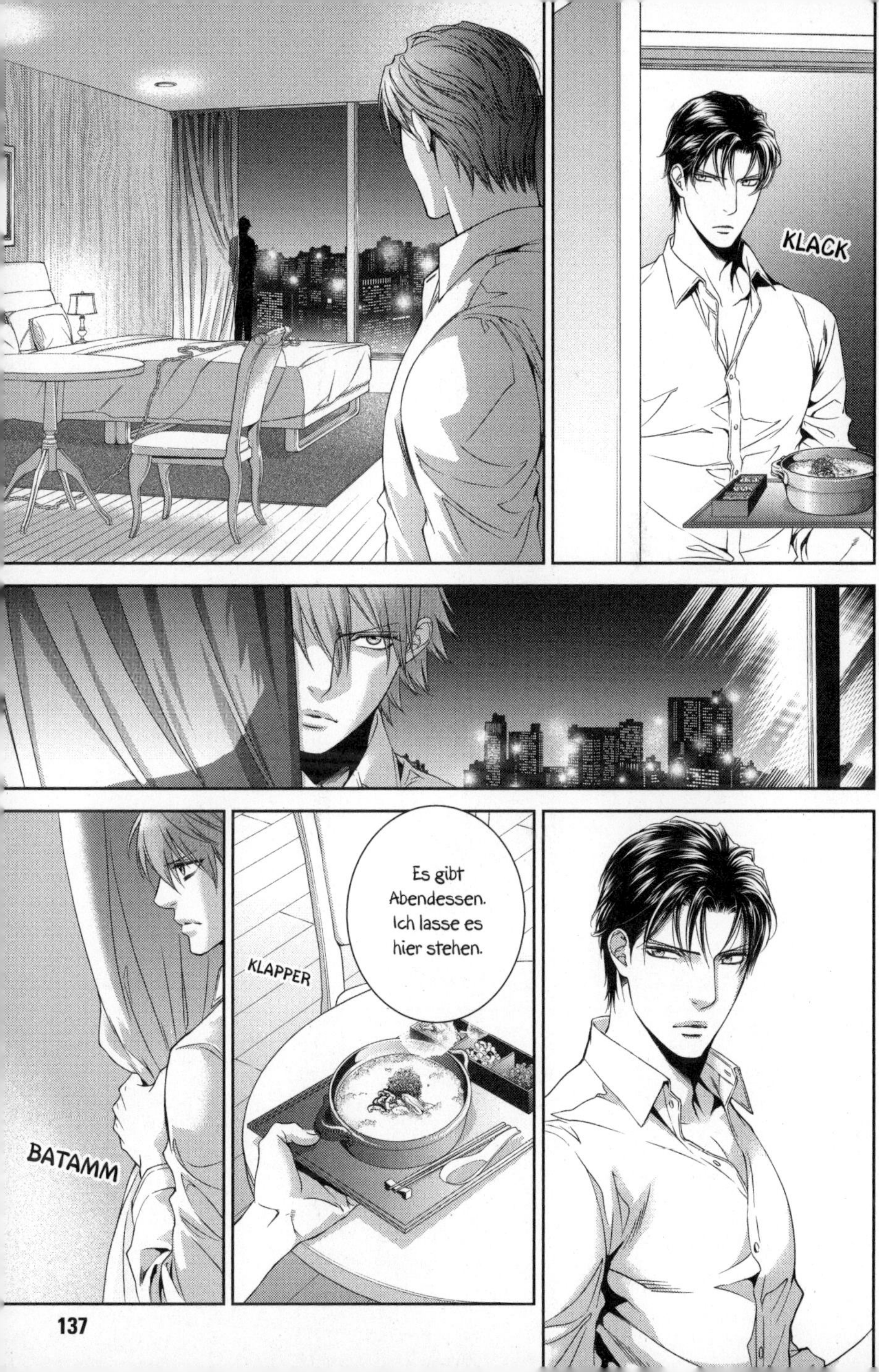
KLACK
Es gibt Abendessen. Ich lasse es hier stehen.
KLAPPER
BATAMM

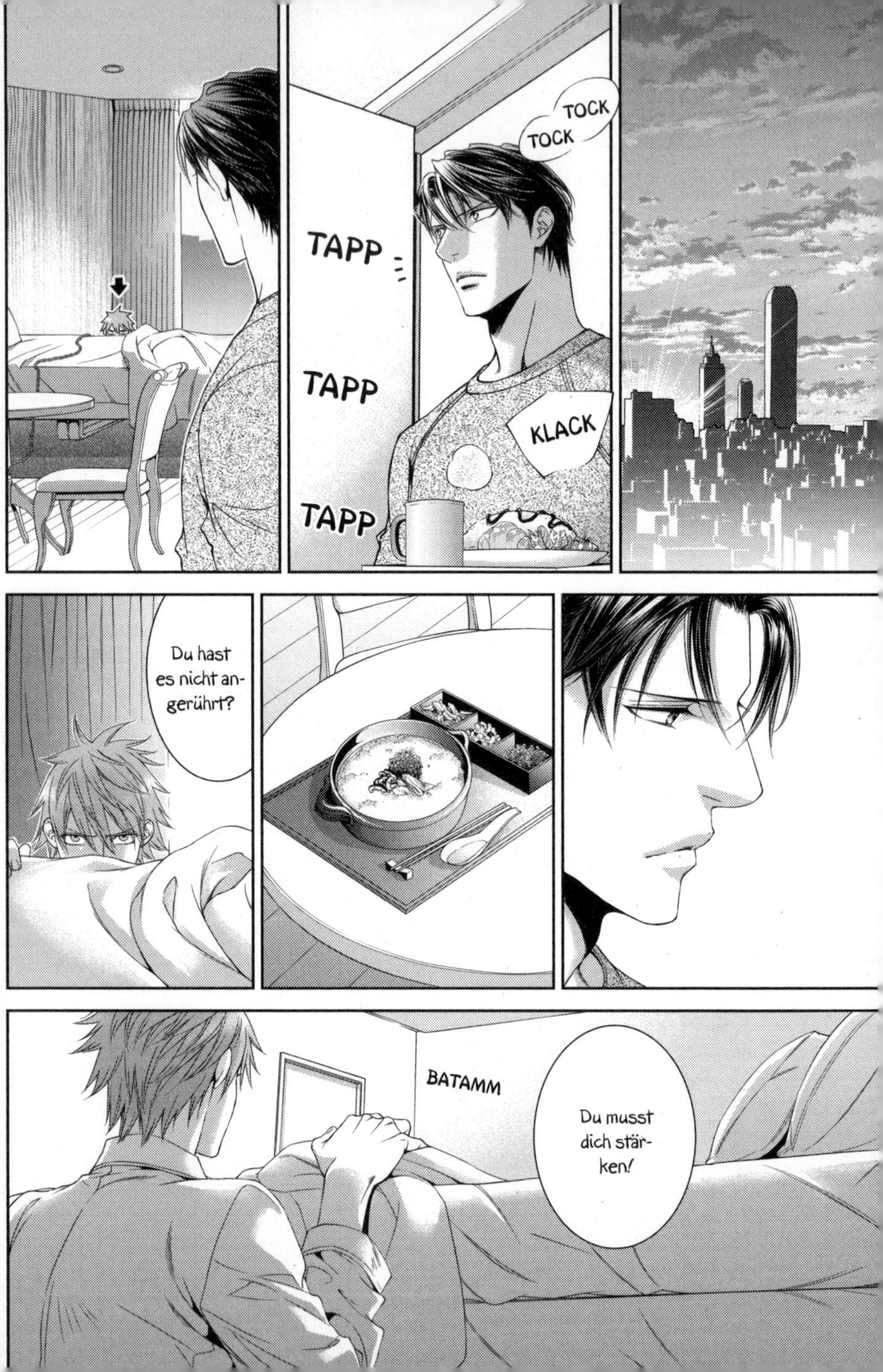

TOCK
TOCK
TAPP
TAPP
TAPP
KLACK
Du hast es nicht an- gerührt?
Du musst dich stär- ken!
BATAMM

...
KLIRR
SCHLUCK
KNURR
Pöh!
TOCK
TOCK
KLACK

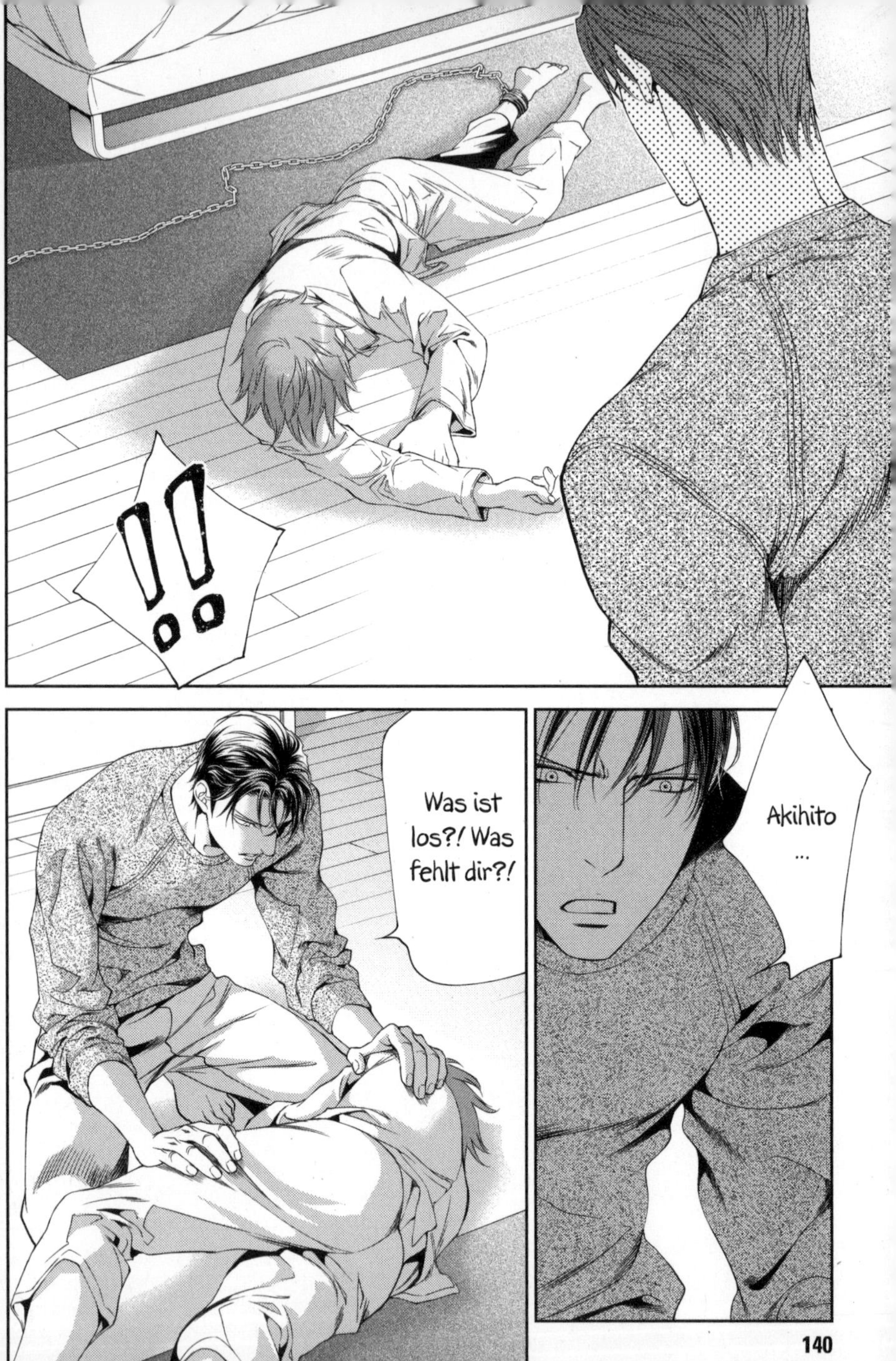
!!
Akihito ...
Was ist los?! Was fehlt dir?!

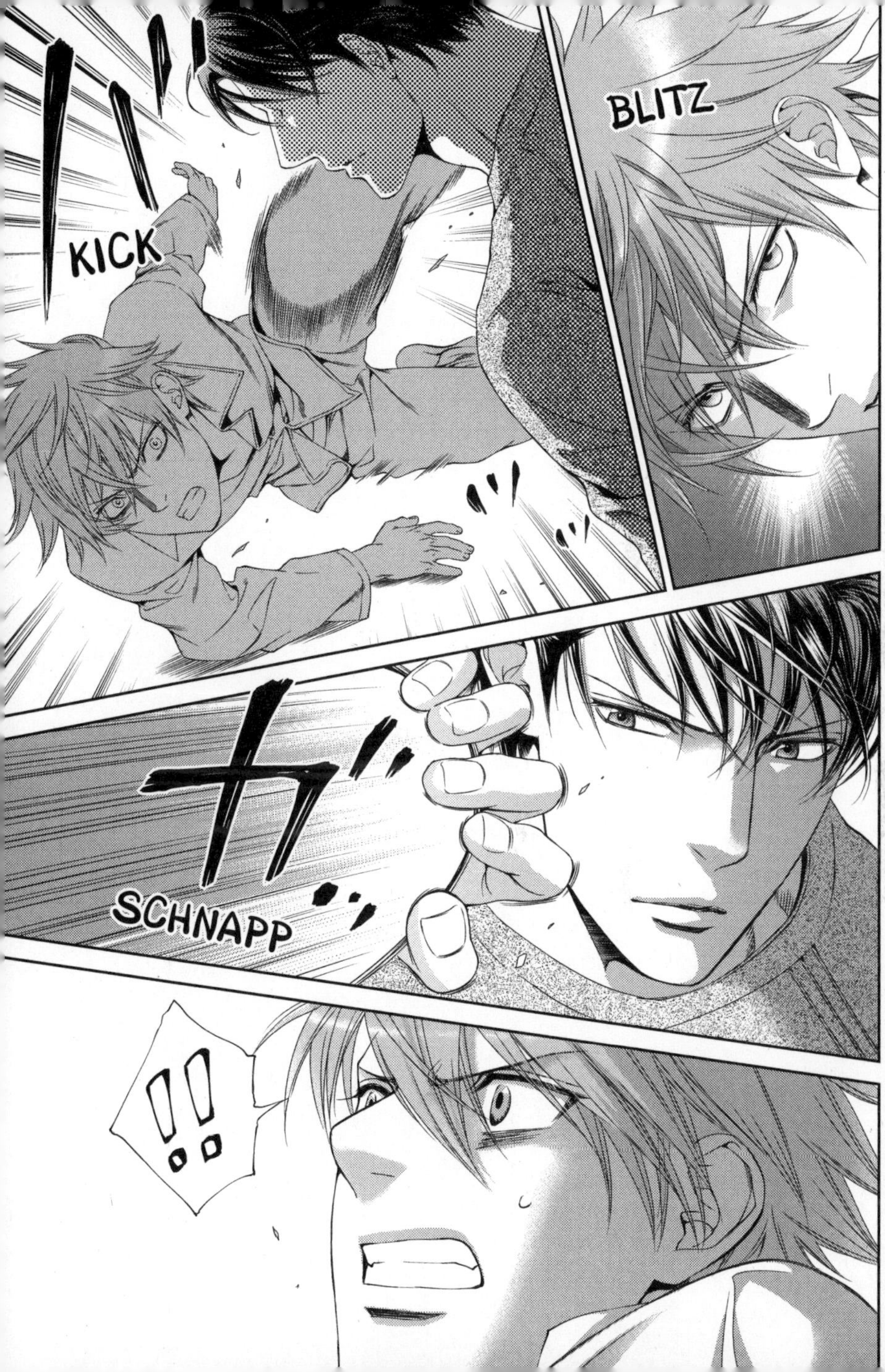
BLITZ
KICK
SCHNAPP
!!

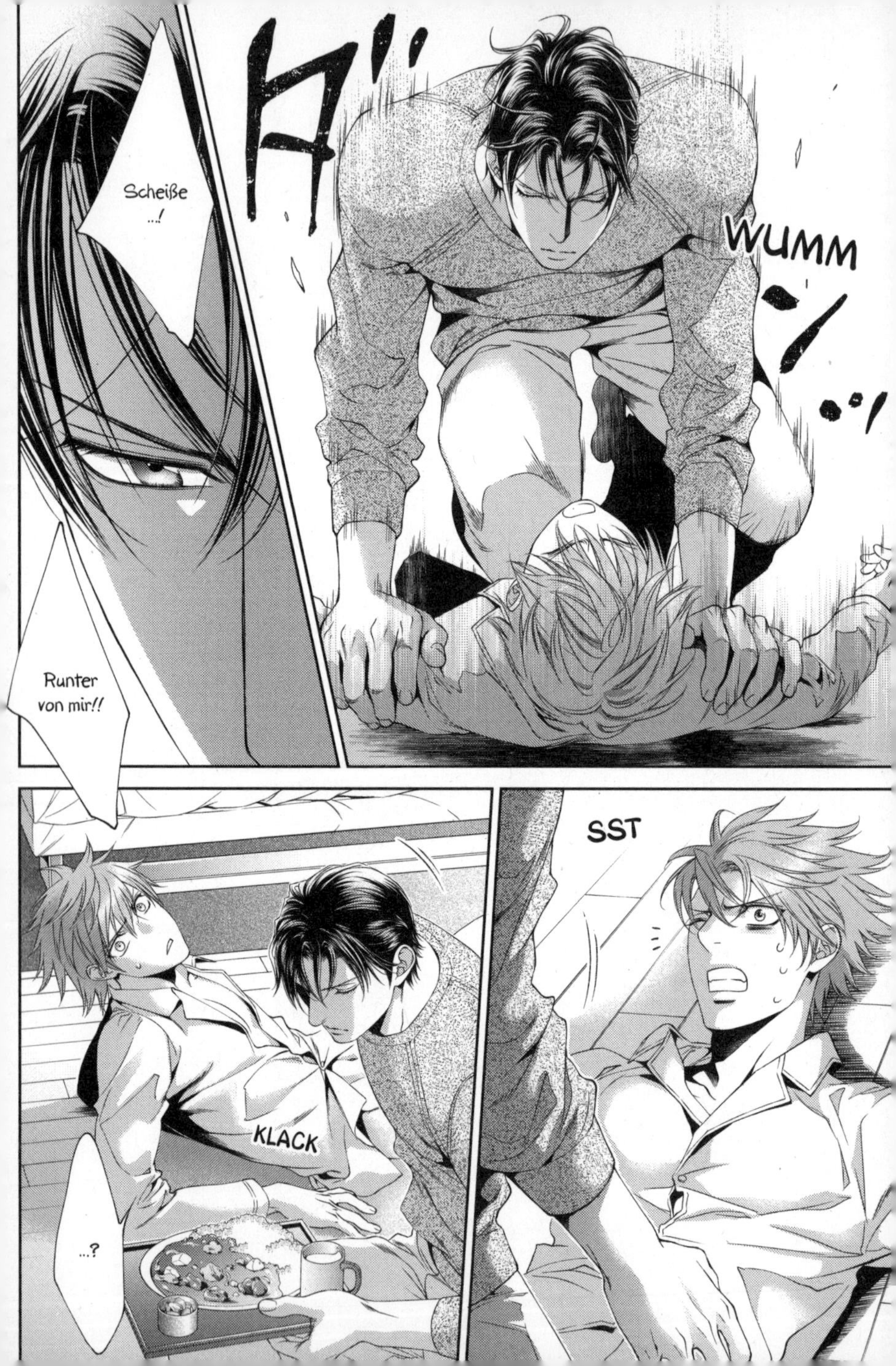
WUMM
Scheiße ...!
Runter von mir!!
SST
KLACK
...?

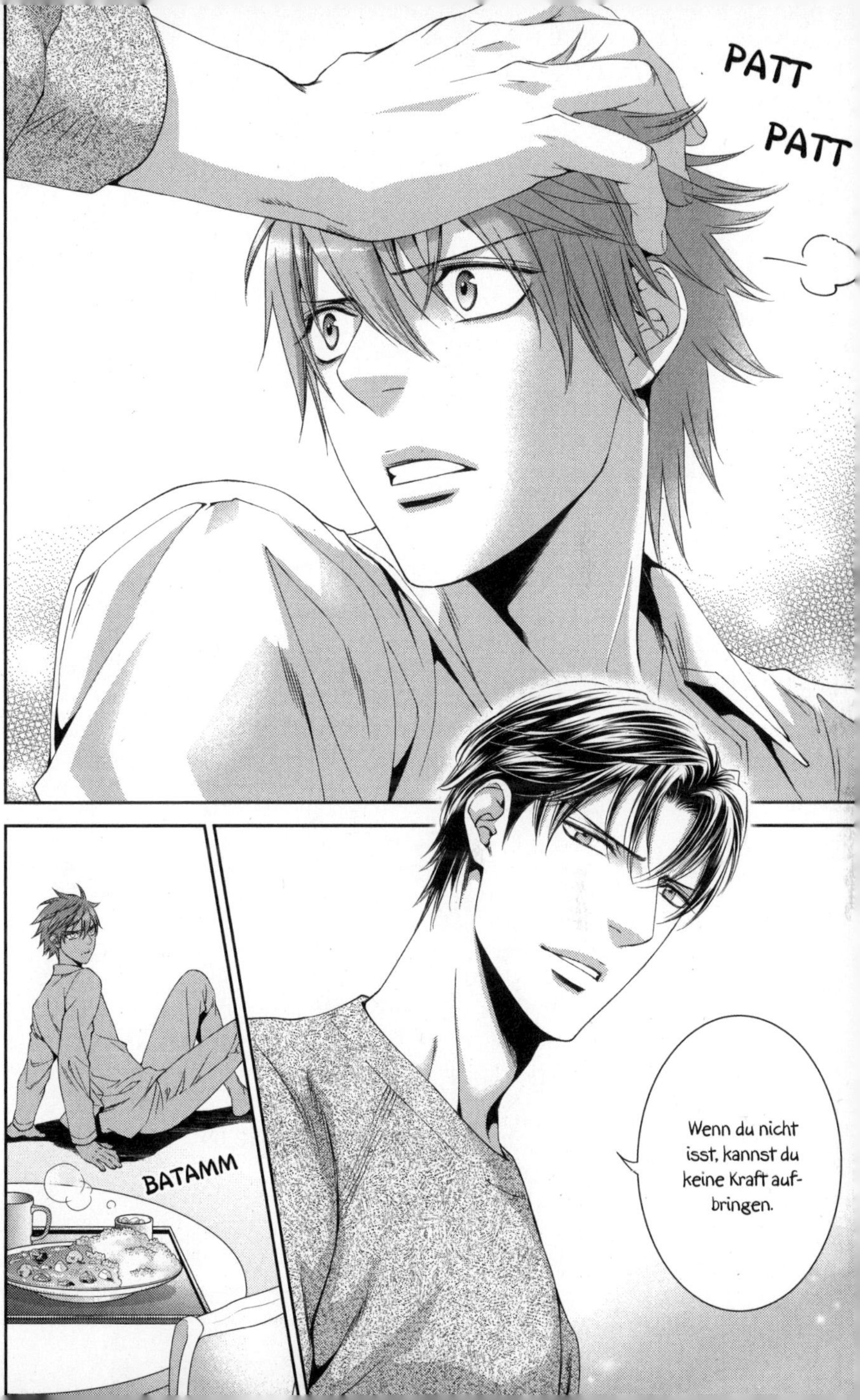
PATT
PATT
BATAMM
Wenn du nicht isst, kannst du keine Kraft auf-bringen.

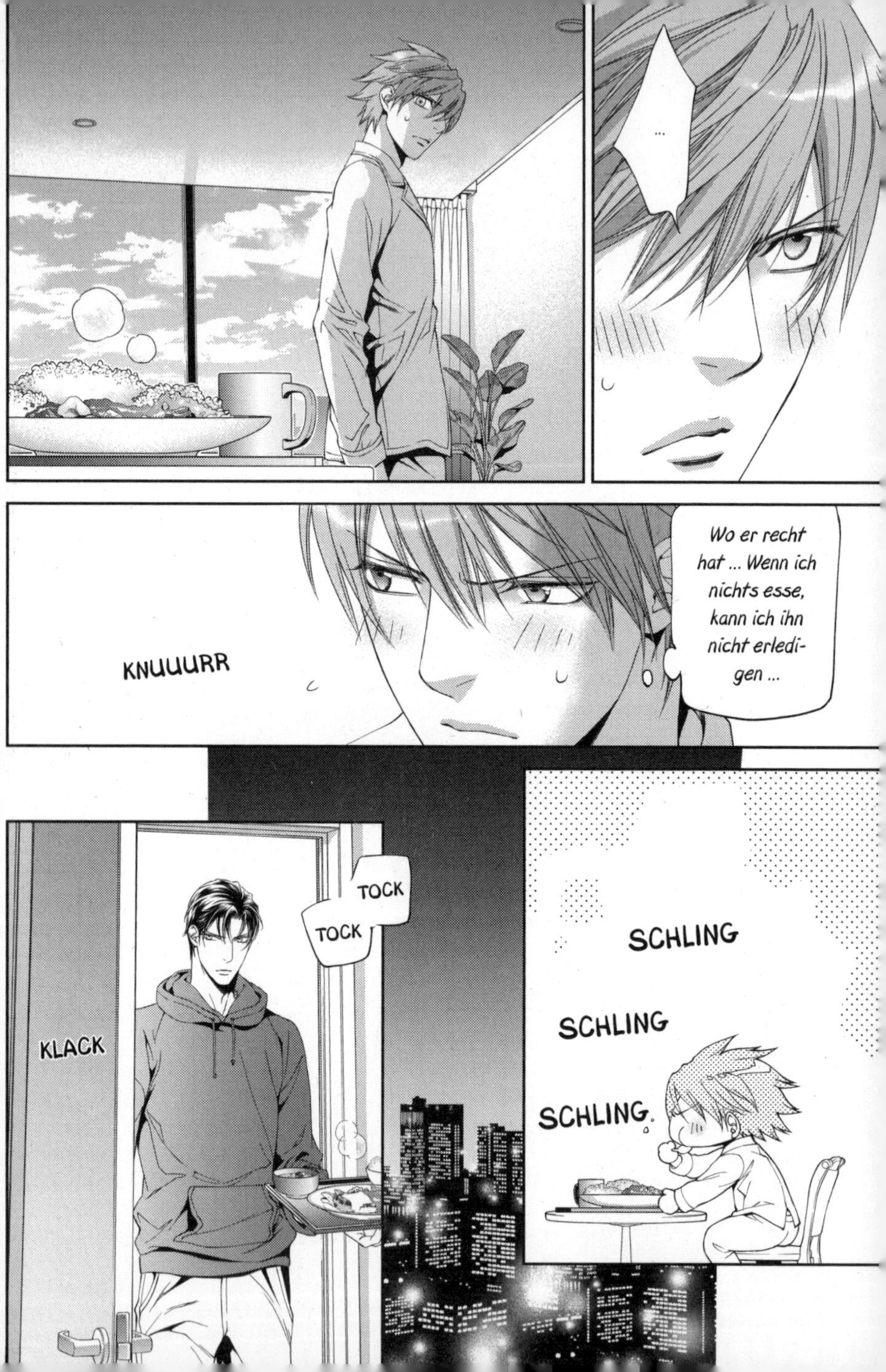
...
Wo er recht hat ... Wenn ich nichts esse, kann ich ihn nicht erledigen ...
KNUUURR
SCHLING
SCHLING
SCHLING
TOCK
TOCK
KLACK

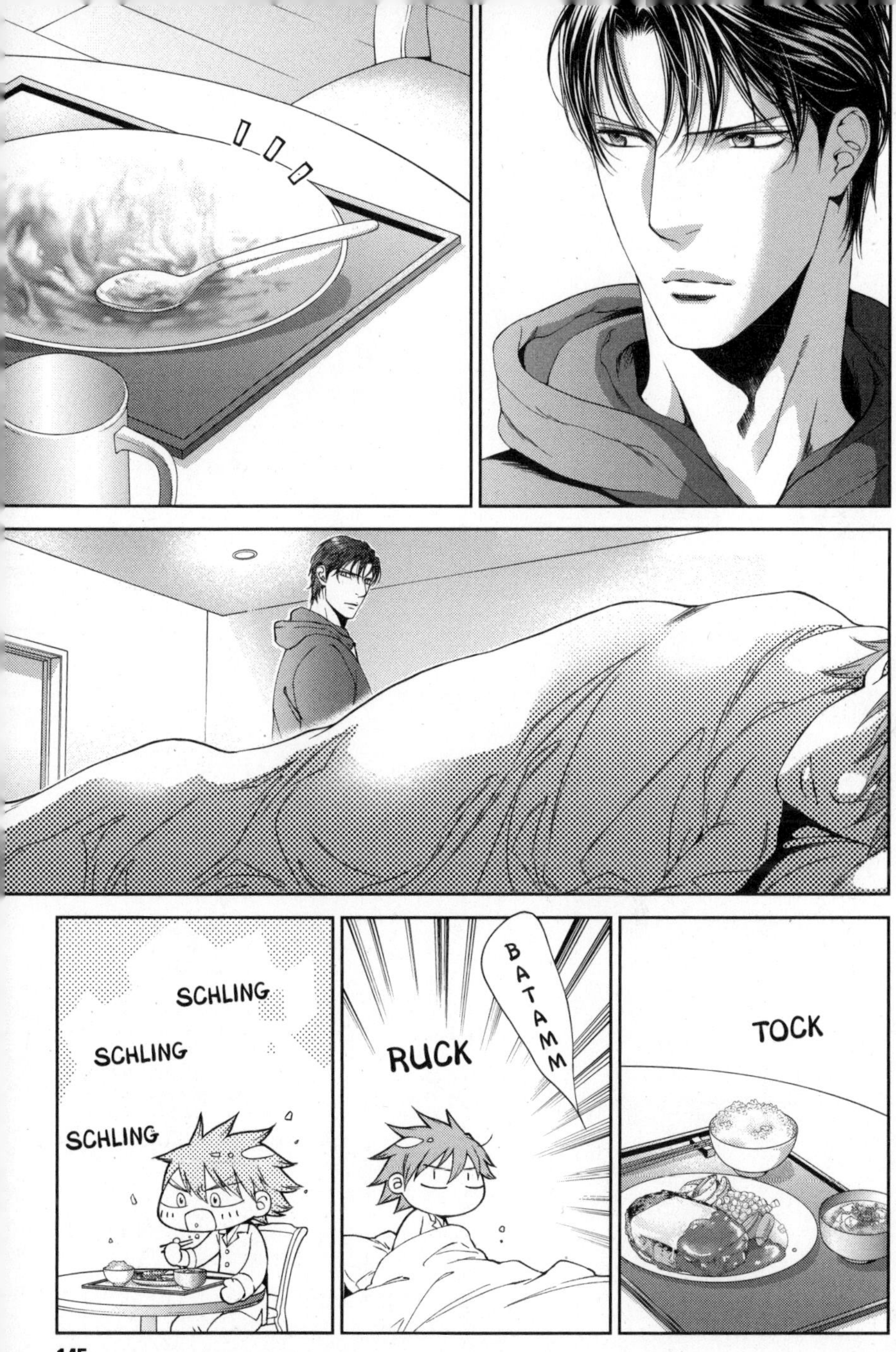

TOCK
BATAMM
RUCK
SCHLING
SCHLING
SCHLING

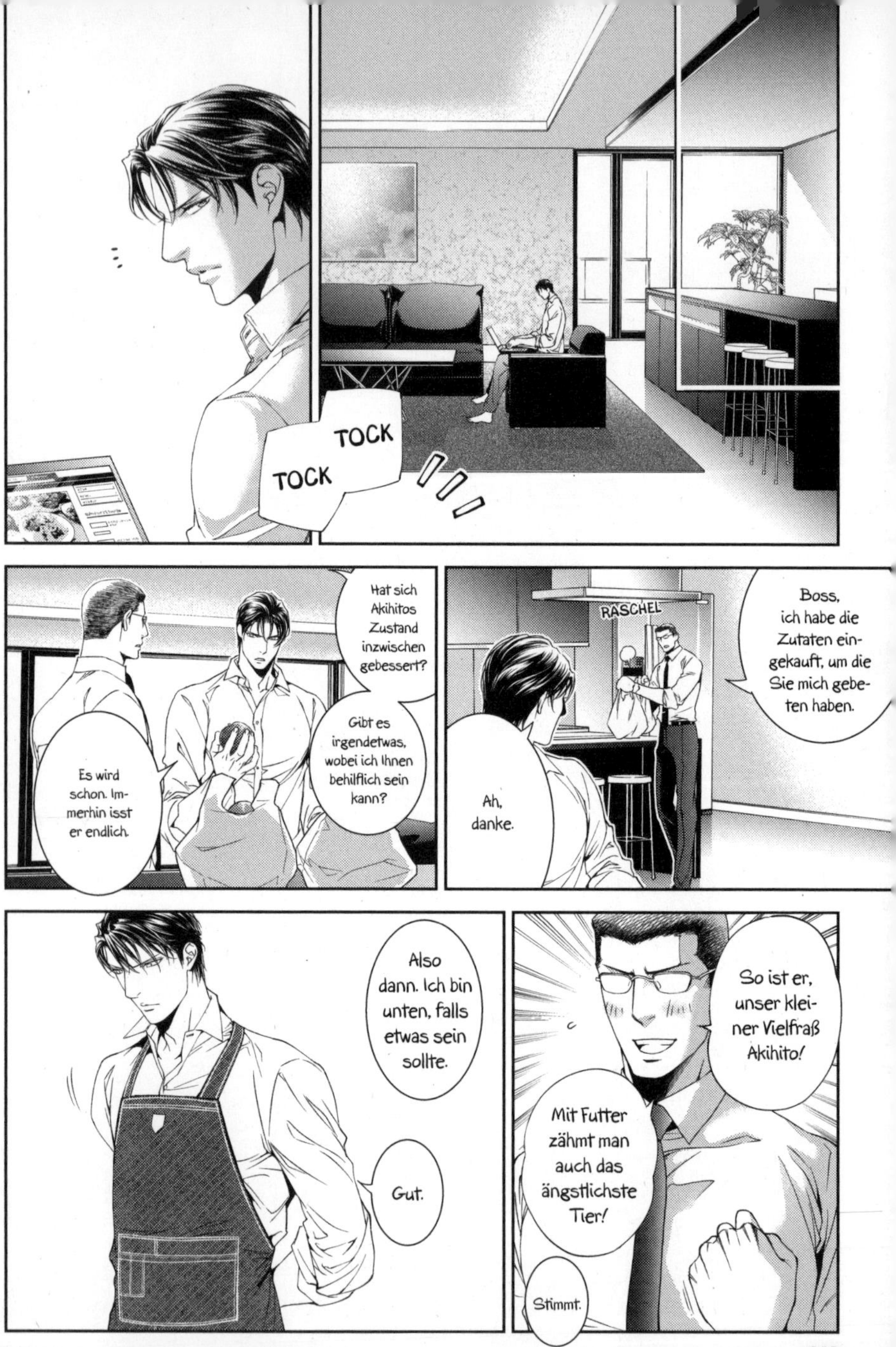
TOCK
TOCK
RASCHEL
Boss, ich habe die Zutaten ein-gekauft, um die Sie mich gebe-ten haben.
Ah, danke.
Hat sich Akihitos Zustand inzwischen gebessert?
Gibt es irgendetwas, wobei ich Ihnen behilflich sein kann?
Es wird schon. Im-merhin isst er endlich.
So ist er, unser klei-ner Vielfraß Akihito!
Mit Futter zähmt man auch das ängstlichste Tier!
Stimmt.
Also dann. Ich bin unten, falls etwas sein sollte.
Gut.

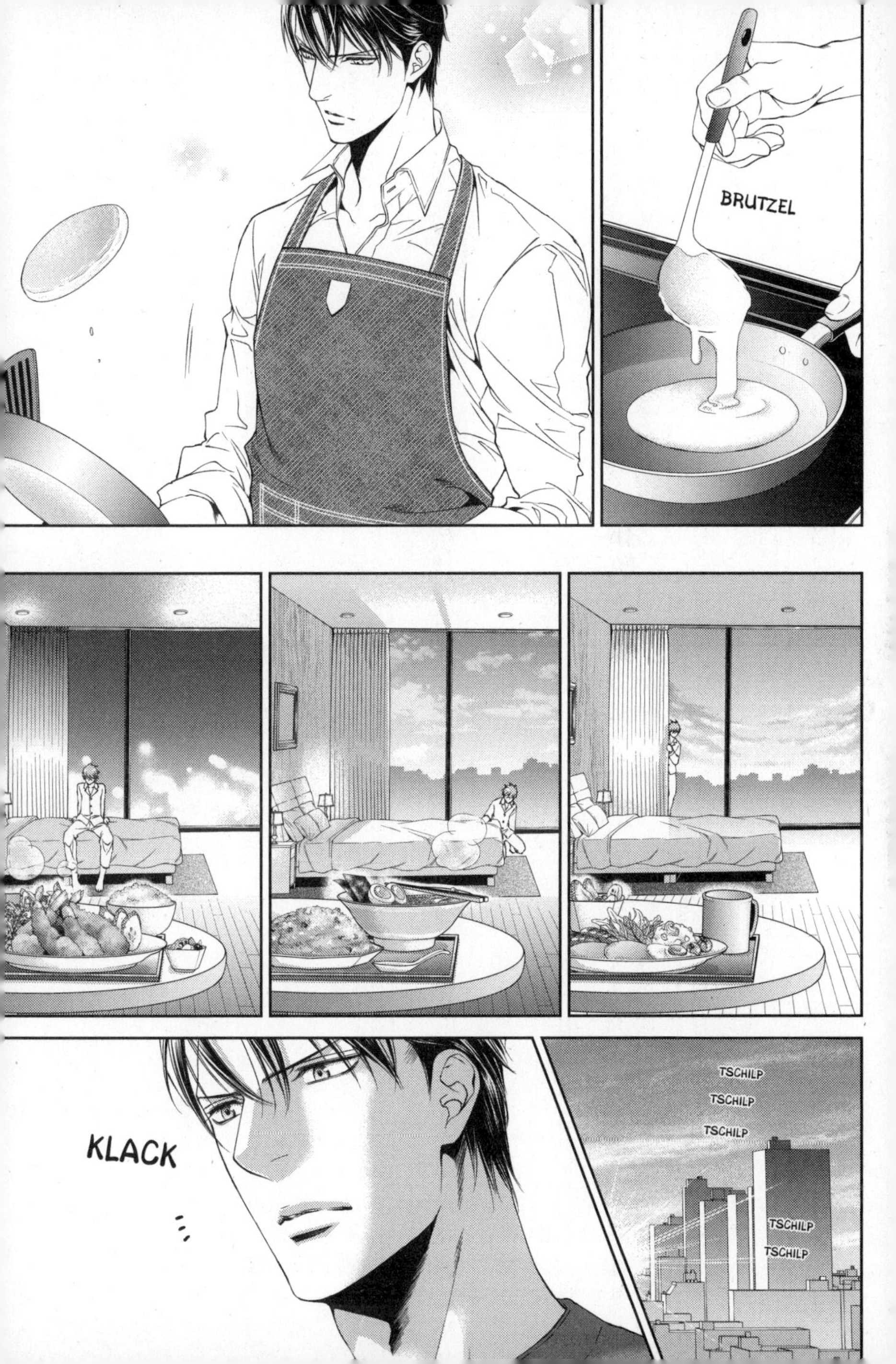
BRUTZEL
KLACK
...
TSCHILP
TSCHILP
TSCHILP
TSCHILP
TSCHILP

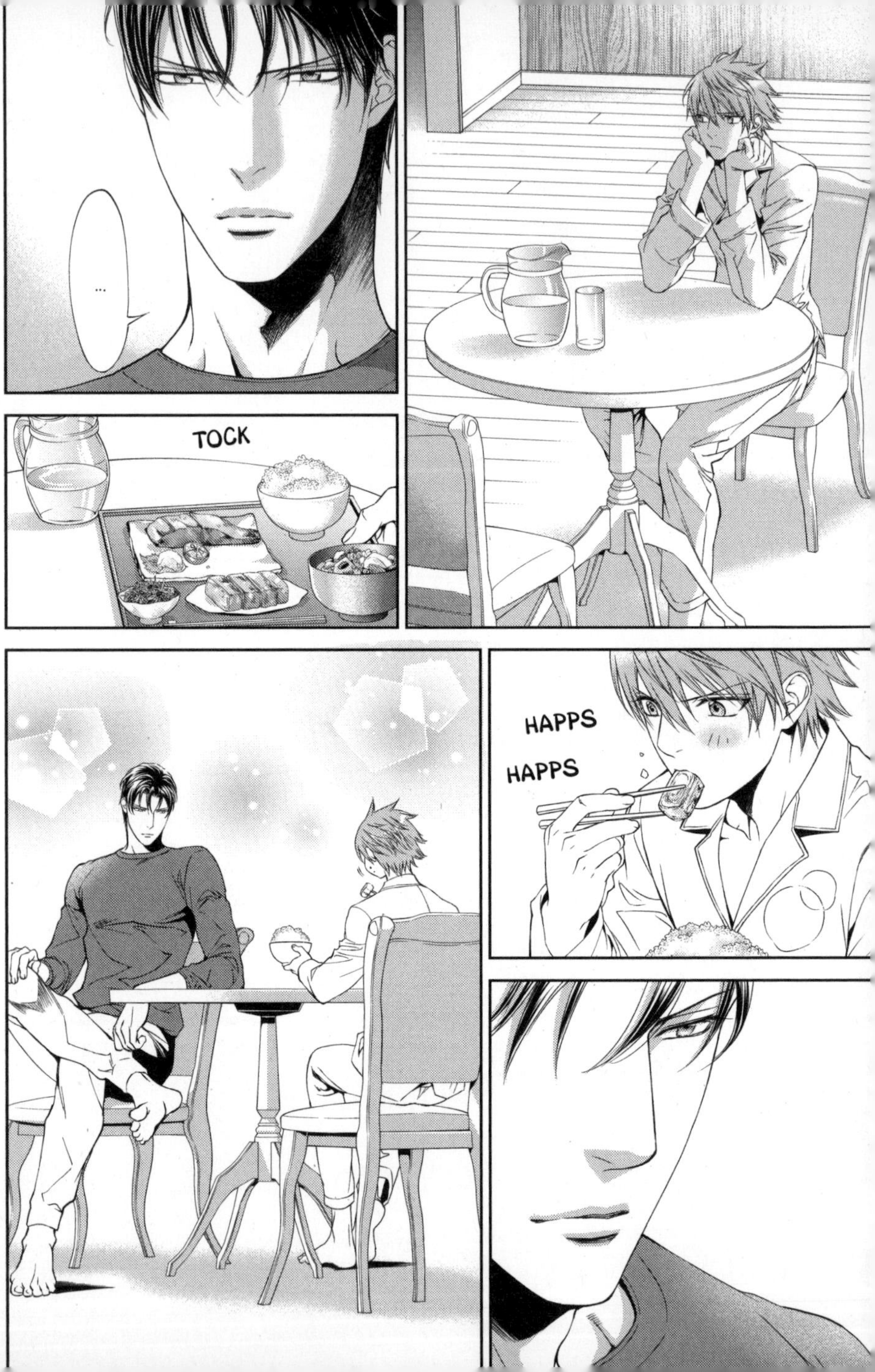

...
TOCK
HAPPS
HAPPS

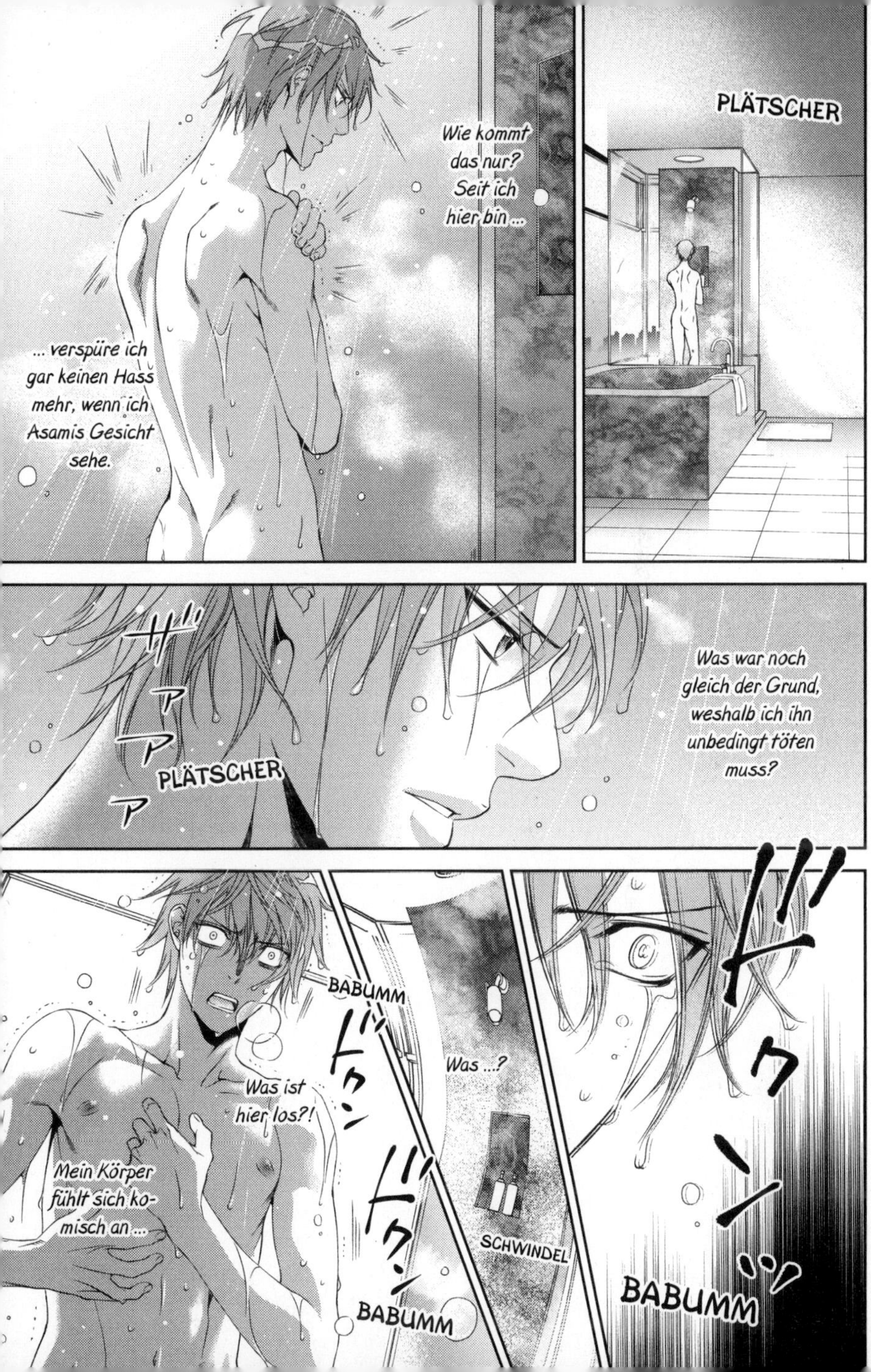
PLÄTSCHER
Wie kommt das nur? Seit ich hier bin ...
... verspüre ich gar keinen Hass mehr, wenn ich Asamis Gesicht sehe.
Was war noch gleich der Grund, weshalb ich ihn unbedingt töten muss?
PLÄTSCHER
BABUMM
Was ...?
SCHWINDEL
BABUMM
Was ist hier los?!
Mein Körper fühlt sich komisch an ...
BABUMM

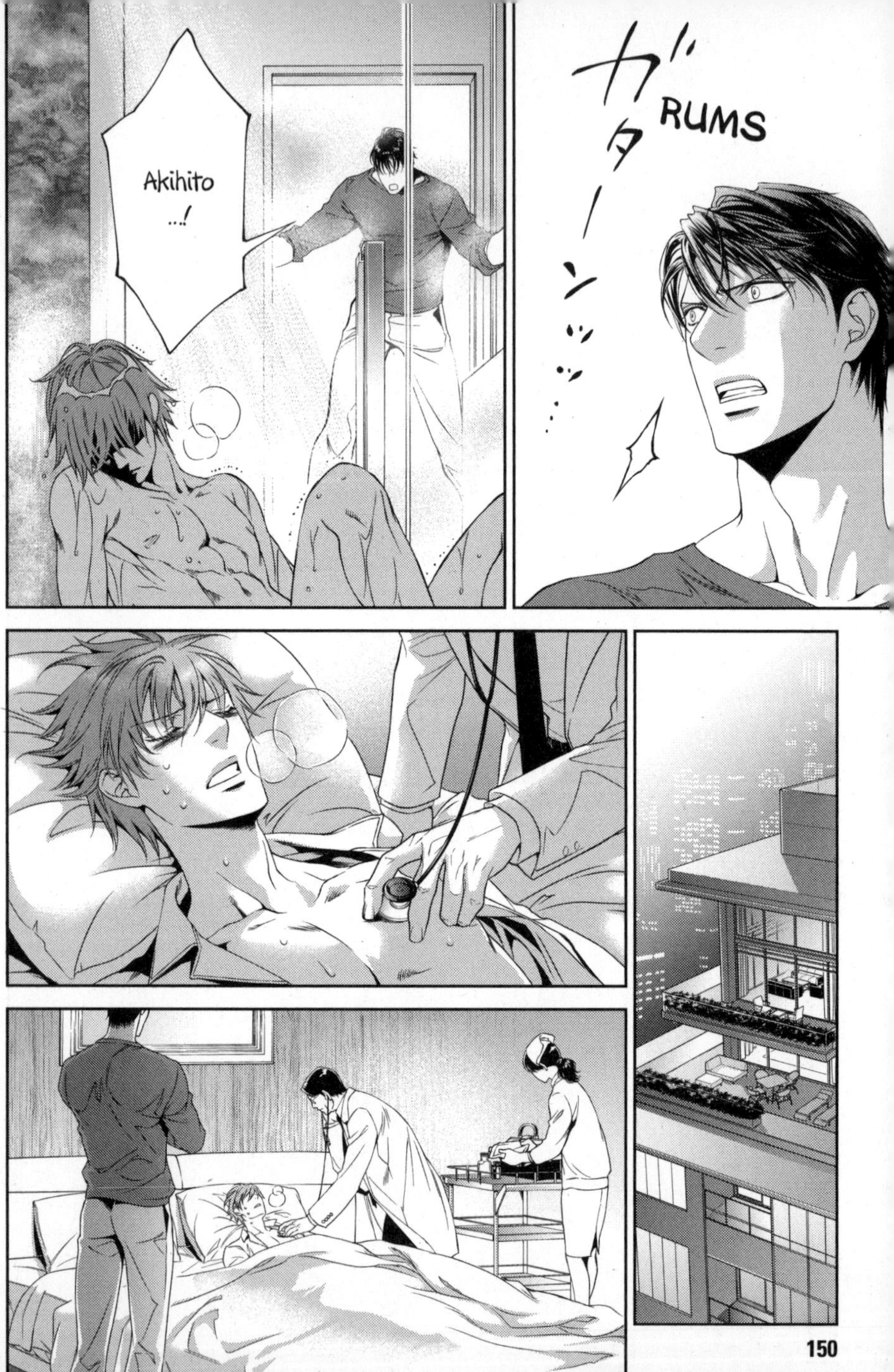
ガターンッ
RUMS
Akihito
...!

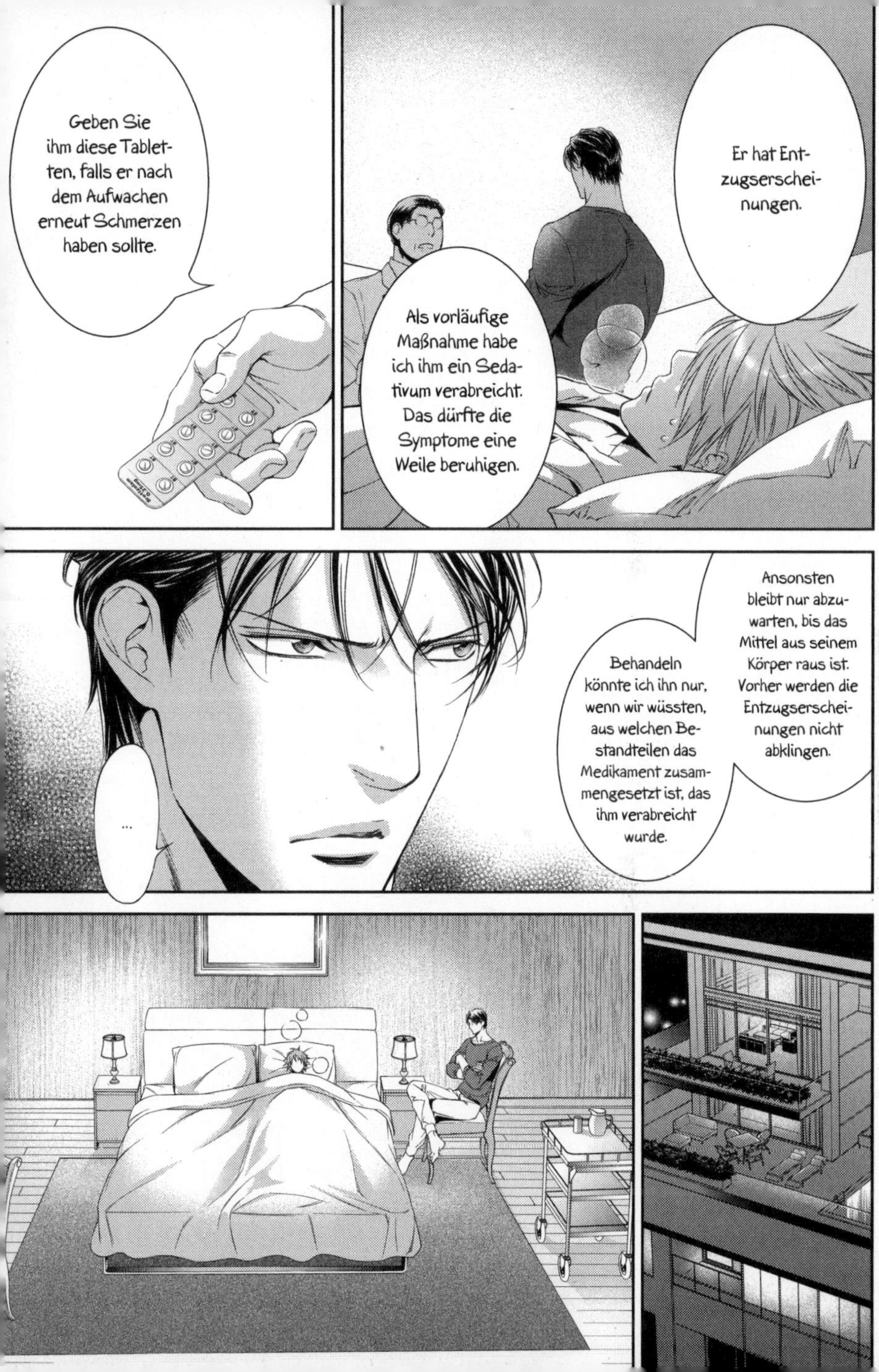
Er hat Entzugserscheinungen.
Als vorläufige Maßnahme habe ich ihm ein Sedativum verabreicht. Das dürfte die Symptome eine Weile beruhigen.
Geben Sie ihm diese Tabletten, falls er nach dem Aufwachen erneut Schmerzen haben sollte.
Ansonsten bleibt nur abzuwarten, bis das Mittel aus seinem Körper raus ist. Vorher werden die Entzugserscheinungen nicht abklingen.
Behandeln könnte ich ihn nur, wenn wir wüssten, aus welchen Bestandteilen das Medikament zusammengesetzt ist, das ihm verabreicht wurde.
...

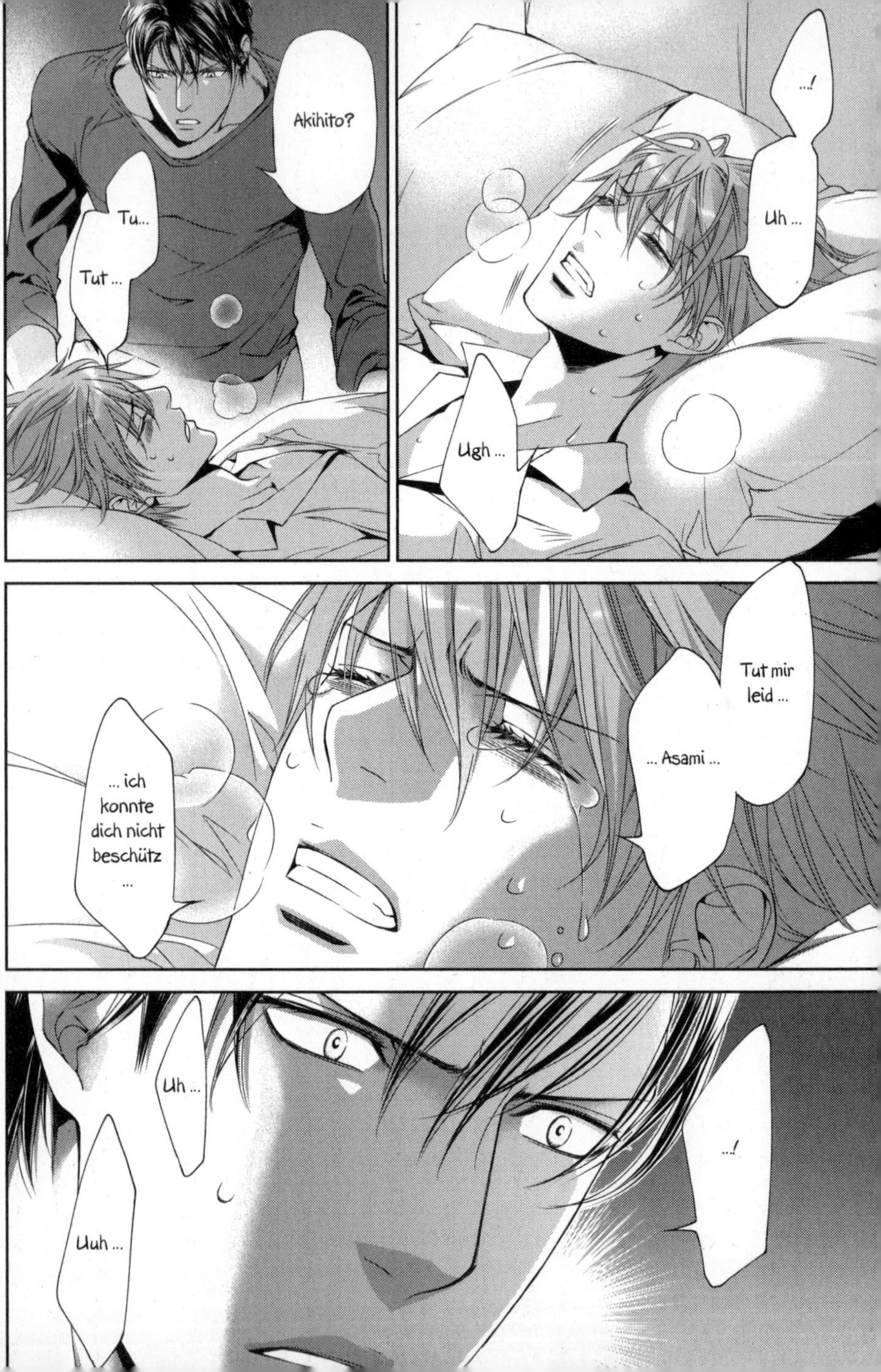
...!
Uh ...
Ugh ...
Akihito?
Tu...
Tut ...
Tut mir leid ...
... Asami ...
... ich konnte dich nicht beschütz ...
...!
Uh ...
Uuh ...

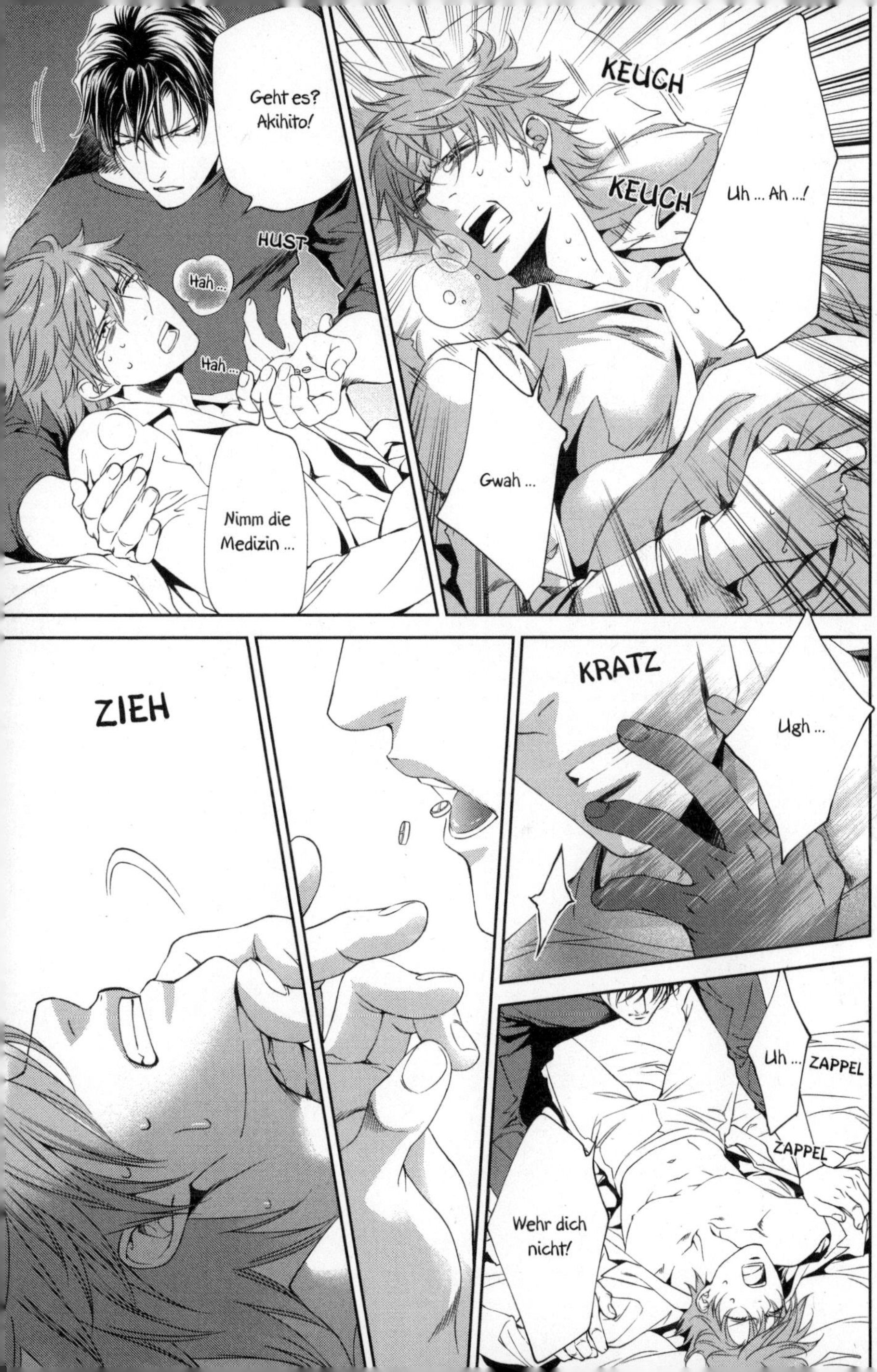
KEUCH
KEUCH
Uh ... Ah ...!
Gwah ...
Geht es? Akihito!
HUST
Hah ...
Hah ...
Nimm die Medizin ...
KRATZ
Ugh ...
Uh ...
ZAPPEL
ZAPPEL
Wehr dich nicht!
ZIEH

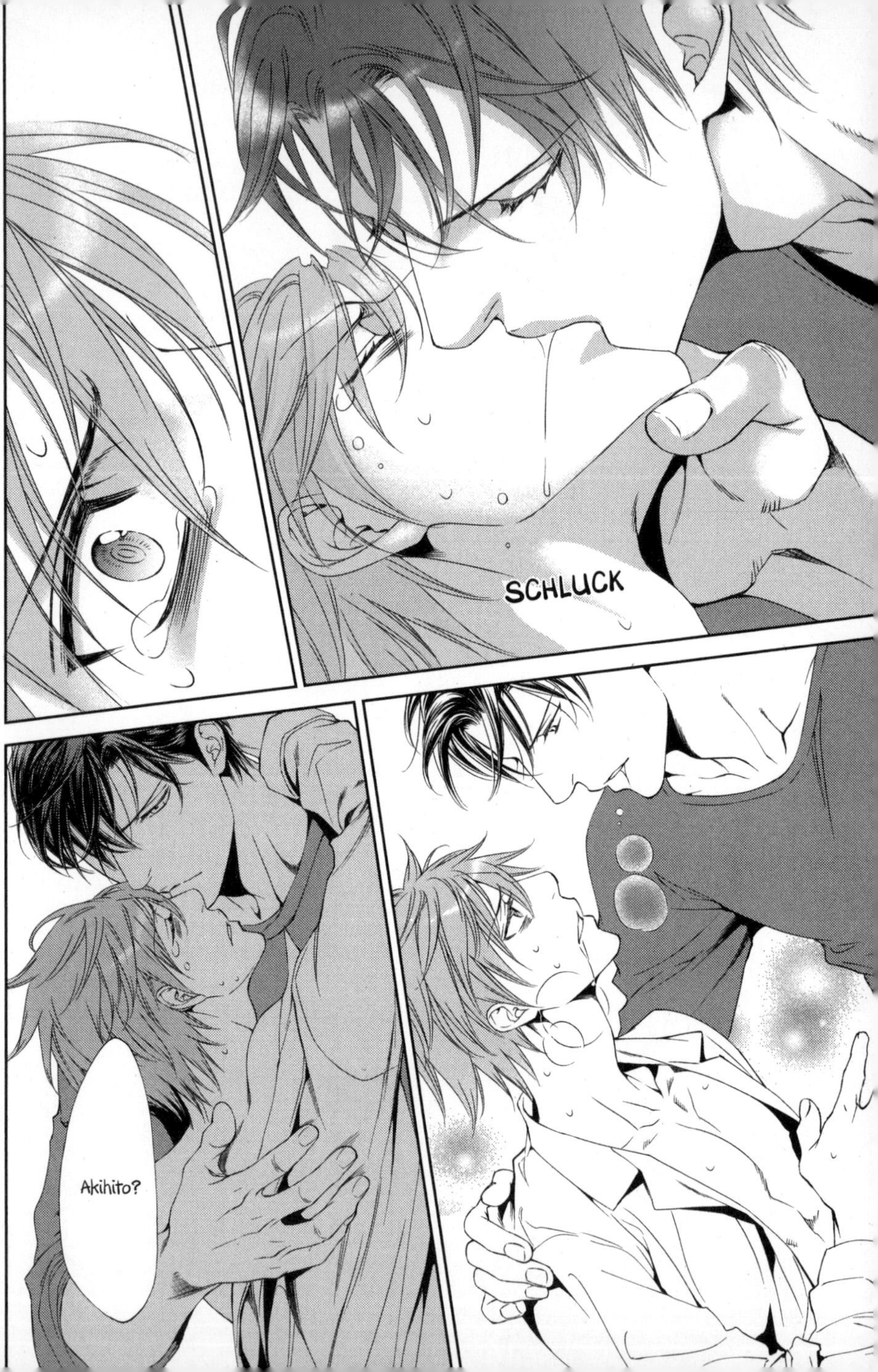
SCHLUCK
Akihito?

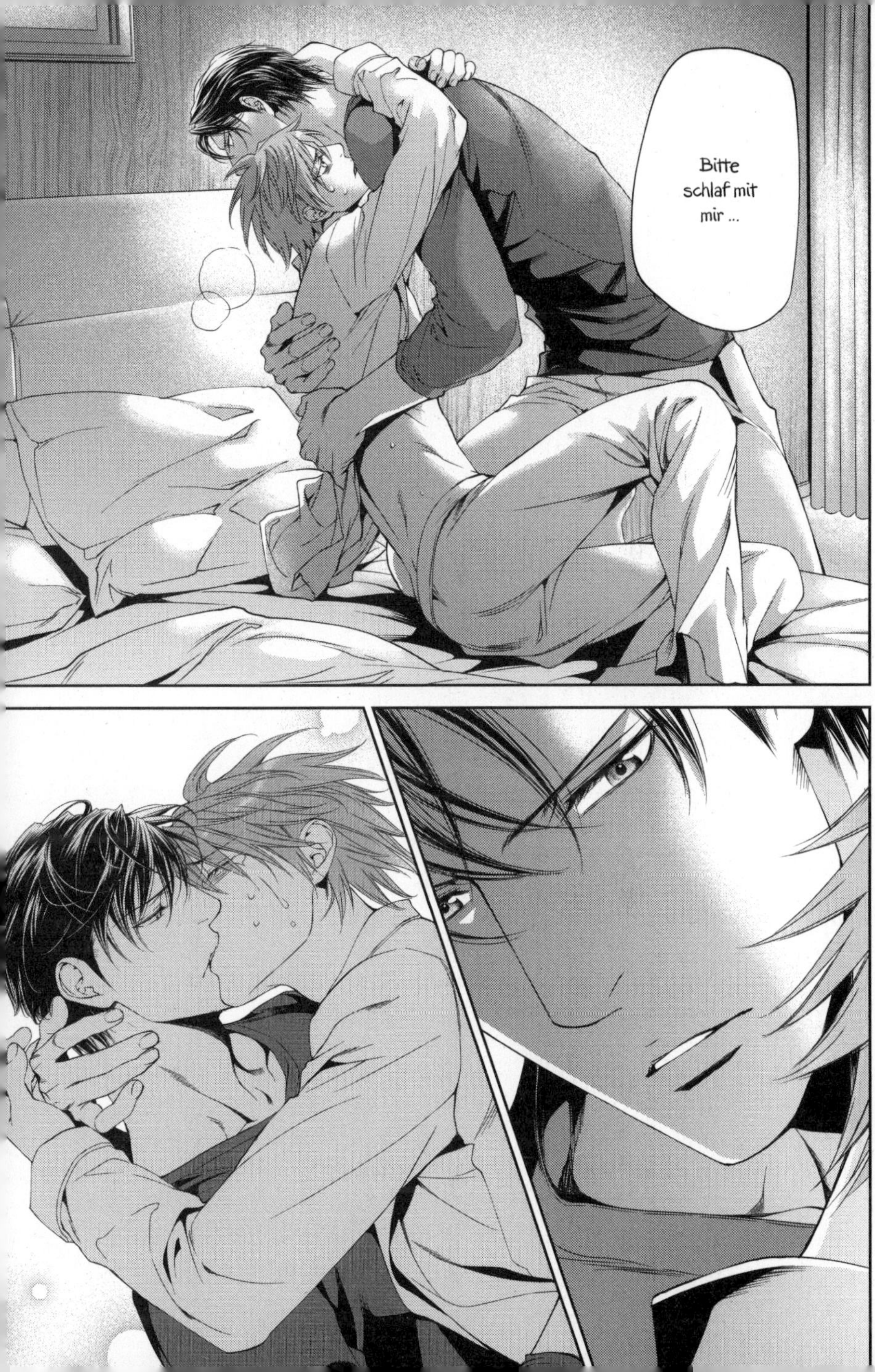
Bitte schlaf mit mir ...

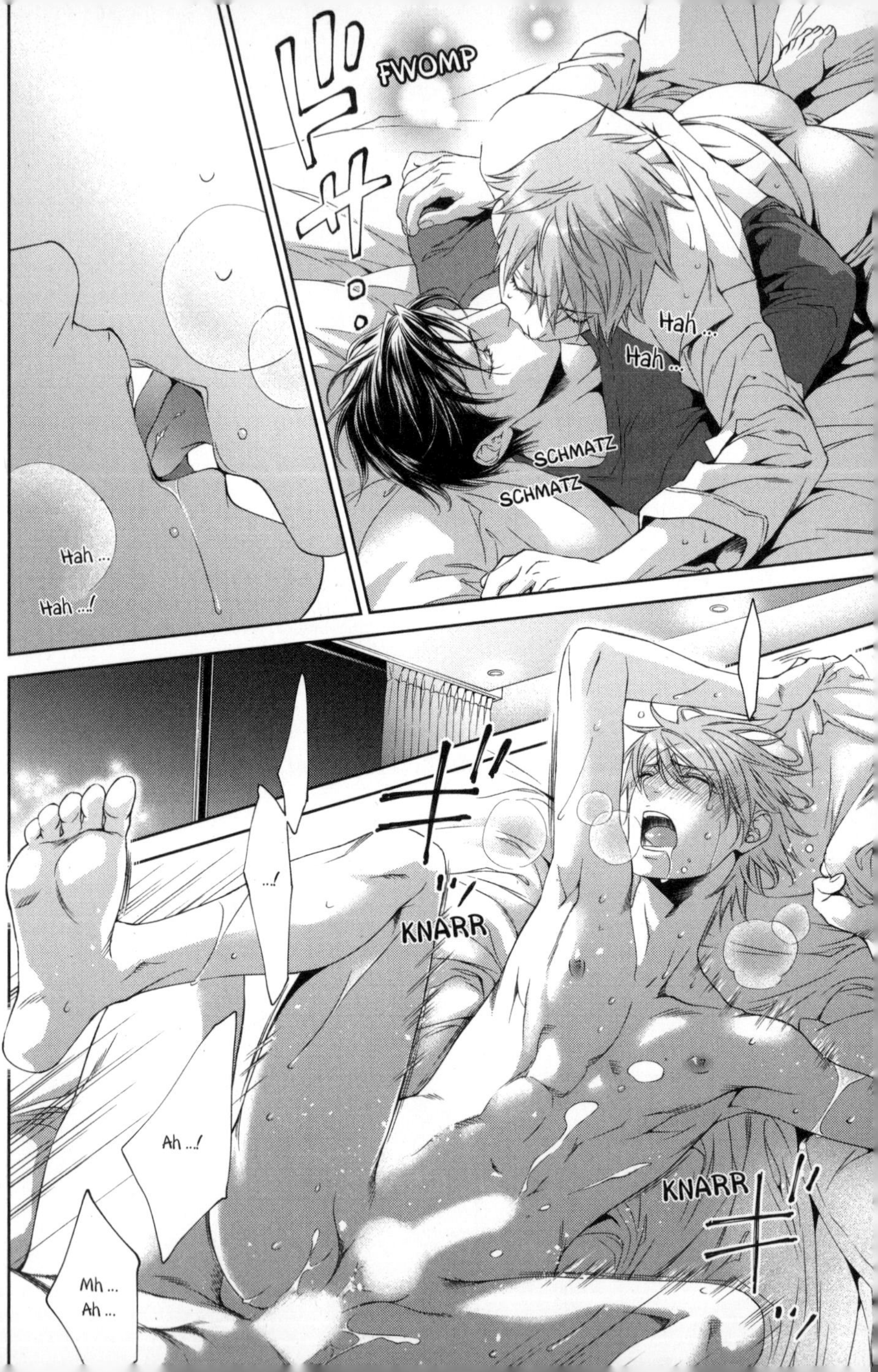
FWOMP
Hah ...
Hah ...
SCHMATZ
SCHMATZ
Hah ...
Hah ...!
...!
KNARR
KNARR
Ah ...!
Mh ...
Ah ...

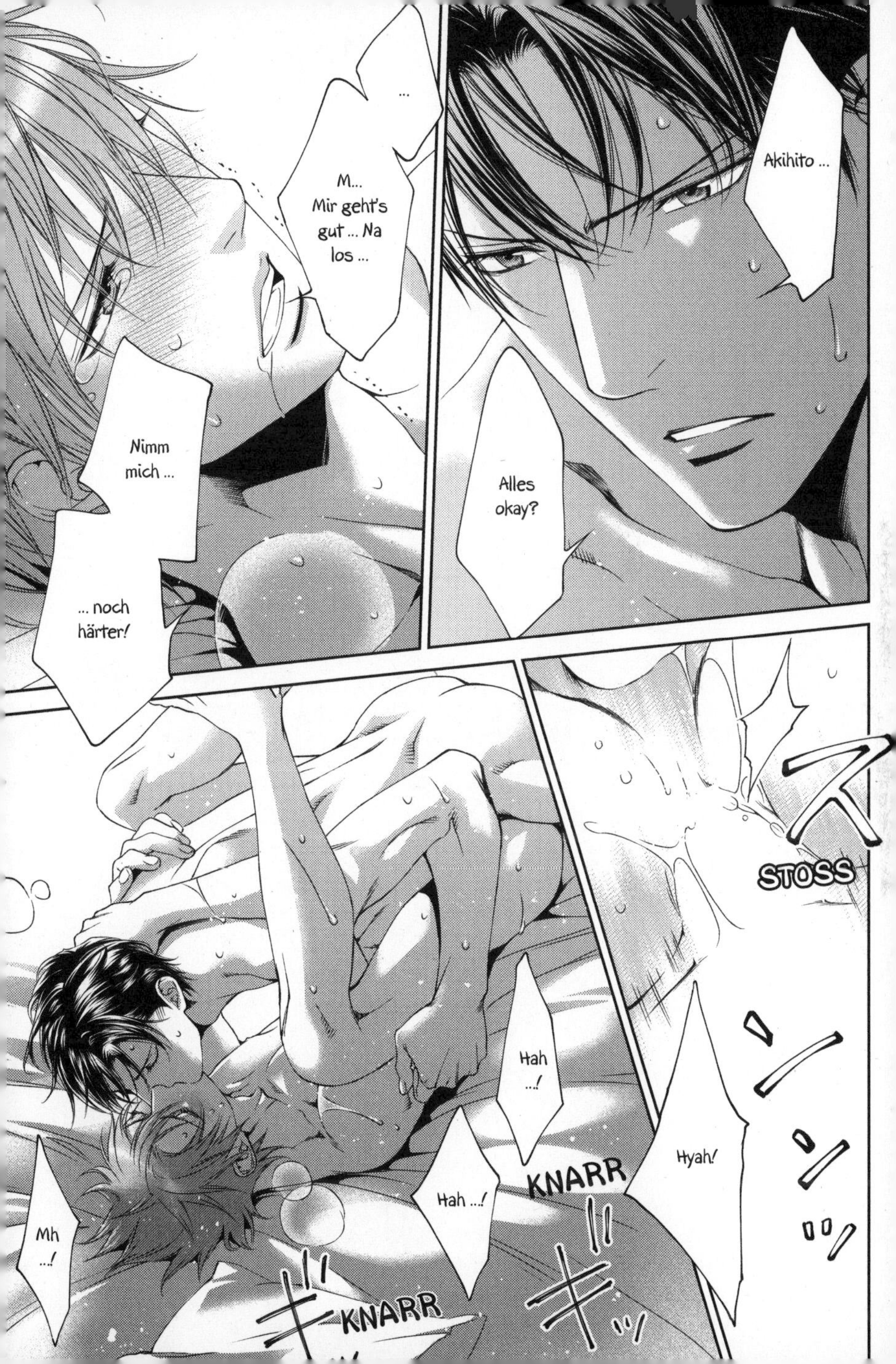
Akihito ...
Alles okay?
...
M... Mir geht's gut ... Na los ...
Nimm mich ...
... noch härter!
STOSS
Hyah!
Hah ...!
KNARR
Hah ...!
Mh ...!
KNARR

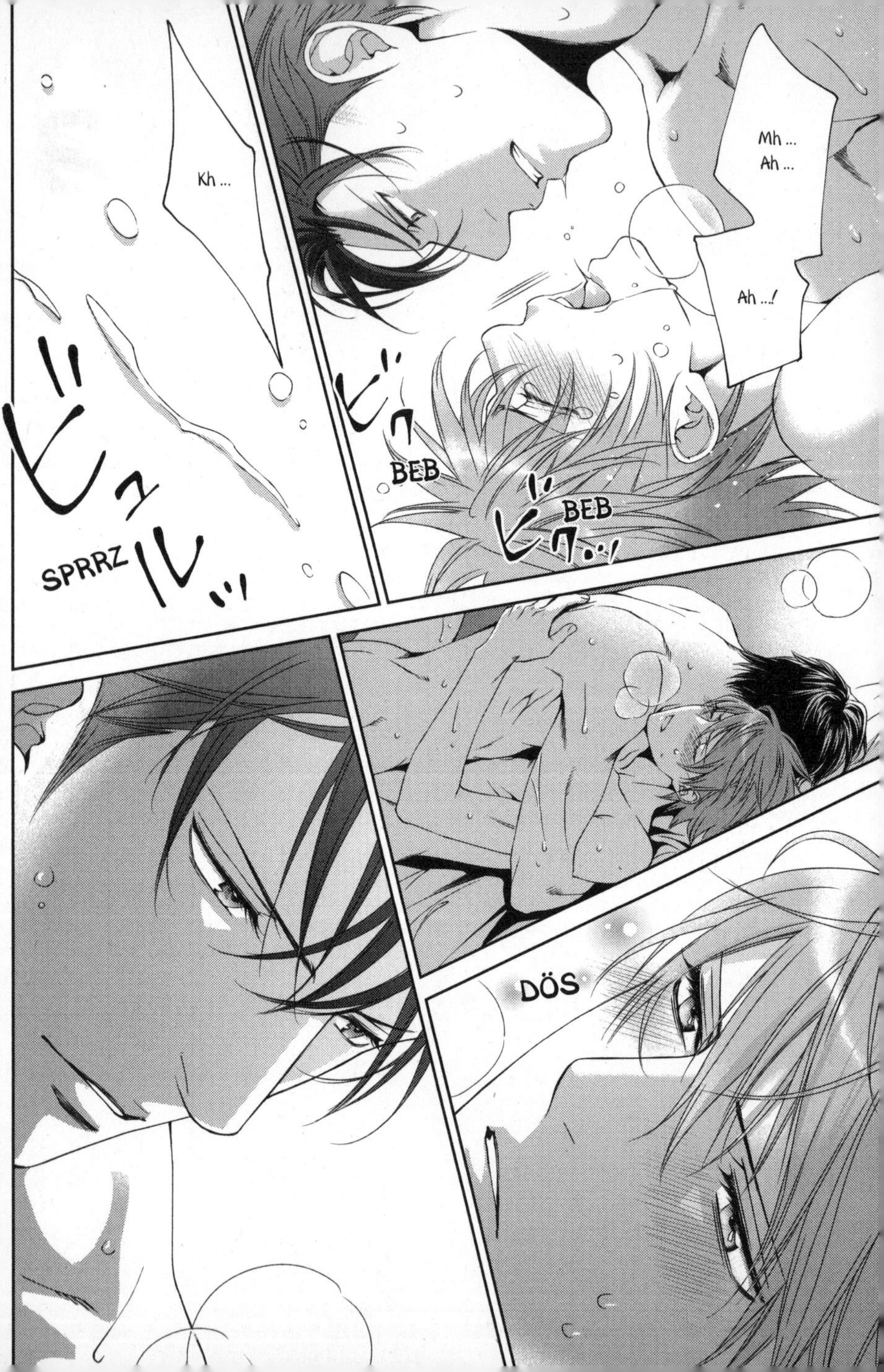
Mh ...
Ah ...
Ah ...!
ビク
BEB
ビクッ..!
BEB
Kh ...
ビュルルッ
SPRRZ
DÖS

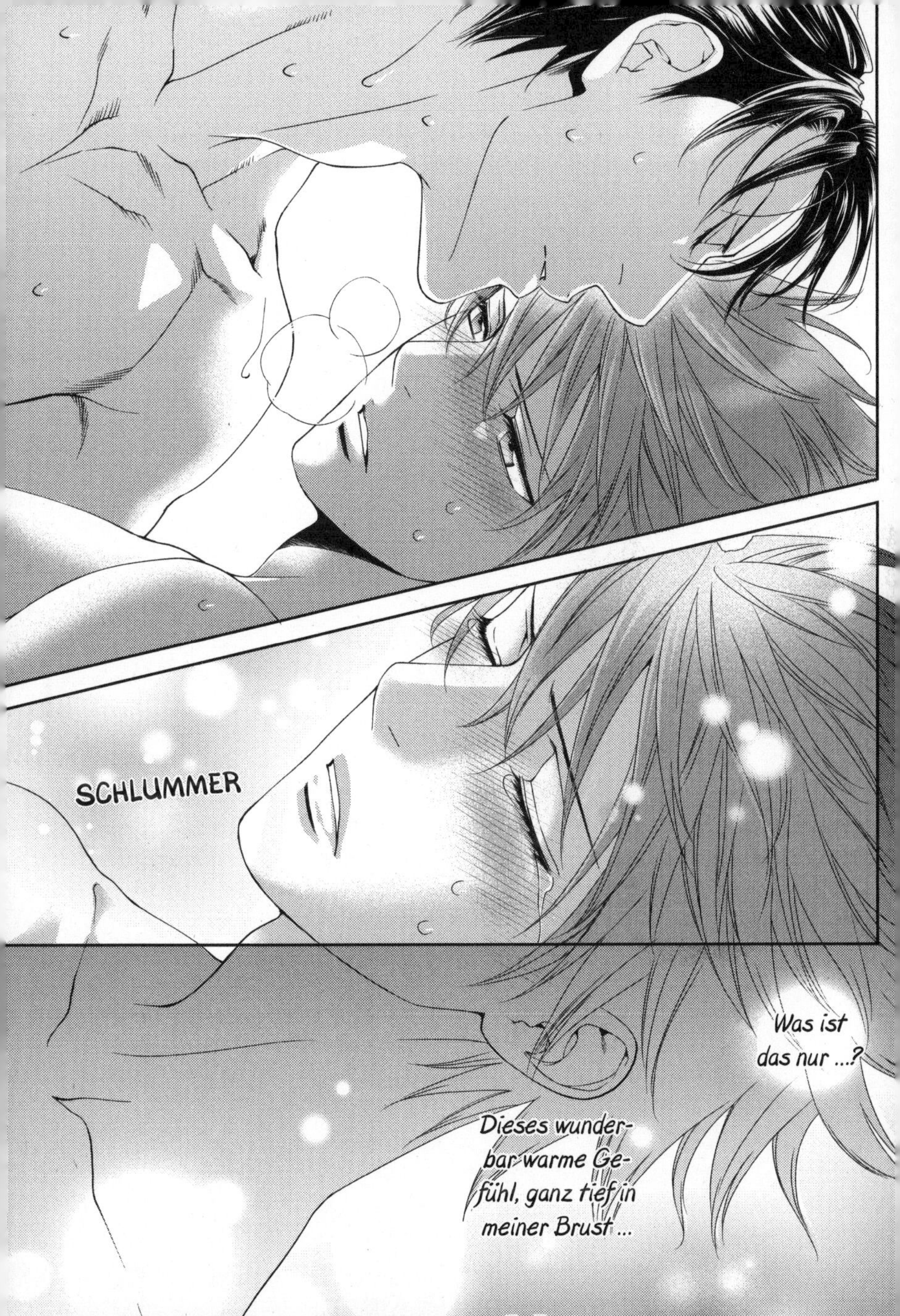

Innocent Eyes – Fortsetzung folgt

Innocent Eyes

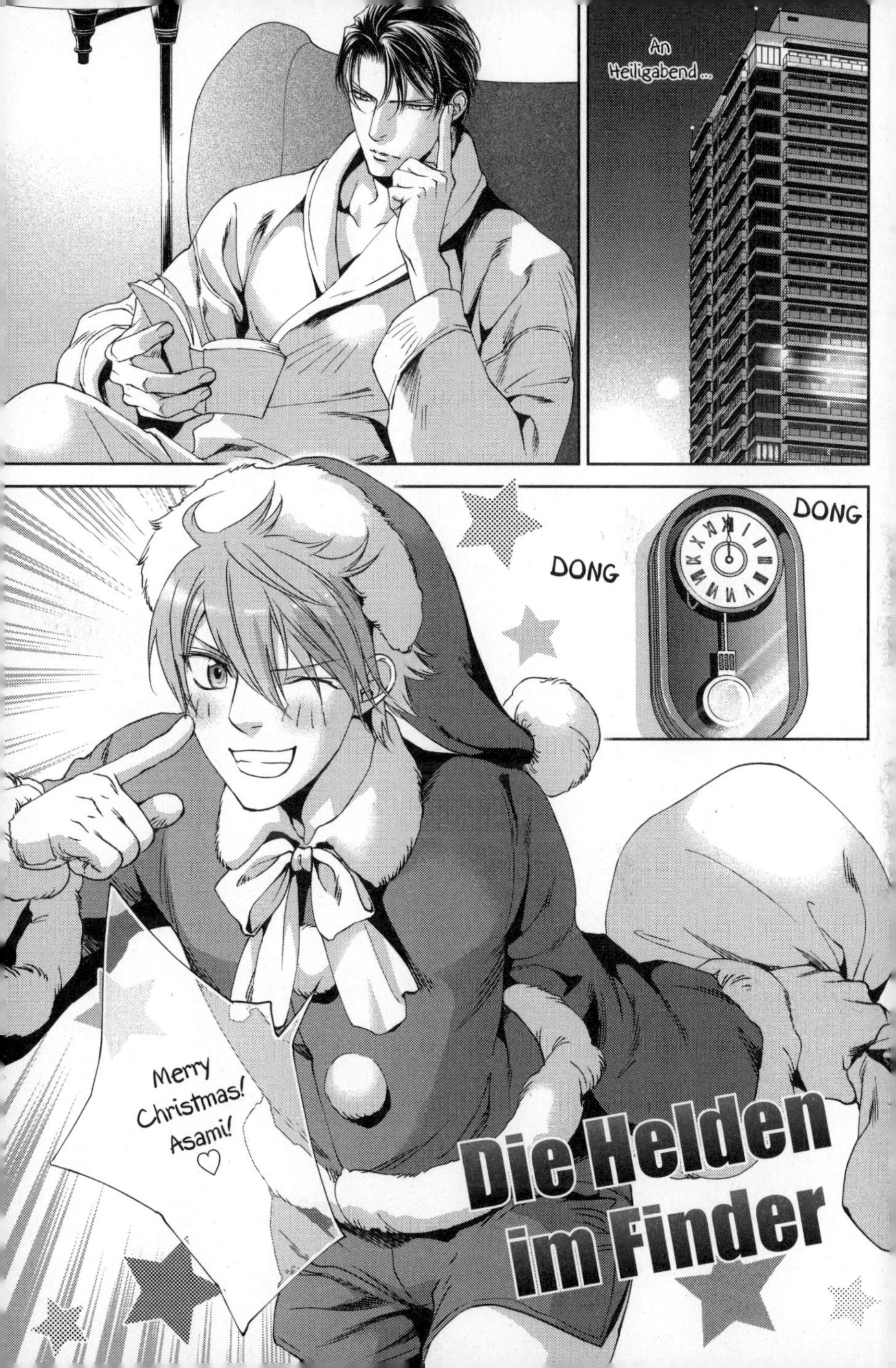

An Heiligabend ...
DONG
DONG
Merry Christmas! Asami! ♡
Die Helden im Finder

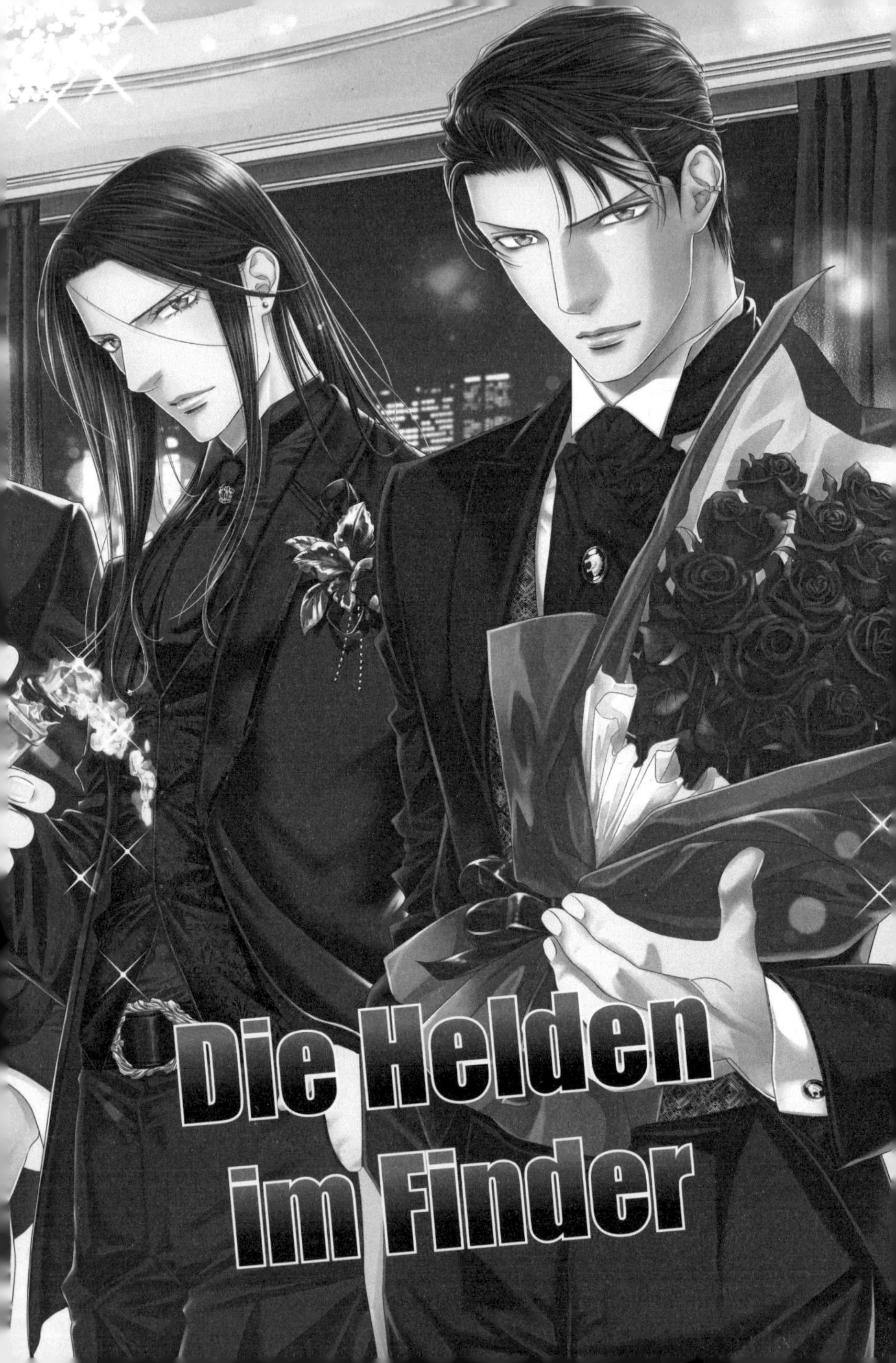
Die Helden
im Finder

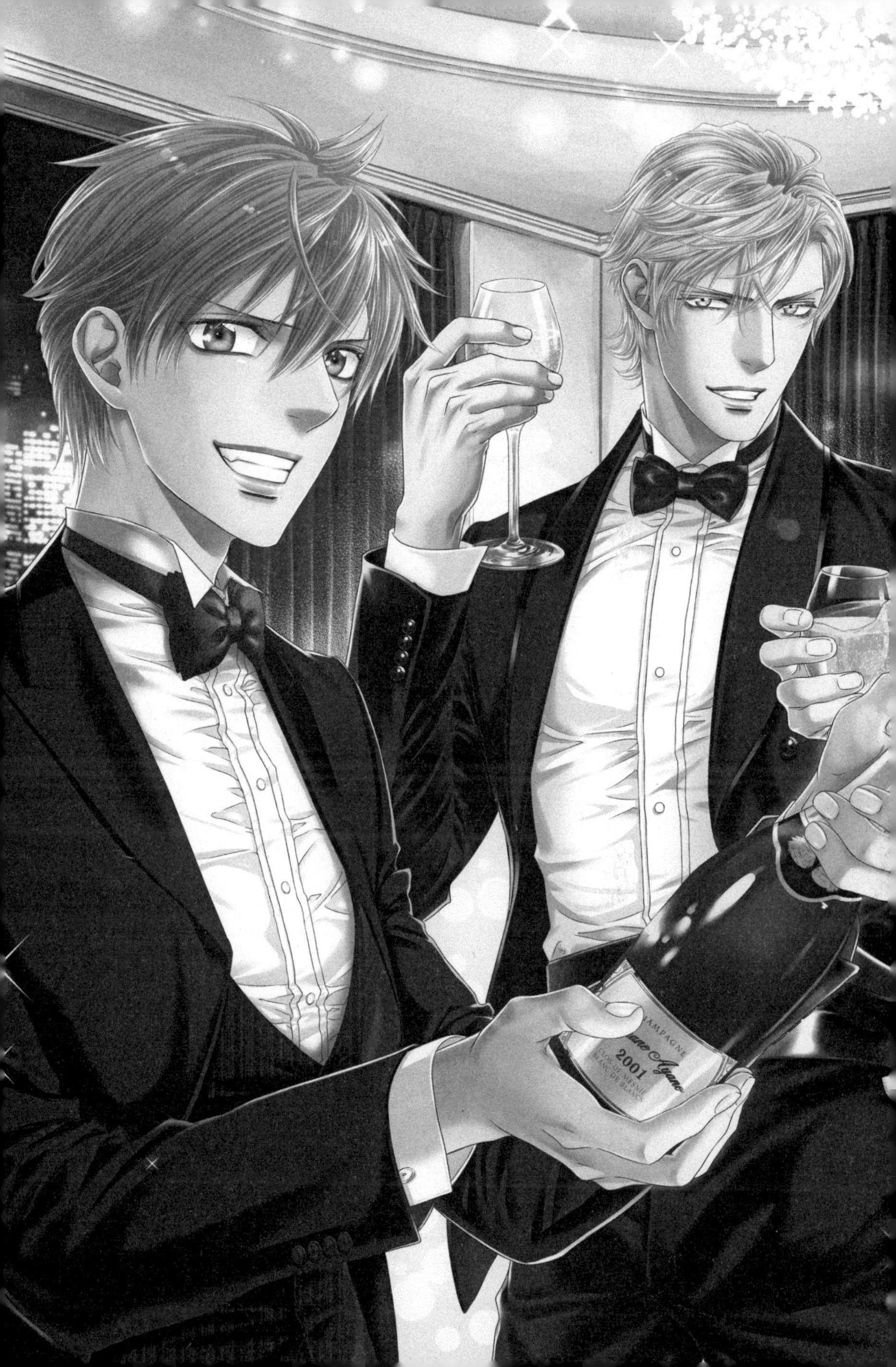
2001

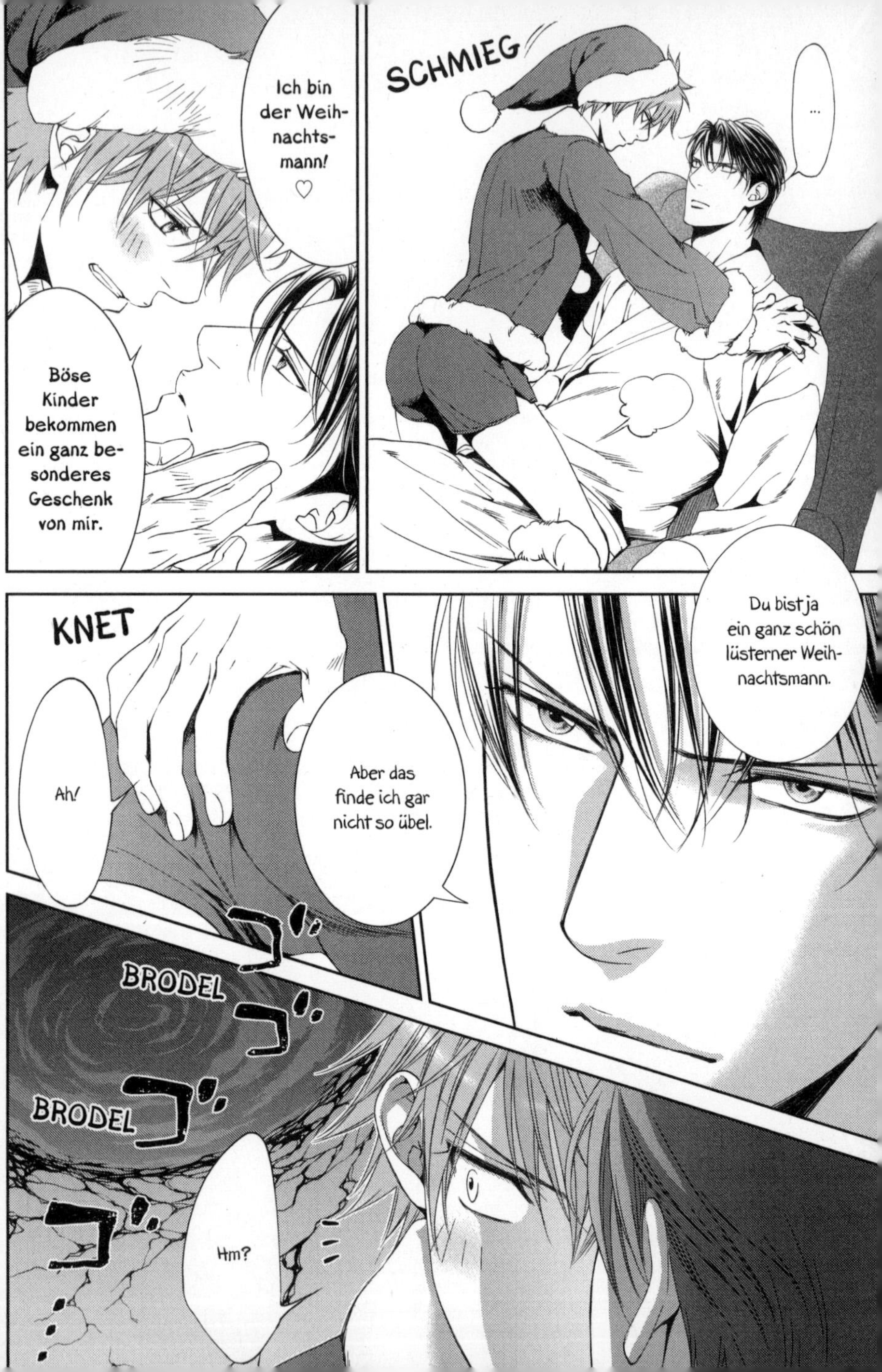
...
SCHMIEG
Ich bin der Weihnachtsmann! ♡
Böse Kinder bekommen ein ganz besonderes Geschenk von mir.
Du bist ja ein ganz schön lüsterner Weihnachtsmann.
Aber das finde ich gar nicht so übel.
KNET
Ah!
BRODEL
BRODEL
Hm?

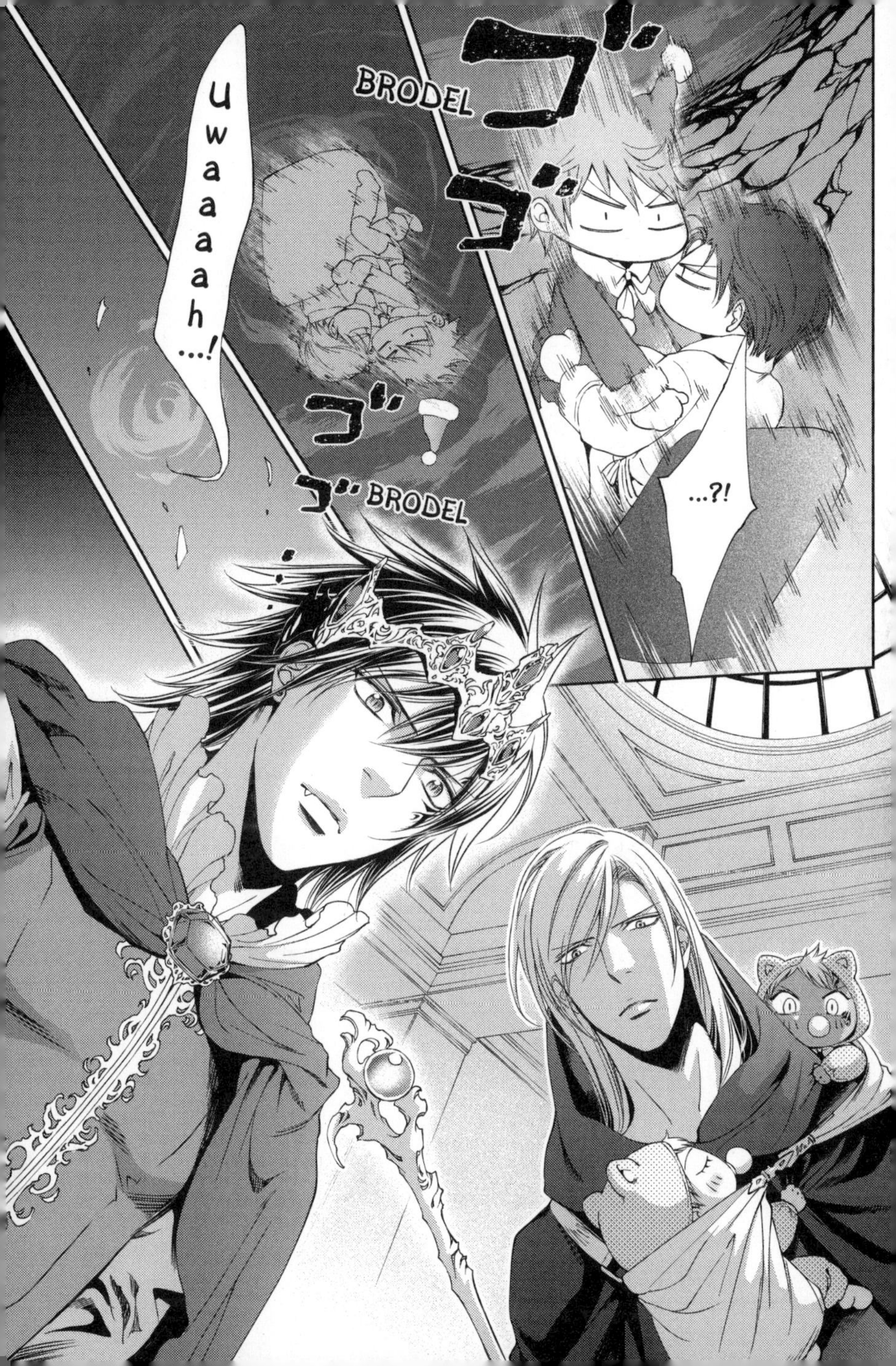
BRODEL
ゴゴ
...?!
Uwaaaaah...!
ゴゴ
BRODEL

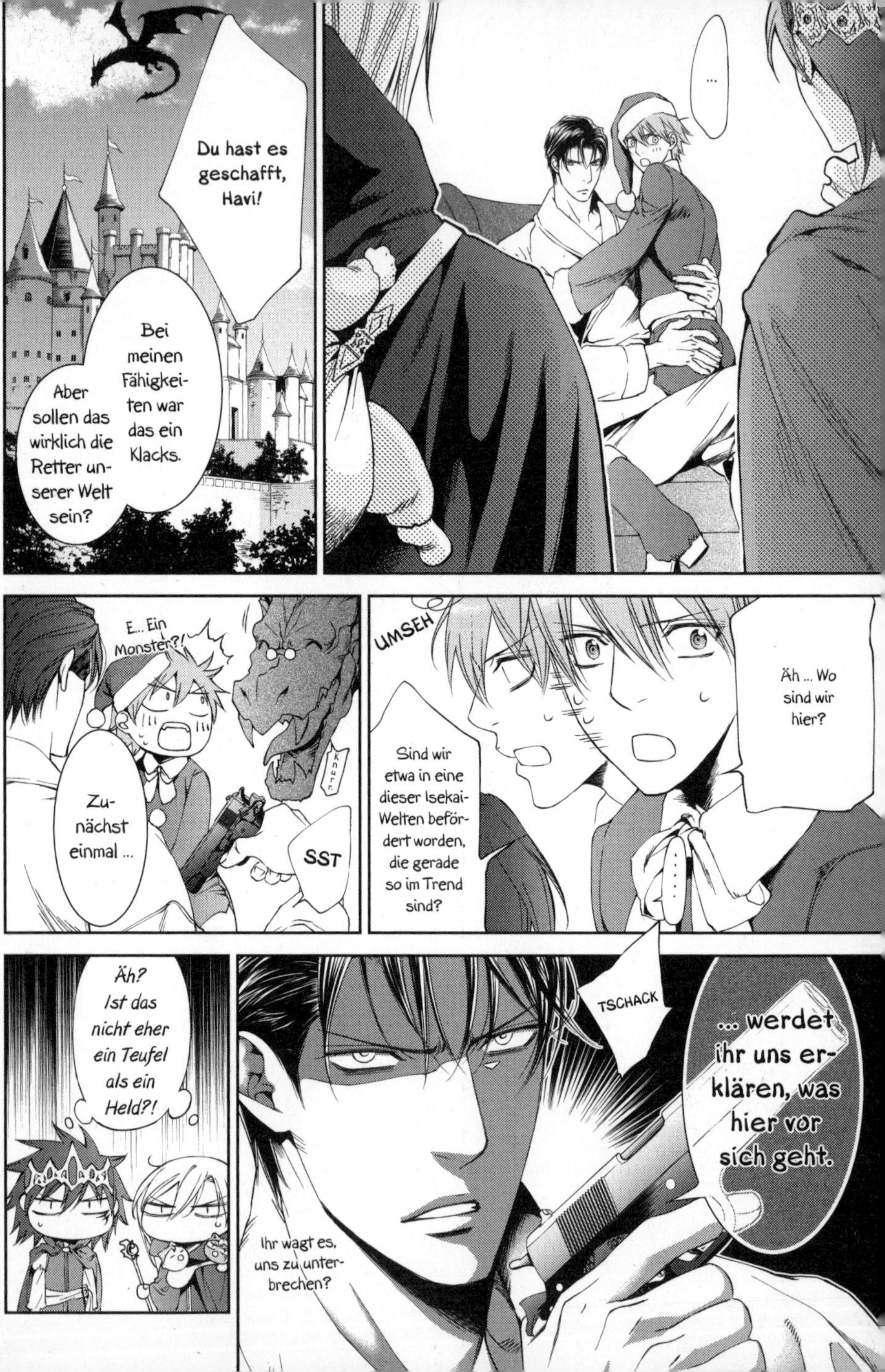
…
Du hast es geschafft, Havi!
Bei meinen Fähigkeiten war das ein Klacks.
Aber sollen das wirklich die Retter unserer Welt sein?
Äh … Wo sind wir hier?
UMSEH
Sind wir etwa in eine dieser Isekai-Welten befördert worden, die gerade so im Trend sind?
E… Ein Monster?!
Zunächst einmal …
SST
TSCHACK
… werdet ihr uns erklären, was hier vor sich geht.
Ihr wagt es, uns zu unterbrechen?
Äh? Ist das nicht eher ein Teufel als ein Held?!

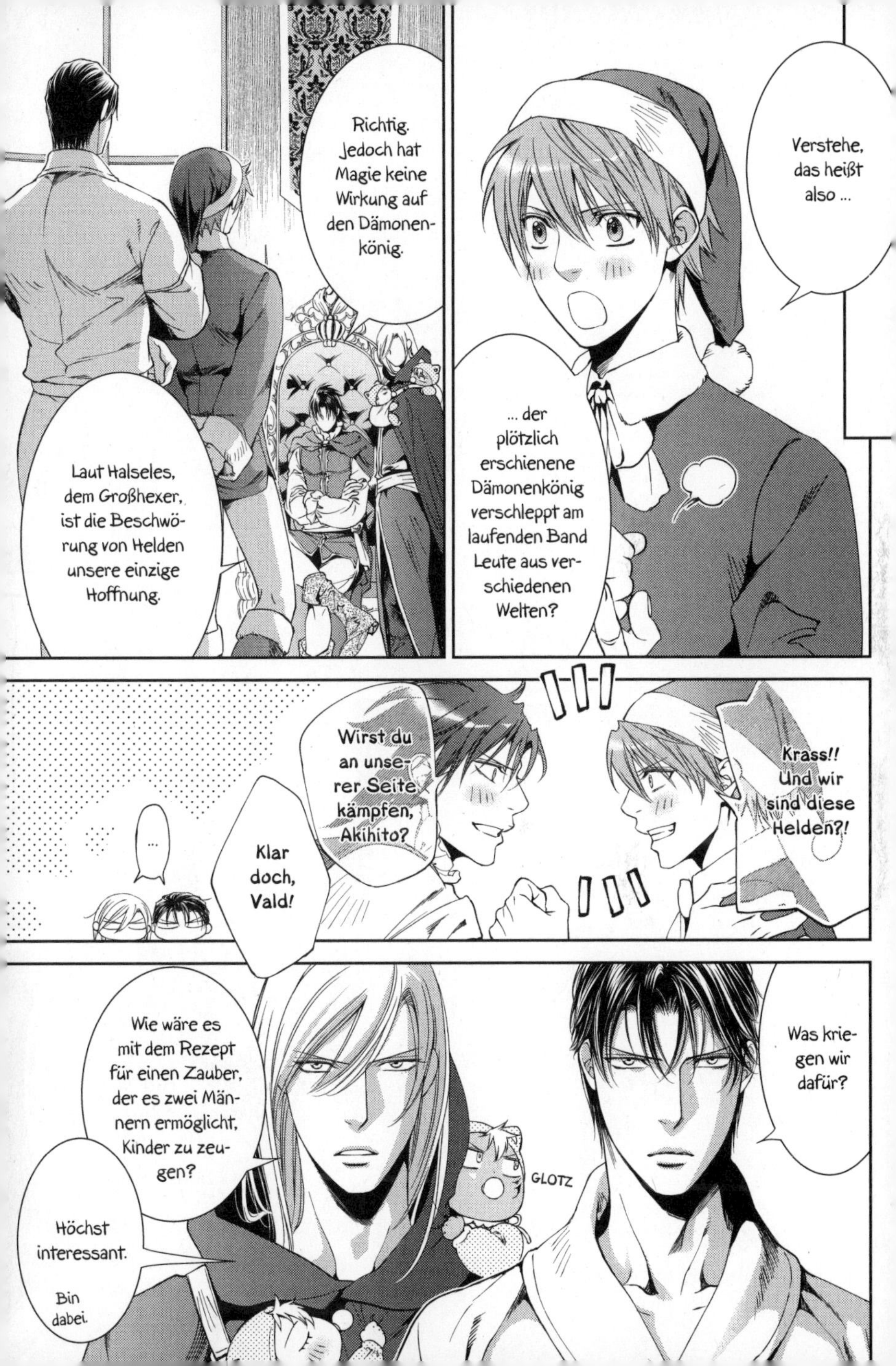
Verstehe, das heißt also ...
... der plötzlich erschienene Dämonenkönig verschleppt am laufenden Band Leute aus verschiedenen Welten?
Richtig. Jedoch hat Magie keine Wirkung auf den Dämonenkönig.
Laut Halseles, dem Großhexer, ist die Beschwörung von Helden unsere einzige Hoffnung.
Krass!! Und wir sind diese Helden?!
Wirst du an unserer Seite kämpfen, Akihito?
Klar doch, Vald!
...
Was kriegen wir dafür?
GLOTZ
Wie wäre es mit dem Rezept für einen Zauber, der es zwei Männern ermöglicht, Kinder zu zeugen?
Höchst interessant.
Bin dabei.

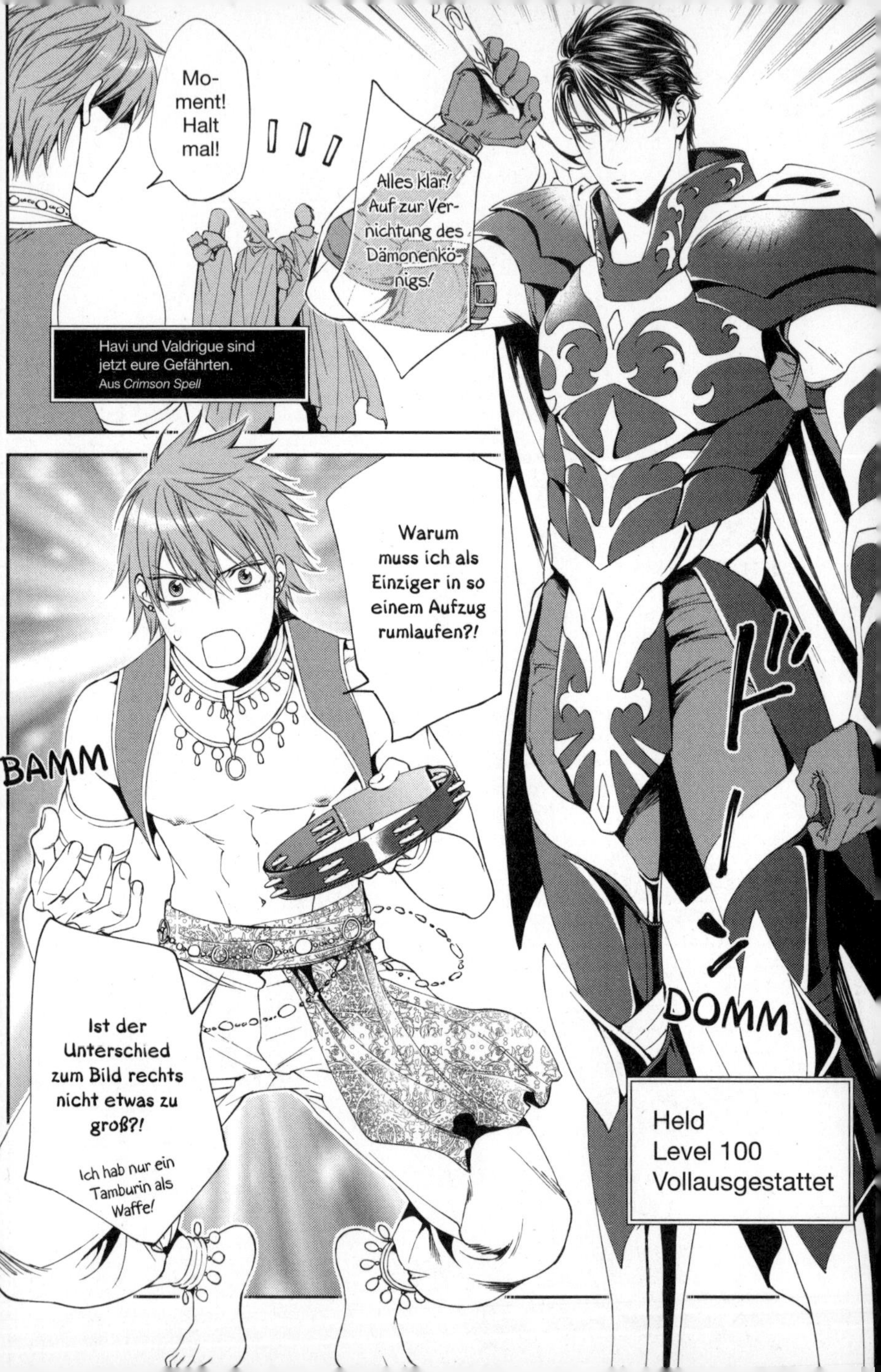
Alles klar! Auf zur Vernichtung des Dämonenkönigs!
Mo-ment! Halt mal!
Havi und Valdrigue sind jetzt eure Gefährten.
Aus *Crimson Spell*
Warum muss ich als Einziger in so einem Aufzug rumlaufen?!
BAMM
DOMM
Held
Level 100
Vollausgestattet
Ist der Unterschied zum Bild rechts nicht etwas zu groß?!
Ich hab nur ein Tamburin als Waffe!

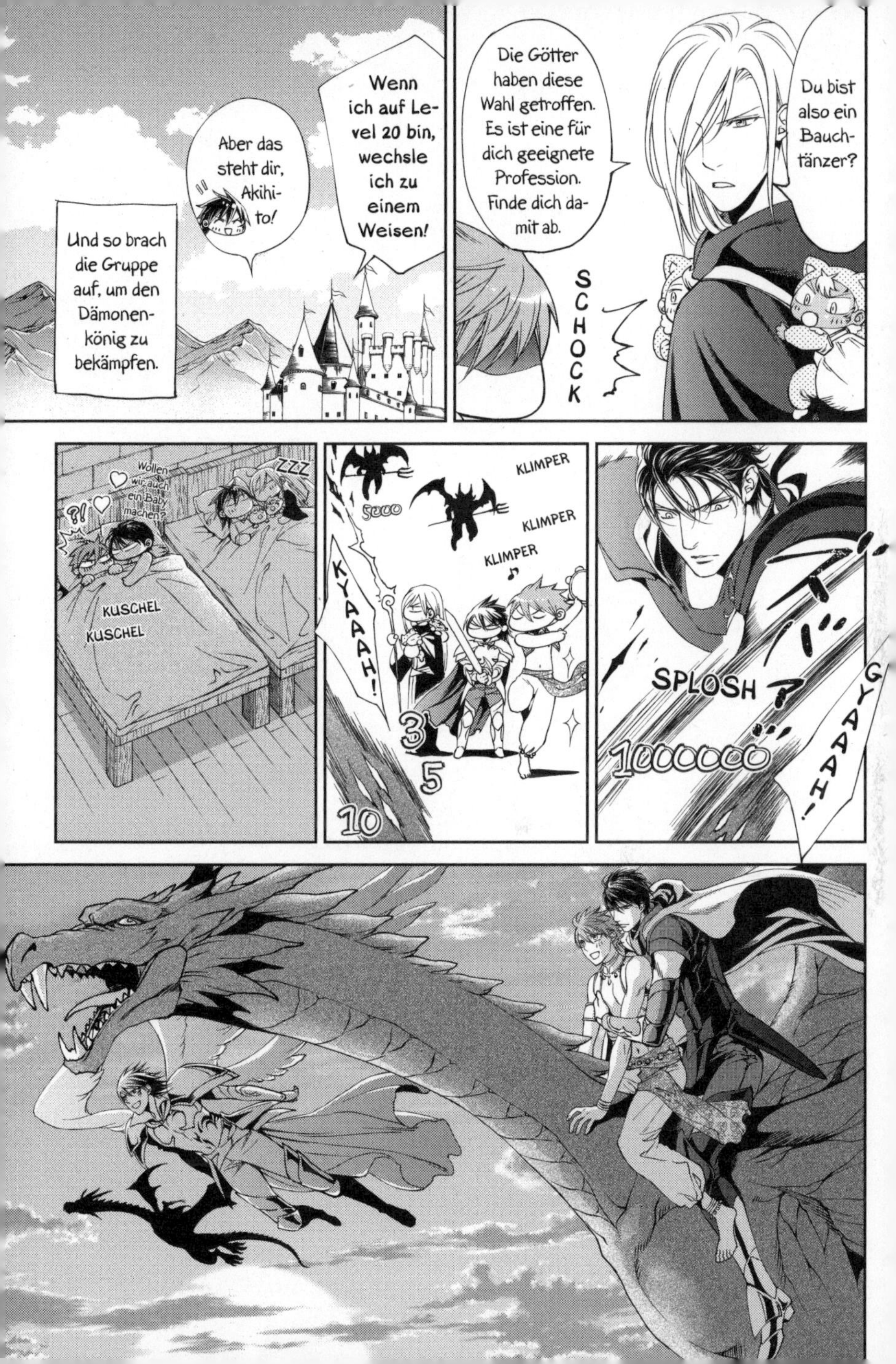
Du bist also ein Bauchtänzer?
Die Götter haben diese Wahl getroffen. Es ist eine für dich geeignete Profession. Finde dich damit ab.
SCHOCK
Wenn ich auf Level 20 bin, wechsle ich zu einem Weisen!
Aber das steht dir, Akihito!
Und so brach die Gruppe auf, um den Dämonenkönig zu bekämpfen.
SPLOSH
1000000
GYAAAAH!
KLIMPER
KLIMPER
KLIMPER
KYAAAH!
3
5
10
ZZZ
Wollen wir auch ein Baby machen?
?!
KUSCHEL
KUSCHEL

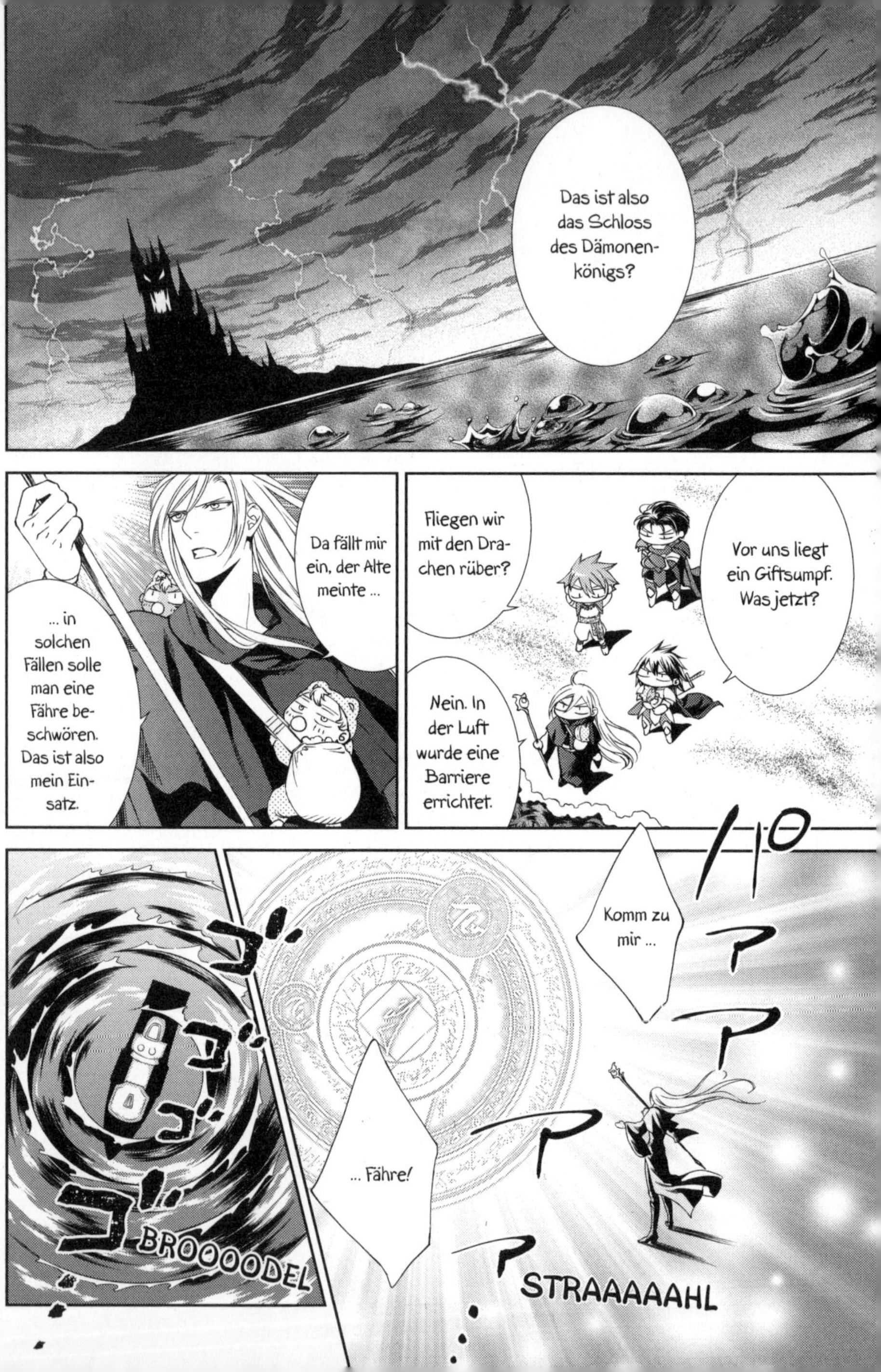
Das ist also das Schloss des Dämonenkönigs?
Vor uns liegt ein Giftsumpf. Was jetzt?
Fliegen wir mit den Drachen rüber?
Nein. In der Luft wurde eine Barriere errichtet.
Da fällt mir ein, der Alte meinte ...
... in solchen Fällen solle man eine Fähre beschwören. Das ist also mein Einsatz.
Komm zu mir ...
... Fähre!
STRAAAAAHL
BROOOOODEL

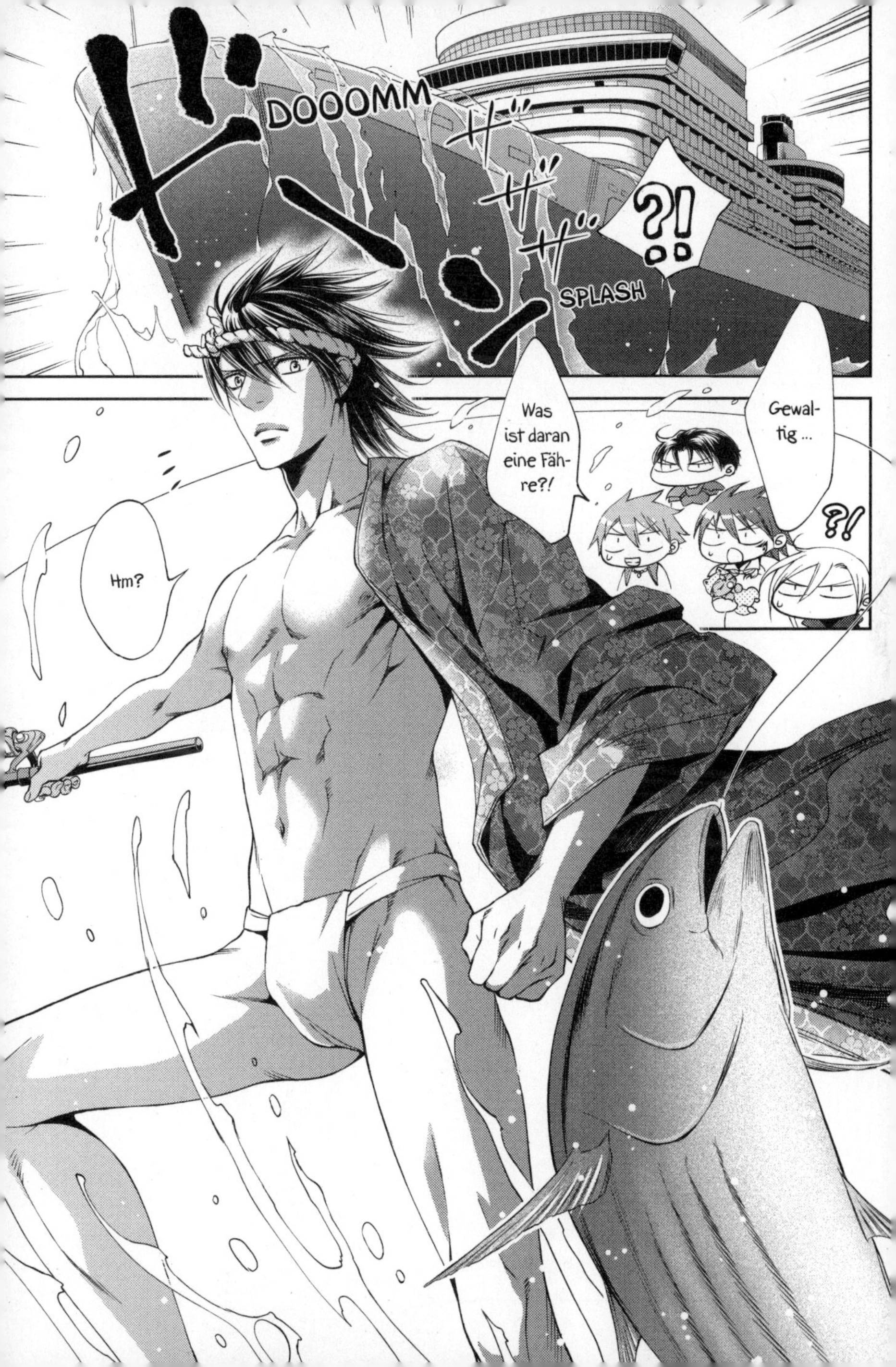
DOOOMM
?!
SPLASH
Gewal-
tig ...
?!
Was
ist daran
eine Fäh-
re?!
Hm?

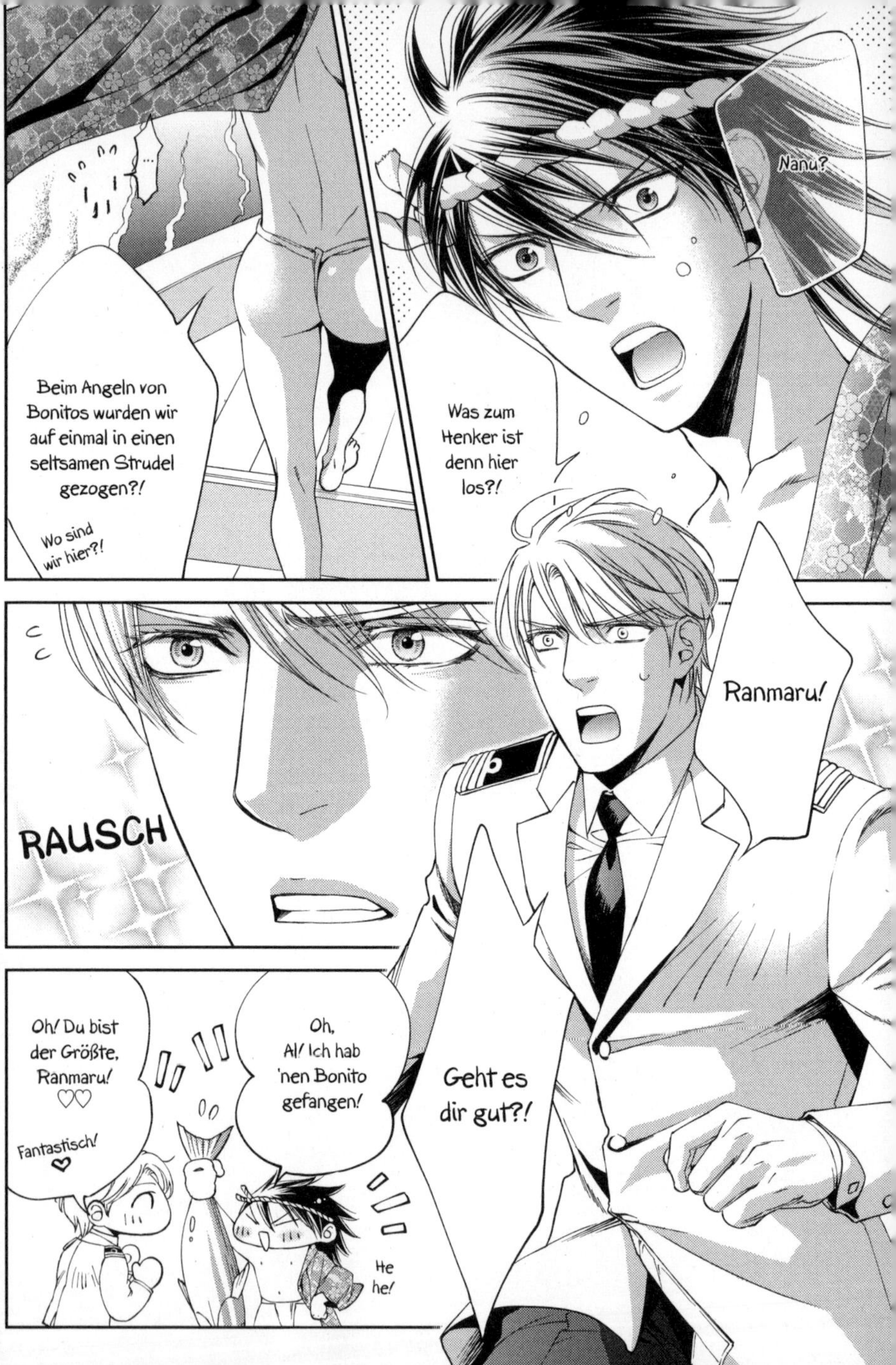
Nanu?
Was zum Henker ist denn hier los?!
Beim Angeln von Bonitos wurden wir auf einmal in einen seltsamen Strudel gezogen?!
Wo sind wir hier?!
...
Ranmaru!
Geht es dir gut?!
RAUSCH
Oh, Al! Ich hab 'nen Bonito gefangen!
He he!
Oh! Du bist der Größte, Ranmaru! ♡♡
Fantastisch! ♡

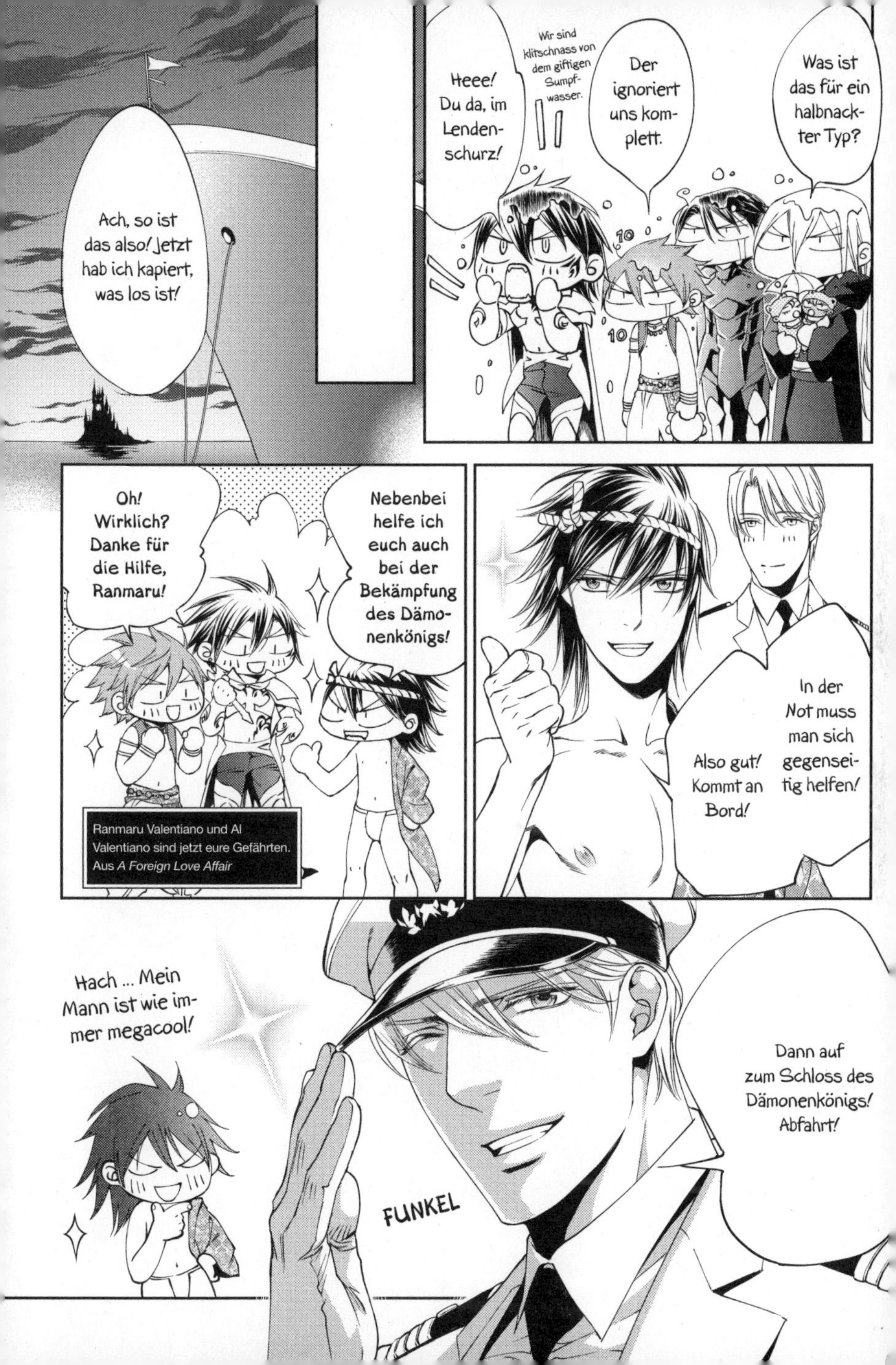
Was ist das für ein halbnackter Typ?
Der ignoriert uns komplett.
Wir sind klitschnass von dem giftigen Sumpfwasser.
Heee! Du da, im Lendenschurz!
Ach, so ist das also! Jetzt hab ich kapiert, was los ist!
In der Not muss man sich gegenseitig helfen!
Also gut! Kommt an Bord!
Nebenbei helfe ich euch auch bei der Bekämpfung des Dämonenkönigs!
Oh! Wirklich? Danke für die Hilfe, Ranmaru!
Ranmaru Valentiano und Al Valentiano sind jetzt eure Gefährten. Aus *A Foreign Love Affair*
Dann auf zum Schloss des Dämonenkönigs! Abfahrt!
FUNKEL
Hach ... Mein Mann ist wie immer megacool!

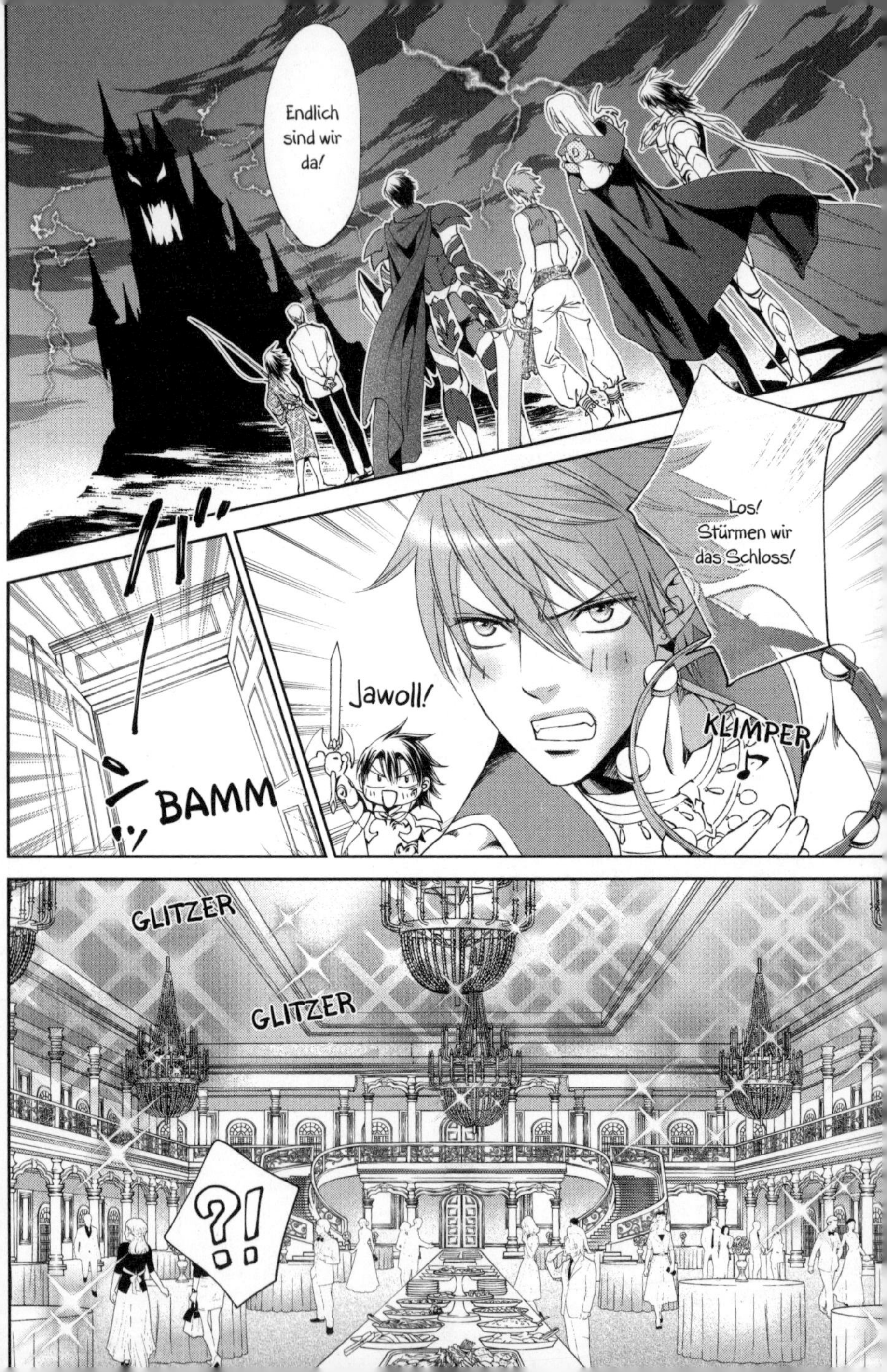
Endlich sind wir da!
Los! Stürmen wir das Schloss!
Jawoll!
KLIMPER
BAMM
GLITZER
GLITZER
?!

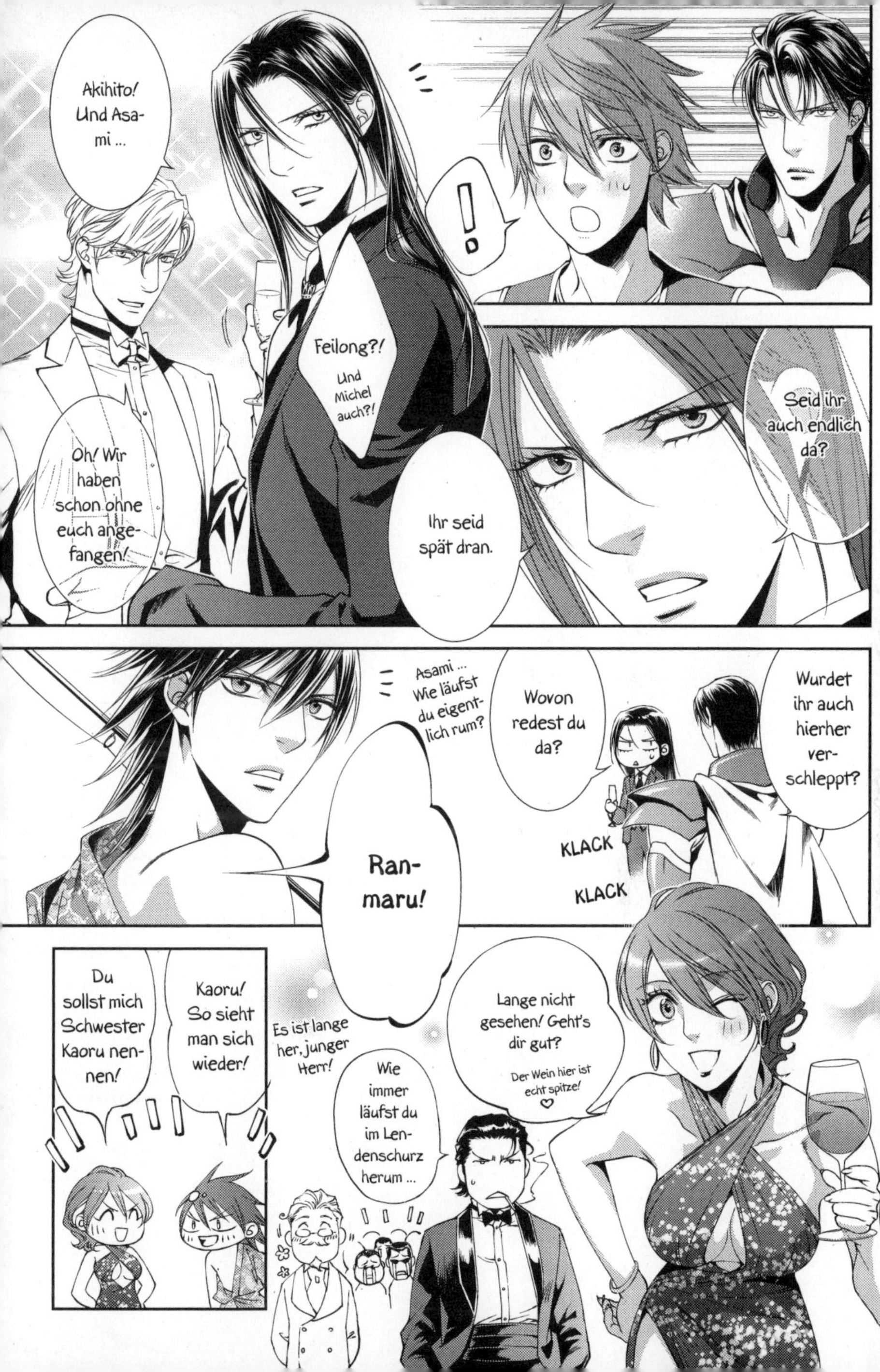
!
Seid ihr auch endlich da?
Ihr seid spät dran.
Akihito! Und Asami ...
Feilong?!
Und Michel auch?!
Oh! Wir haben schon ohne euch angefangen!
Wurdet ihr auch hierher verschleppt?
Wovon redest du da?
Asami ... Wie läufst du eigentlich rum?
KLACK
KLACK
Ran-maru!
Lange nicht gesehen! Geht's dir gut?
Der Wein hier ist echt spitze! ♡
Wie immer läufst du im Lendenschurz herum ...
Es ist lange her, junger Herr!
Kaoru! So sieht man sich wieder!
Du sollst mich Schwester Kaoru nennen!

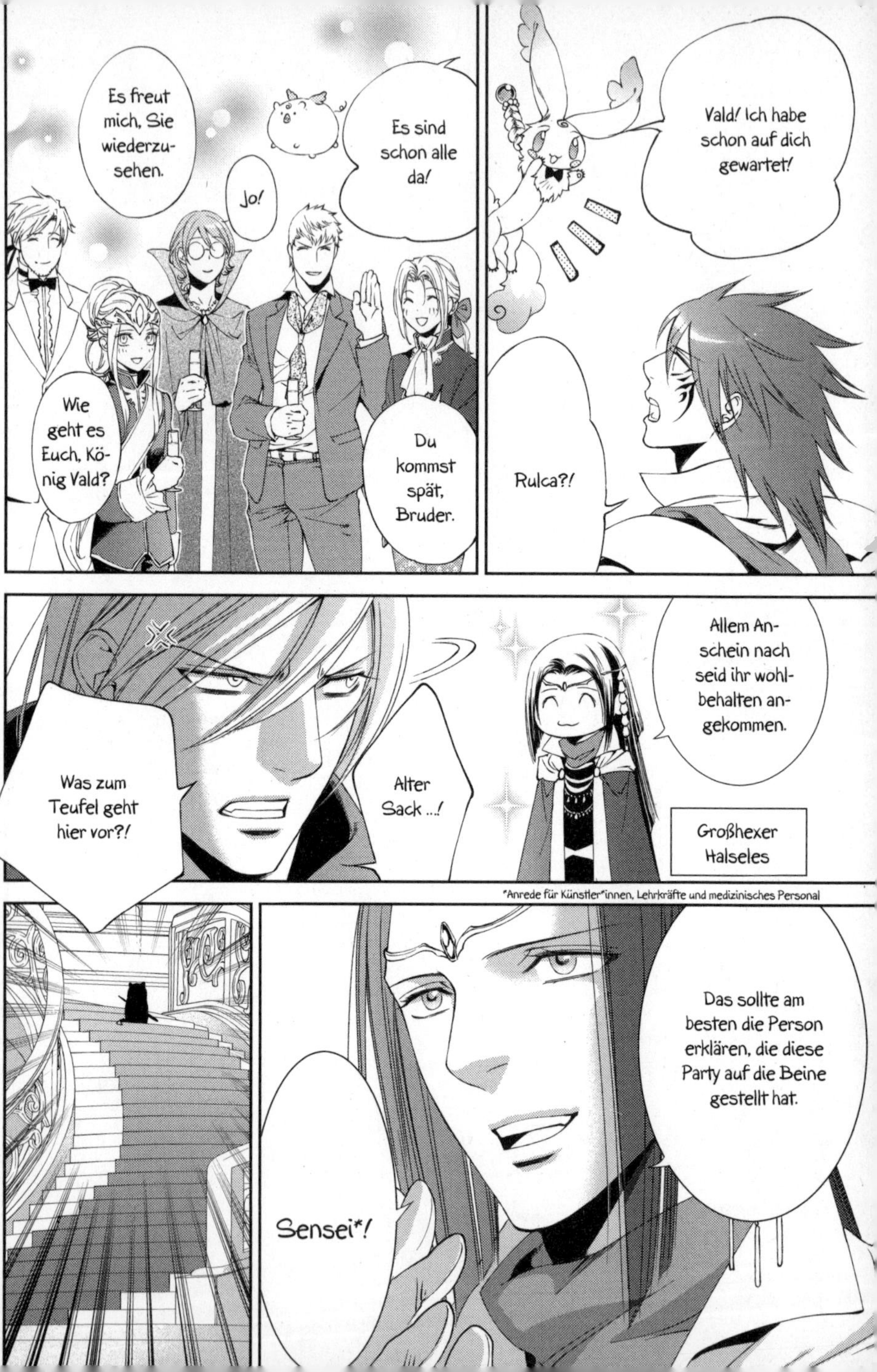

*Anrede für Künstler*innen, Lehrkräfte und medizinisches Personal

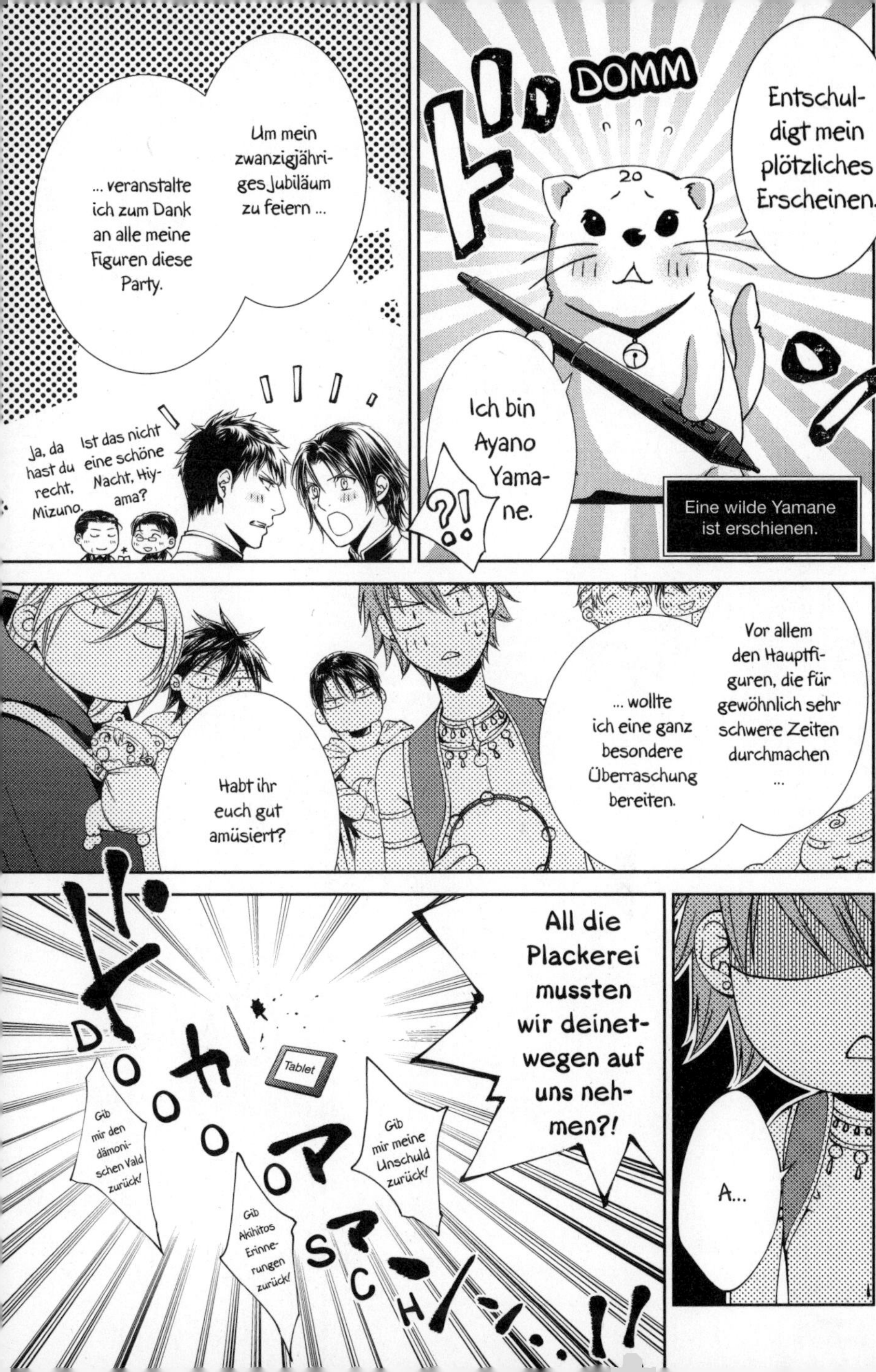
DOMM
20
Entschuldigt mein plötzliches Erscheinen.
Ich bin Ayano Yamane.
?!
Eine wilde Yamane ist erschienen.
Um mein zwanzigjähriges Jubiläum zu feiern ...
... veranstalte ich zum Dank an alle meine Figuren diese Party.
Ist das nicht eine schöne Nacht, Hiyama?
Ja, da hast du recht, Mizuno.
Vor allem den Hauptfiguren, die für gewöhnlich sehr schwere Zeiten durchmachen ...
... wollte ich eine ganz besondere Überraschung bereiten.
Habt ihr euch gut amüsiert?
A...
All die Plackerei mussten wir deinetwegen auf uns nehmen?!
Gib mir meine Unschuld zurück!
Tablet
Gib Akihitos Erinnerungen zurück!
Gib mir den dämonischen Vald zurück!
DOOOOO
SCH

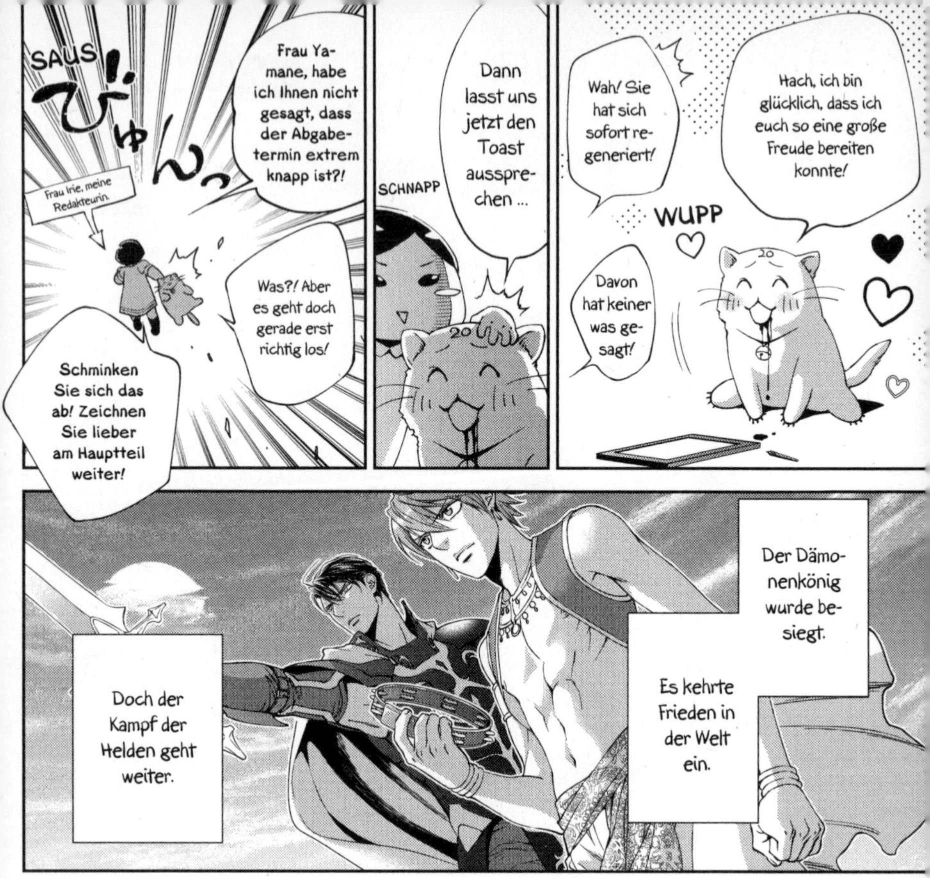

Ich werde weiterhin mein Bestes geben, also bleibt mir bitte treu ...!

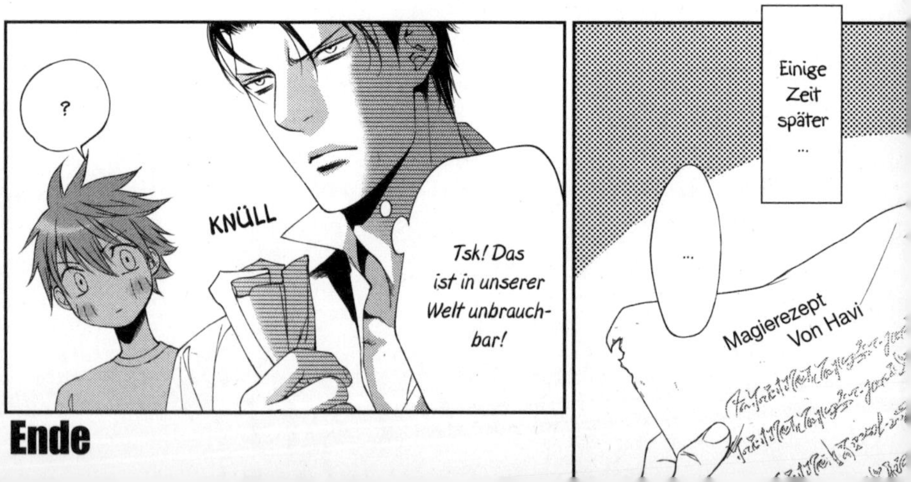

Die Helden im Finder

Figurenübersicht

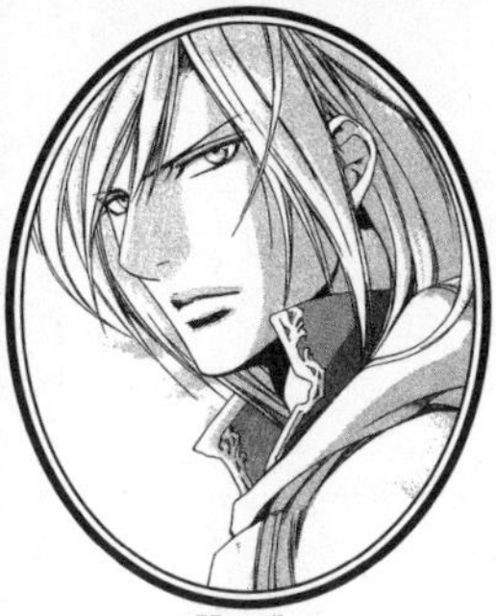

Havi

Halvir Froput
Ein gutaussehender Hexenmeister und bewandert im Auflösen von Flüchen. Seit er seine Reise mit Vald beendete, unterstützt er ihn als Hofhexenmeister.

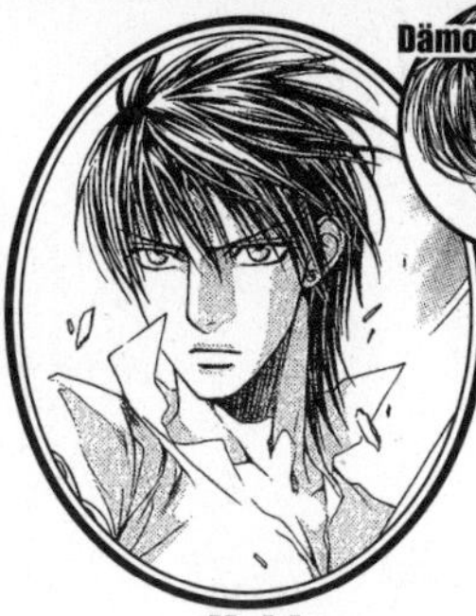

Vald

Vadrigue von Alsviez
Prinz des Königreiches Alsviez und ein talentierter Schwertkämpfer. Ist wohlbehalten mit der magischen Bestie verschmolzen und nahm den Platz des Königs ein, der von allen verehrt wird.

Dämonischer Vald

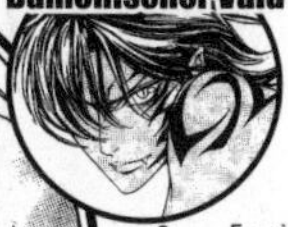

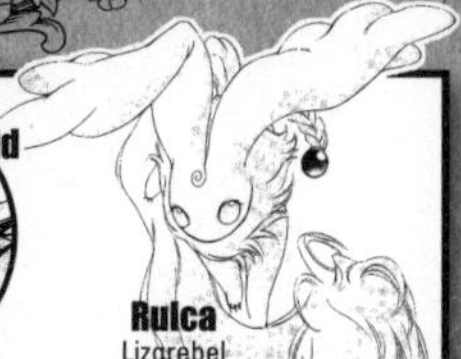

Rulca

Lizgrebel
Es sieht aus wie ein niedlicher fliegender Hase, doch in Wahrheit ist es eine legendäre magische Bestie. Es versteht die menschliche Sprache und ist in der Lage, ein menschliches Aussehen anzunehmen. Den Spitznamen Rulca hat es von Vald bekommen. ❤

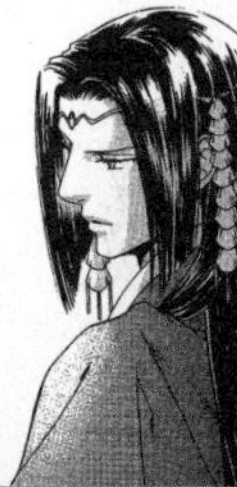

Halseles

Ein legendärer Großhexer und Havis Lehrmeister. Er ist eine äußerst bedeutende Persönlichkeit, die sogar bei der Geburt des magischen Schwertes zugegen war. Daher tritt er in der Geschichte in fast allen wichtigen Szenen auf.

Aus dem Werk *Crimson Spell* Abgeschlossen in 7 Bänden bei Tokuma Shoten

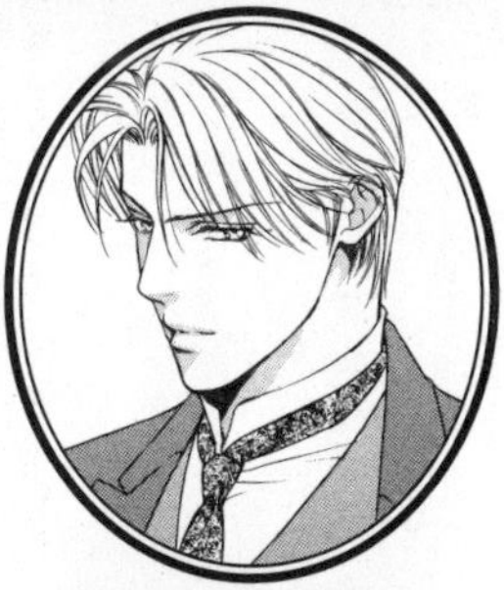

Albert Valentiano

Kapitän eines Kreuzfahrtschiffes. Italiener mit einem Faible für Japan. Verliebt sich auf den ersten Blick in den Wildfang Ranmaru und überhäuft ihn mit stürmischen Liebesbekundungen, doch gewöhnliche Methoden ziehen bei dem temperamentvollen Ranmaru offenbar nicht.

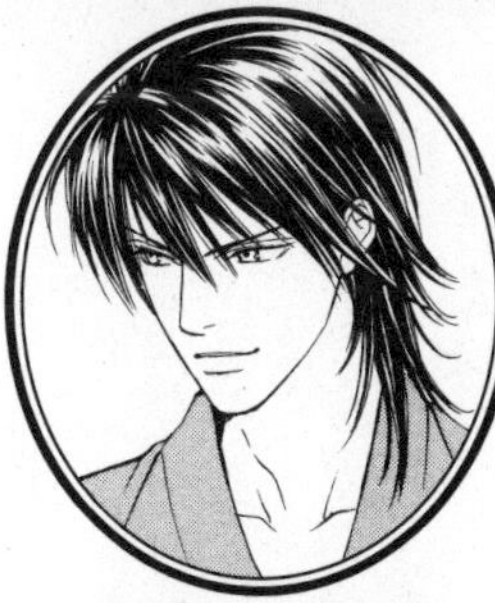

Ranmaru Oumi

Dritter Juniorboss der Kanto-Oumi-Gruppe. Hat einen Sinn für die Ästhetik des Traditionellen und trägt daher stets japanische Kleidung. Wird aus politischen Gründen gezwungen, die etwas ältere Kaoru zu heiraten, doch an ihrem Reiseziel begegnet er dem zwielichtigen Italiener Al, der sein Leben auf den Kopf stellt.

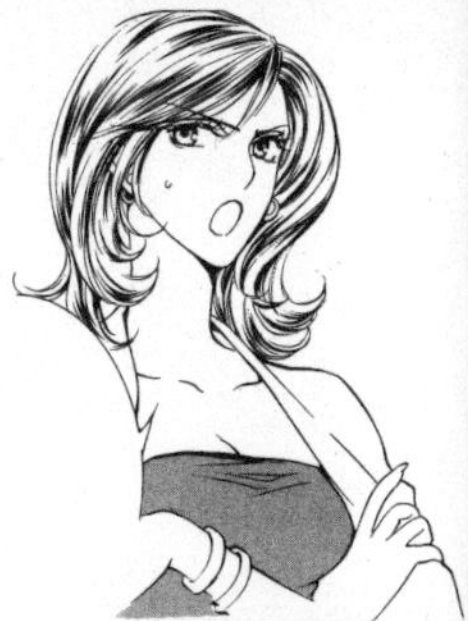

Kaoru Oumi

Ranmarus Ex-Verlobte. Sie kennt Ranmaru seit ihrer Kindheit. Die beiden sind eher wie Geschwister als wie ein Ehepaar.

Aus dem Werk *A Foreign Love Affair* Einzelband bei Core Magazine

Innocent Eyes

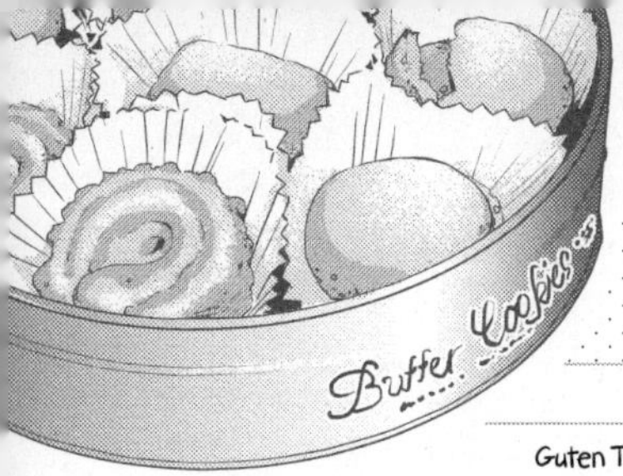

Nachwort

Guten Tag! Ich bin's, Ayano Yamane! ♡

Das hier ist der zwölfte Band der *Finder*-Serie! Vielen Dank, dass ihr ihn gekauft habt! ♡

Bereits im letzten Band nahm das Kapitel »Innocent Eyes« seinen Anfang. Akihito ist zuvor schon mehrfach entführt und eingesperrt worden, kehrte bisher jedoch immer wohlbehalten nach Hause zurück. Doch diesmal war er selbst für seine Verhältnisse in einer außergewöhnlichen Notlage. Ich habe von meinen Leser*innen die verschiedensten Reaktionen darauf erhalten. Einige freuten sich über den Handlungsverlauf, weil das genau ihrem Fetisch entsprach, andere fanden, Asami sei ein Arschloch, weil er den armen Akihito zum Verkehr zwingt. Letztere kamen überwiegend aus dem Ausland. Dabei musste ich denken: »Und was ist mit mir??? Ich habe eifrig gezeichnet, um euch diese exzentrische Sexszene schnellstmöglich zeigen zu können!« (Lach)
Auf der anderen Seite bin ich auch tief bewegt, dass die beiden an einem Punkt angelangt sind, wo sie sich nach einer Liebesbeziehung sehnen, die im krassen Kontrast zu der sexuellen Gewalt steht. Na ja, trotz der schweren Ereignisse wendet sich das Blatt und man sieht sogar, wie Asami in einer Schürze für Akihito Pancakes backt. Das war wirklich ein süßsaurer zwölfter Band! Es gibt auch im Roman über Asamis Jugend, *Finder – Blaue Flammen*, eine Szene, in der er seine Kochkünste unter Beweis stellt. Dass er Reisbrei, Ramen, Frikadellen und frittierte Garnelen zubereitet und wie ein Hausmann den Haushalt schmeißt, dürfte aber definitiv ein Novum sein. Was würde der wahre Akihito wohl denken, wenn er wüsste, dass der sadistische und komplett abgehobene Asami, von dem man nie weiß, was er denkt, sich nur für ihn in die Küche stellt und aufopferungsvoll Pancakes backt? Da ist gerade ein ultraseltenes Monster erschienen, also wach schnell auf, Akihito …! Das Kapitel wird im nächsten Band noch weitergehen. Ich bemühe mich, schnell weiter zu zeichnen, damit der fröhliche Akihito bald zurückkommt.

Weiter geht's auf der nächsten Seite! ☆

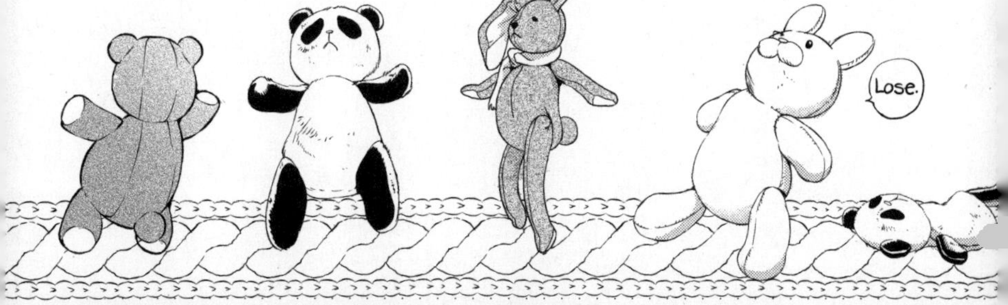

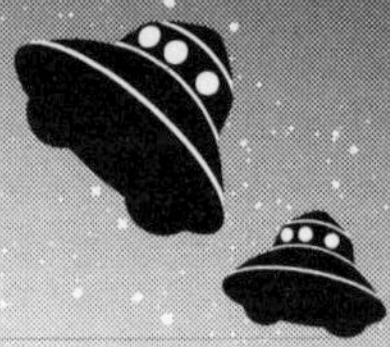

Auch diesmal habe ich viel Unterstützung erhalten, während ich an diesem Manga gearbeitet habe. Stellt euch vor, diesmal ist ein Wunder geschehen! Yonezo Nekota, die mit ihrem Manuskript locker vor dem Abgabetermin fertig war, kam online, um auf Discord abzuhängen, und konnte es nicht ertragen, wie ich kreidebleich vor meinem schneeweißen Manuskript saß, darum hat sie mir beim Tuschen geholfen! ✧ Falls jemandem auffällt, welche Stellen von Yonezo getuscht und finalisiert wurden, dann klatscht bitte zum Gebet in die Hände und dankt ihr ehrfürchtig. Ihre Hintergrundfiguren sind echt wunderschön geworden.

Ich fühlte mich wirklich schlecht, weil ich das Gefühl hatte, damit ihr Talent zu verschwenden. Darum sagte ich ihr, ich würde sofort zu ihr eilen, falls sie mal einen Drachen zeichnen muss, um mich zu revanchieren. (Der Witz ist, dass sie solche Manga gar nicht zeichnet.)

Außerdem wurde mein zwanzigjähriges Jubiläum groß im Be Boy Gold-Magazin gefeiert. Es wurde ein Gespräch zwischen mir, Eiki Eiki und Yonezo Nekota abgedruckt. Was für hochkarätige Gesprächspartnerinnen! Bei Eiki Eiki suche ich sehr oft Rat, sie macht mir Dampf unterm Hintern und hängt auch mit mir ab. Ohne sie wäre ich aufgeschmissen. Ich bin den beiden sehr dankbar, dass sie bereitwillig an dem Gespräch teilgenommen haben. ✧

Da ich diesmal Figuren zeichnete, die an Amnesie und infantiler Regression leiden, habe ich einen befreundeten Neurochirurgen mit einer Menge unrealistischer Fragen gelöchert. Es war vergleichbar damit, als würde man einen Astronomen fragen, ob es Außerirdische gibt. Ich danke ihm dafür, dass er meine Fragen geduldig beantwortet hat.

Wenn man einen Manga zeichnet, ist es wichtig, die Luft an den Schauplätzen einzuatmen und sich zu informieren, bevor man loslegt. Ich wäre gerne auf eine Rechercheriese nach Hongkong, Macau und Osteuropa gegangen, wenn Corona nicht wäre. Irgendwann möchte ich das gerne nachholen.

Lest weiter auf der nächsten Seite ...

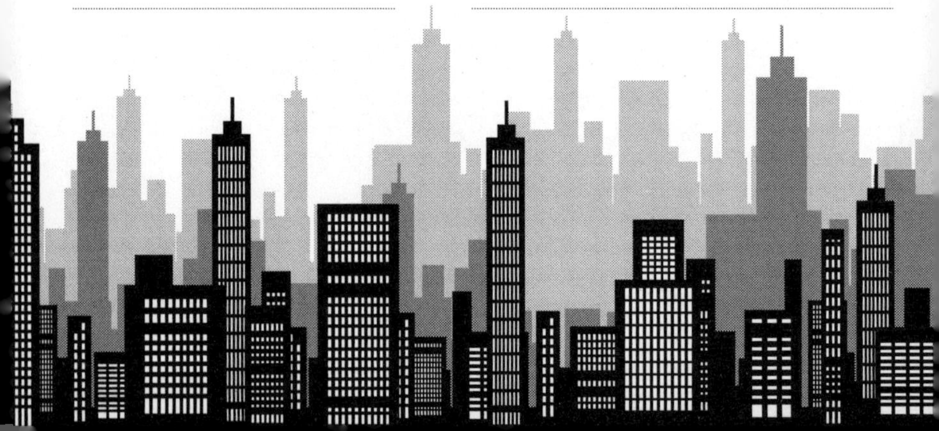

Ich habe schon auf der Umschlagklappe davon erzählt, aber ich möchte hier noch einmal meinen langjährigen Katzengefährten Moemaru erwähnen, der im vergangenen Sommer die Regenbogenbrücke überquerte. Auf Mangaka wie mich, die die meiste Zeit alleine arbeiten, wirken diese kleinen Mitbewohner beruhigend und heilsam. Wenn ich bedenke, dass er mich 15 Jahre lang durch Freud und Leid, die mit so einer Langzeitserie einhergehen, begleitet und auf mich aufgepasst hat, trifft mich der Verlust sehr. Aber in erster Linie bin ich tief gerührt.

Manchmal frage ich mich, ob ich nicht schon viel länger von meinen Assistent*innen, Redakteur*innen und den Leser*innen, die meine Werke von Anfang an lesen, unterstützt wurde, als von meiner Familie?! Ich bin euch so dankbar. Vielleicht ist es ungeschickt, es so auszudrücken, aber ich würde mich freuen, wenn ihr mir weiterhin treu bleibt.

Und wenn mir jemand sagt, er oder sie habe erst kürzlich angefangen, meine Werke zu lesen, und sie haben ihm oder ihr gefallen, fühle ich mich wie im siebten Himmel. Das entfacht mein Feuer wieder neu und ich kann mich weiter anstrengen. ♡ Ich danke euch für eure Meinungen per Brief, Umfragebogen oder in den sozialen Medien. Ich hoffe, dass wir uns im nächsten Band wiedersehen.

An einem Glückstag im Juni 2022

Ayane Yamano

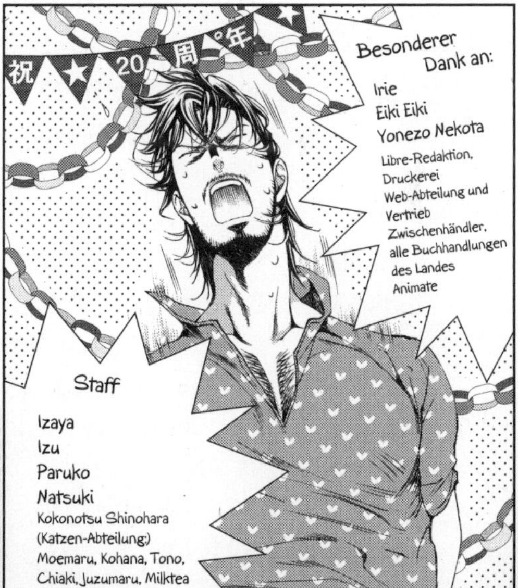

»Zum 20. Jubiläum«

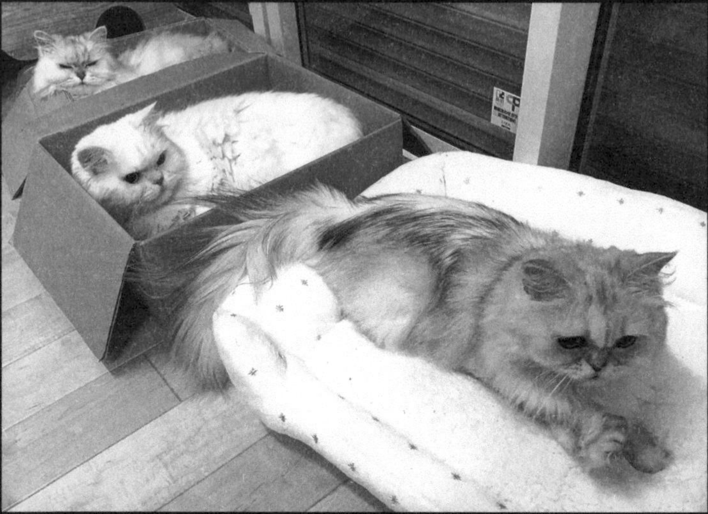

Autorenkommentar

Hier ist wieder Ayano Yamane! Vielen Dank,
dass ihr auch diesen Band gelesen habt! ♥
Im vergangenen Sommer lief nach einer köstlichen Mahlzeit die Lebenszeit meines »weißen Tanukis« namens Moetan ab. Ich bin ihm unendlich dankbar, dass er mich all die Zeit aufgemuntert hat. Meine Katzen und die Briefe meiner Leser*innen sind für mich so heilsam wie ein Zaubertrank. ♥
In Band 12 geht es mit dem neuen Arc weiter!
Es würde mich freuen, wenn ihr auch diesmal wieder viel Spaß damit habt.

FINDER

TOKYOPOP GmbH
Hamburg

TOKYOPOP
1. Auflage, 2023
Deutsche Ausgabe/German Edition

Aus dem Japanischen von Diana Hesse

libre

Original Cover Design: Mamiko Saito<Asanomi Graphic>

Redaktion: Lisa Duty
Lettering: Vibrant Publishing Studio
Herstellung: Mathias Neumeyer
Druck und buchbinderische Verarbeitung:
CPI – Clausen & Bosse GmbH, Leck
Printed in Germany

MIX Papier FSC FSC® C083411
Wir achten auf die Umwelt.
Dieses Produkt besteht aus FSC®-zertifizierten und anderen kontrollierten Materialien.

ISBN 978-3-8420-8451-3

www.tokyopop.de

FINDER

CRIMSON SPELL

Ayano Yamane

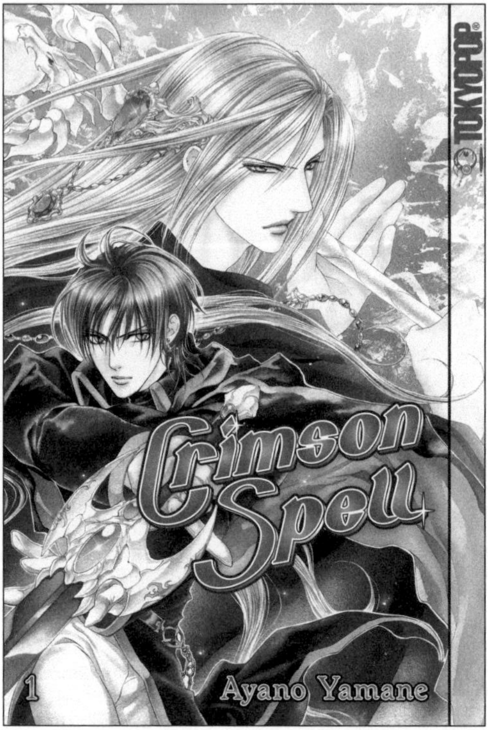

Ein Fantasy-Epos um den Fluch des magischen Schwerts ...

Prinz Valdrigue wurde vom Fluch des magischen Schwertes Yug Verund getroffen, das seit Generationen in der Königsfamilie weitergegeben wird. Daher beschließt er, sein Reich zu verlassen und nach einem Weg zu suchen, sein Schicksal zu ändern. Er begibt sich zum Hexenmeister Halvir, der sich bereit erklärt, ihm zu helfen. Noch in derselben Nacht findet Halvir heraus, dass Vald sich im Schlaf in eine schöne Bestie voller sexueller Begierde verwandelt ...

STOPP!

Dies ist die letzte Seite des Buches!
Du willst dir doch nicht den Spaß verderben
und das Ende zuerst lesen, oder?

Um die Geschichte unverfälscht und originalgetreu mitverfolgen zu können, musst du es wie die Japaner machen und von rechts nach links lesen. Deshalb schnell das Buch umdrehen und loslegen!

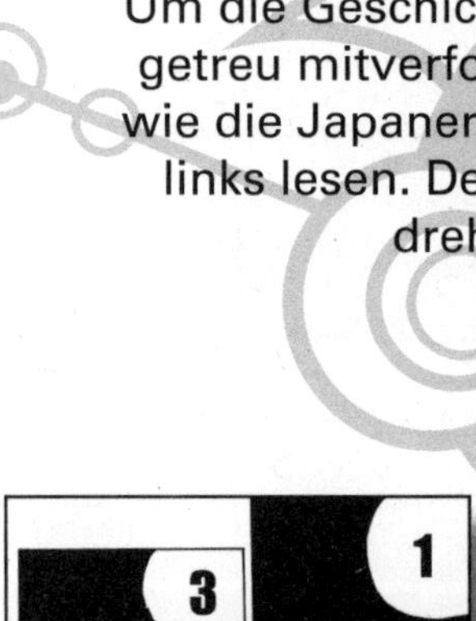

So geht's:

Wenn dies das erste Mal sein sollte, dass du einen Manga in den Händen hältst, kann dir die Grafik helfen, dich zurechtzufinden: Fang einfach oben rechts an zu lesen und arbeite dich nach unten links vor. Viel Spaß dabei wünscht dir TOKYOPOP®!